房地产
财务核算与成本控制

FANGDICHAN CAIWUHESUAN YU CHENGBENKONGZHI

朱德义◎主编

★★★★★
图解版
★★★★★

SPM
南方出版传媒
广东经济出版社
—广州—

图书在版编目（CIP）数据

房地产财务核算与成本控制：图解版/朱德义主编．—广州：广东经济出版社，2018.2

ISBN 978－7－5454－5796－4

Ⅰ.①房… Ⅱ.①朱… Ⅲ.①房地产企业－财务管理－图解②房地产企业－成本控制－图解 Ⅳ.①F293.342－64

中国版本图书馆CIP数据核字（2017）第223020号

出版发行	广东经济出版社（广州市环市东路水荫路11号11～12楼）
经销	全国新华书店
印刷	湛江日报社印刷厂 （广东省湛江市赤坎康宁路）
开本	787毫米×1092毫米 1/16
印张	16.25
字数	332 000字
版次	2018年2月第1版
印次	2018年2月第1次
印数	1～5 000册
书号	ISBN 978－7－5454－5796－4
定价	58.00元

如发现印装质量问题，影响阅读，请与承印厂联系调换。

发行部地址：广州市环市东路水荫路11号11楼

电话：（020）38306055 38306107 邮政编码：510075

邮购地址：广州市环市东路水荫路11号11楼

电话：（020）37601950 营销网址：http://www.gebook.com

广东经济出版社新浪官方微博：http://e.weibo.com/gebook

广东经济出版社常年法律顾问：何剑桥律师

前言

我国房地产企业做大做强必将走向不同业态以及不同区域的跨区域、多项目运营状态。在这条成长的路上，能够在同一时间同时运作多个处于不同区域、不同开发周期的项目，是每个房地产企业必须磨炼的基本功，也是其管理成熟的标志。

房地产开发项目具有项目周期长、资金需求大、专业性强、受国家政策调整及市场影响大等特点。房地产经营管理部门在其经营或业务活动中，通过资金的筹集、分配、运用和收回与有关方面发生经济关系，并通过一系列的管理手段对资金进行有效控制和运用，以提高资金的使用效果。因此，从经营角度加强财务核算与成本控制对房地产开发项目的顺利完成具有重要意义。

高效的会计信息平台是支持和保障房地产企业进行科学决策、利用管理水平提高来促进企业效益提高的基础和保证，所以，企业需要完善现行财务核算体系，并且尽快建立起管理会计的基本框架。同时，财务核算工作需要适应房地产企业发展的规模，需要科学有效的管理和及时的服务决策，只有这样，才能提高房地产企业的竞争能力，最终形成完整的财务核体系。

房地产企业财务成本控制的水平直接关系到企业经济效益水平，企业的核心竞争力与财务成本管理有着重要的关系。成本控制的最终目标是通过成本控制管理将成本合理揭示出来，并运用合理的控制方法与手段进行成本优化，以达到效益（利润、品牌等）最大化。房地产企业要想获得更多的经营利润，除了必须提供适销对路的项目外，还必须采取正确的控制战略，建立成本控制体系，这样才能指导企业降低开发成本。

本书围绕提升企业的核心竞争能力来制定房地产企业财务核算与成本控制方案，可供房地产企业的总经理、财务总监、财务经理和基层财务人员参考。

本书主要包括两部分内容：

第一部分：房地产企业财务核算。具体包括完善房地产企业的财务核算体系、基本业务的核算、项目资本金的核算、项目融资的核算、开发产品成本的核算、销售物业的核算、纳税业务的核算、利润的核算、财务报表等内容。

第二部分：房地产企业成本控制。具体包括房地产企业成本控制的总体战略、建立目标成本管理责任制、项目全过程成本控制、项目成本分析等内容。

本书突出的特点是：

◇文中运用了大量的图表，以图解的形式对各知识点进行讲解。

◇充分考虑到现代人快节奏、高压力的工作方式，去纯粹理论化而重实际操作性，所有知识点使用精确而简洁的方式进行描述。

◇提供了大量的实际操作案例，方便读者“身临其境”般的应用，使学习更有效率。

本书在编辑整理的过程中，获得了许多房地产行业一线财务管理人员的帮助和支持，在此对他们付出的努力表示感谢！

目录

第一部分　房地产企业财务核算

房地产企业会计核算与其他行业会计核算的差异在于核算对象。房地产企业会计核算的对象是房地产项目，其特点在于投入资金多、风险大。所以，完善现行房地产企业财务核算体系，建立起其管理会计的基本框架，并且在项目的各个阶段合法合规地核算，尤其重要。

第二部分　房地产企业成本控制

成本控制的最终目标是通过成本控制管理将成本合理揭示出来，并运用合理的控制方法与手段进行成本优化，以达到效益（利润、品牌等）最大化。房地产企业要想获得更多的经营利润，除了必须提供适销对路的项目外，还必须采取正确的控制战略，建立成本控制体系，这样才能指导企业降低开发成本。

第一部分 房地产企业财务核算

房地产企业会计核算与其他行业会计核算的差异在于核算对象。房地产企业会计核算的对象是房地产项目，其特点在于投入资金多、风险大。所以，完善现行房地产企业财务核算体系，建立起其管理会计的基本框架，并且在项目的各个阶段合法合规地核算，尤其重要。

第一章　完善房地产企业的财务核算体系

高效的会计信息平台是支持和保障房地产企业进行科学决策，利用管理水平提高来促进企业效益提高的基础和保证，所以，需要完善现行房地产企业财务核算体系，并且尽快建立起其管理会计的基本框架。

房地产企业财务核算体系的优化可以通过以下措施加以实现。

一、房地产企业建账

房地产企业建账必须按照《中华人民共和国会计法》（以下简称《会计法》）、《企业会计制度》、《小企业会计制度》的规定设置会计账簿，包括总账、明细账、日记账和其他辅助性账簿。

（一）设置总账

总账是根据一级会计科目（也称“总账科目”）开设的账簿，用来分类登记企业的全部经济业务，提供资产、负债、所有者权益、费用、收入和利润等总括的核算资料。总分类账通常要开设30～50个账户，分类反映会计信息。

总账的格式一般为三栏式，外表形式一般采用订本式账簿。具体账页格式见下表。

总分类账

账户名称：

年		凭证		摘要	借方	贷方	借或贷	余额
月	日	字	号					

（二）设置明细账

明细账是对某些总账科目的数据进一步记录和反映的账簿，大部分总账科目都需要设置明细账。明细账要按明细科目开设账户，以更详细地反映会计数据。

每一个房地产开发企业，至少要设置二三十本明细账，以对总账账户的内容进行更详细的记录和反映。

明细账一般采用活页式账簿，但要注意，不同的明细账对账页格式的要求是不同的。只反映金额的明细账可以采用三栏式，与总分类账的格式相同；反映存货的明细账一般需要采用数量金额式；反映开发成本和各项费用的明细账需要采用多栏式，以便于对各不同的成本、费用项目分别进行更详细的记录和反映。

原材料明细账

材料名称：　　　　　　编号：　　　　　　类别：

金额计量单位：元　　　　　　数量计量单位：千克

年		凭证号	摘要	收　入			发　出			结　存		
月	日			数量	单价	金额	数量	单价	金额	数量	单价	金额

上表的明细账属于“数量金额式明细账”。“数量金额式明细账”既要反映金额，同时也要反映数量和单价。

房屋开发成本明细账

开发项目：××公寓　　　　　　单位：元

年		凭证号	摘要	借方金额	贷方金额	借方余额	借方明细项目						
月	日						土地征用及拆迁补偿费	前期工程费	基础设施费	建筑安装工程费	公共配套设施费	开发间接费用	其他

开发间接费用明细账

单位：　　　　　　　　　　　　　　　　　　　　　　　　单位：元

<table>
<tr><th colspan="2">年</th><th rowspan="2">凭证号</th><th rowspan="2">摘要</th><th rowspan="2">借方金额</th><th rowspan="2">贷方金额</th><th rowspan="2">借方余额</th><th colspan="7">借方明细项目</th></tr>
<tr><th>月</th><th>日</th><th>人工费</th><th>折旧费</th><th>办公费</th><th>水电费</th><th>劳保费</th><th>周转房摊销</th><th>其他</th></tr>
<tr><td></td><td></td><td></td><td></td><td></td><td></td><td></td><td></td><td></td><td></td><td></td><td></td><td></td><td></td></tr>
<tr><td></td><td></td><td></td><td></td><td></td><td></td><td></td><td></td><td></td><td></td><td></td><td></td><td></td><td></td></tr>
<tr><td></td><td></td><td></td><td></td><td></td><td></td><td></td><td></td><td></td><td></td><td></td><td></td><td></td><td></td></tr>
<tr><td></td><td></td><td></td><td></td><td></td><td></td><td></td><td></td><td></td><td></td><td></td><td></td><td></td><td></td></tr>
<tr><td></td><td></td><td></td><td></td><td></td><td></td><td></td><td></td><td></td><td></td><td></td><td></td><td></td><td></td></tr>
<tr><td></td><td></td><td></td><td></td><td></td><td></td><td></td><td></td><td></td><td></td><td></td><td></td><td></td><td></td></tr>
<tr><td></td><td></td><td></td><td></td><td></td><td></td><td></td><td></td><td></td><td></td><td></td><td></td><td></td><td></td></tr>
</table>

“房屋开发成本明细账”“开发间接费用明细账”属于“多栏式明细账”。

（三）设置日记账

日记账是按经济业务发生的先后顺序，逐日逐笔进行记录的一种账簿。房地产开发企业至少要设置两本日记账，即“库存现金日记账”和“银行存款日记账”。

“库存现金日记账”和“银行存款日记账”也必须采用订本式账簿，其账页格式也是三栏式，与总分类账的账页格式是相同的。

（四）设置备查账簿

备查账簿是一种辅助账簿，是对某些在日记账和分类账中未能记载的会计事项进行补充登记的账簿。

1. 根据需要设置

备查账簿应根据统一会计制度的规定和企业管理的需要设置。并不是每个企业都要设置备查账簿，而应根据管理的需要来确定。但是，对于会计制度规定必须设置备查账簿的科目，如“应收票据”“应付票据”等，必须按照会计制度的规定设置备查账簿。

（1）“应收票据备查账簿”。

房地产企业应当设置“应收票据备查账簿”（见下表），逐笔登记商业汇票的种类，号数，出票日期，出票人，票面金额，利率，付款人、承兑人、背书人的姓名或单位名称，贴现日期，贴现率和贴现期额，收回日期和收回金额，注销等资料。商业汇票到期结清票款或退票后，在备查账簿中应予以注销。

应收票据备查账簿

<table>
<tr><th rowspan="2">种类</th><th rowspan="2">号数</th><th rowspan="2">出票日期</th><th rowspan="2">出票人</th><th rowspan="2">票面金额</th><th rowspan="2">到期日期</th><th rowspan="2">利率</th><th rowspan="2">付款人</th><th rowspan="2">承兑人</th><th rowspan="2">背书人</th><th colspan="3">贴　现</th><th colspan="2">收回</th><th rowspan="2">注销</th><th rowspan="2">备注</th></tr>
<tr><th>日期</th><th>贴现率</th><th>贴现额</th><th>日期</th><th>金额</th></tr>
<tr><td></td><td></td><td></td><td></td><td></td><td></td><td></td><td></td><td></td><td></td><td></td><td></td><td></td><td></td><td></td><td></td><td></td></tr>
<tr><td></td><td></td><td></td><td></td><td></td><td></td><td></td><td></td><td></td><td></td><td></td><td></td><td></td><td></td><td></td><td></td><td></td></tr>
<tr><td></td><td></td><td></td><td></td><td></td><td></td><td></td><td></td><td></td><td></td><td></td><td></td><td></td><td></td><td></td><td></td><td></td></tr>
<tr><td></td><td></td><td></td><td></td><td></td><td></td><td></td><td></td><td></td><td></td><td></td><td></td><td></td><td></td><td></td><td></td><td></td></tr>
</table>

（2）“应付票据备查账簿”。

应付票据是指企业在商品购销活动和对工程价款进行结算时因采用商业汇票结算方式而发生的，由出票人出票，委托付款人在指定日期无条件支付确定的金额给收款人或者票据持有人的凭据，包括商业承兑汇票和银行承兑汇票。房地产企业应设置“应付票据备查账簿”（见下表），逐笔登记应付票据的种类、收款单位、交易合同号、票据号码、出票日期、到期日期、开票金额、保证金、汇票余额、是否注销等。

应付票据备查账簿

编制单位：　　　　　　　　　　　　日期：　　　　　　　　　　　　单位：万元

汇票种类	收款单位	交易合同号	票据号码	出票日期	到期日期	开票金额	保证金	汇票余额	是否注销

2. 备查账簿的格式

备查账簿的格式由企业自行确定。备查账簿没有固定的格式，与其他账簿之间也不存在严密的勾稽关系，其格式可由企业根据内部管理的需要自行确定。

3. 备查账簿的外表形式

备查账簿的外表形式一般采用活页式。为使用方便，备查账一般采用活页式账簿，与明细账一样，为保证账簿的安全、完整，使用时应顺序编号并装订成册，注意妥善保管，以防止账页丢失。

二、设置会计科目

为了对房地产企业的经营活动进行会计核算，必须设置相应的会计科目，并且要根据设置的会计科目在账簿中开设账户。

房地产开发企业会计科目分为五大类。

（一）资产类科目

资产类科目用来核算和反映企业各类不同的资产增减变化情况，其中包括流动资产和各项长期资产。在资产类科目中，“开发产品”“周转房”这两个科目是房地产开发企业特别设置的科目，其他科目是各类企业通用的会计科目。下表反映的是某房地产企业所设置的资产类科目。

资产类科目设置

一级科目	二级明细科目	三级明细科目	四级明细科目	核算项目
库存现金	人民币、港币、美元			
银行存款	人民币、港币、美元、代管基金存款	按开户银行		
其他货币资金	外埠存款、银行汇票存款、银行本票存款、信用卡存款	按币别	按开户银行	
交易性金融资产	股票投资、债权投资	具体名称		
应收票据	按单位			
应收账款	具体到期	具体苑或栋		按业主名称
预付账款	具体到期	具体苑或栋		按合同单位
应收股利	按单位			
应收利息	按债券名称			
其他应收款	应收押金或保证金，备用金，应收垫付款，应收赔款和罚款补差调整，关联往来			按单位、职员
坏账准备				
材料采购	建筑及装修公司用科目			
在途物资	建筑及装修公司用科目			
原材料	建筑及装修公司用科目			
材料成本差异	建筑及装修公司用科目			
开发产品				
周转房				

（续表）

一级科目	二级明细科目	三级明细科目	四级明细科目	核算项目
发出商品	建筑及装修公司用科目			
商品进销差价	建筑及装修公司用科目			
委托加工物资	建筑及装修公司用科目			
周转材料	建筑及装修公司用科目			
存货跌价准备				
内部往来	按往来单位			
持有至到期投资				
持有至到期投资减值准备				
可供出售金融资产				
长期股权投资	股票投资、其他股权投资	按具体股票或单位名称		
长期股权投资减值准备				
投资性房地产	会所、商铺、车位、办公楼、酒店、酒店式公寓			
长期应收款				
未实现融资收益				
固定资产	房屋及建筑物、机械设备及工具、运输工具、IT设备、办公家具			分部门核算
累计折旧	同固定资产			
固定资产减值准备				
在建工程				
工程物资	建筑及装修公司用科目，用于固定资产建造的建筑材料			
固定资产清理	同固定资产			
无形资产	按类别			
累计摊销				
无形资产减值准备				
商誉				
长期待摊费用	租入固定资产改良支出、租入固定资产装修支出、其他递延支出			
递延所得税资产				
待处理财产损溢	待处理流动资产损溢、待处理固定资产损溢			

（二）负债类科目

负债类科目用来核算和反映企业各类不同的负债增减变化情况，其中包括各项流动负债和各项长期负债。负债类科目都是各类企业通用的会计科目。下表反映的是某房地产企业所设置的负债类科目。

负债类科目设置

一级科目	二级明细科目	三级明细科目	四级明细科目	核算项目
短期借款	按借款单位	按币别		
交易性金融负债				
应付票据				
应付账款	具体到期	具体苑或栋		按合同单位
预收账款	具体到期	具体苑或栋		按业主名称
应付职工薪酬	工资、奖金、津贴和补贴、职工福利费、社会保险费、补充保险、住房公积金、工会经费、职工教育经费、伙食补贴、住房补贴、非货币性福利、解除劳动关系给予的补偿、股份支付、其他			部门
应交税费	营业税、企业所得税、个人所得税、土地增值税、房产税 、土地使用税 、契税、城市维护建设税、教育费附加、堤围费、其他			
应付利息	类别			
应付股利				
其他应付款	应收押金或保证金，备用金，应收垫付款，应收赔款和罚款补差调整，关联往来			按单位、职员
代理业务负债				
递延收益				
长期借款	按贷款单位	按币别		
应付债券				
长期应付款	按单位	主要有应付补偿贸易引进设备款和应付融资租入固定资产租赁费等		
未确认融资费用				
专项应付款	按种类			
预计负债	按种类			
递延所得税负债				

（三）所有者权益类科目

所有者权益类科目是用来核算各项所有者权益增减变化的科目，这些科目也是各类企业通用的会计科目。下表反映的是某房地产企业所设置的所有者权益类科目。

所有者权益类科目设置

一级科目	二级明细科目	三级明细科目	四级明细科目	核算项目
实收资本	按股东、股票类别			
资本公积	股本溢价、其他资本公积			
盈余公积	法定盈余公积金、任意盈余公积金			
本年利润				
利润分配	提取盈余公积金、提取任意盈余公积、应付利润、盈余公积补亏、未分配利润			
库存股				

（四）成本类科目

成本类科目有三个，即“开发成本”“开发间接费用”和“研发支出”。其中，前两个科目是房地产开发企业特有的科目，是用于房地产企业成本核算的科目。如果房地产企业本身有施工队伍进行施工业务，那么还需要在成本类科目中增设“工程施工”“施工间接费用”“工程结算”和“机械作业”等科目。下表反映的是某房地产企业所设置的成本类科目。

成本类科目设置

1. 开发成本

<table>
<tr><th>一级科目</th><th>二级明细科目</th><th>三级明细科目</th><th>核算内容</th></tr>
<tr><td rowspan="7">开发成本</td><td rowspan="4">土地征用及拆迁补偿费</td><td>（1）土地征用费</td><td>土地征用费、转让费</td></tr>
<tr><td>（2）动迁安置费</td><td>拆迁补偿费、安置动迁费、安置劳动力费用</td></tr>
<tr><td>（3）土地出让金</td><td>支付给土地管理部门的费用</td></tr>
<tr><td>（4）其他</td><td>土地契税等费用</td></tr>
<tr><td rowspan="3">前期开发费</td><td>（1）设计费</td><td>规划、工程、人防、环境等所有设计费用</td></tr>
<tr><td>（2）可行性研究费</td><td>可行性研究报告费、评估费</td></tr>
<tr><td>（3）勘查费、测绘费</td><td>水文地质、工程地质勘查费，土地丈量、规划测绘、道路界定、围墙设计、验灰线费</td></tr>
</table>

（续表）

一级科目	二级明细科目	三级明细科目	核算内容
开发成本	前期开发费	（4）“三通一平”费用	临时供电、供水、供气的费用，土地开挖、回填、平整、外运等费用
		（5）建设单位管理费	工程施工招标、管理费用等
		（6）晒图费	地籍图、整个开发过程中的晒图费用等
		（7）审图费	对设计单位的图纸审查费
		（8）咨询费	向有关公司、部门、专家咨询的费用
		（9）设计监理费	关于设计的监理费用
		（10）其他	其他属于前期开发的费用
	基础设施费	（1）住宅建设配套费	市政大配套费用
		（2）供配电配套费	垄断行业的电配套及小区内电配套（配电站、表箱、母线、电缆、高低压线路、挖路费或道路修复电力设施拆迁费和供电贴费、路灯等，注：须摘要说明）
		（3）供水配套费	小区内配套、水管、水箱、水表等费用，自来水管网费
		（4）排水、排污	排水、排污费用
		（5）煤气、天然气配套	小区内管网、排管工程、煤气脉冲表等配套费用
		（6）消防配套	消防设施及工程等费用
		（7）有线电视及网络	有线电视及网络配套费用
		（8）电话配套	电话配套费用
		（9）环卫	垃圾箱及相关设备费用
		（10）卫生防疫	卫生防疫、水箱清理等费用
		（11）邮政	信报箱、门牌号等邮政设施费用
		（12）绿化及景观	绿化设计、绿化设施、绿地补偿费及其他相关费用；小区内景观、凉亭、雕塑等费用
		（13）小区智能化	安全、可视对讲系统及其他现代智能系统等费用
		（14）其他	其他属于基础设施的费用
	建筑安装费	（1）土建费用	
		a. 地下工程	打桩、预制桩、基坑围护、地下车库、人防工程等费用
		b. 土建工程	建筑工程费用

（续表）

<table>
<tr><th>一级科目</th><th>二级明细科目</th><th>三级明细科目</th><th>核算内容</th></tr>
<tr><td rowspan="24">开发成本</td><td rowspan="17">建筑安装费</td><td>c. 室外总体</td><td>小区内外的公共道路，正式围墙、门卫、小区内道路、小区内室外排水、窨井等</td></tr>
<tr><td>（2）设备及安装费用</td><td>电梯、其他设备的安装及与此相关的费用</td></tr>
<tr><td>（3）甲供材料</td><td>按合同（协议）单位分设明细</td></tr>
<tr><td>a. 商品混凝土</td><td></td></tr>
<tr><td>b. 钢材</td><td></td></tr>
<tr><td>c. 门窗</td><td></td></tr>
<tr><td>d. 石材</td><td></td></tr>
<tr><td>e. 其他材料</td><td>可根据需要增加其他明细</td></tr>
<tr><td>（4）施工用电费</td><td></td></tr>
<tr><td>（5）施工用水费</td><td></td></tr>
<tr><td>（6）质监费</td><td>工程、人防质监费、桩基检测等费用</td></tr>
<tr><td>（7）监理费</td><td>工程监理费</td></tr>
<tr><td>（8）装修费</td><td></td></tr>
<tr><td>a. 室内</td><td>室内装修、装饰及电器购买</td></tr>
<tr><td>b. 公共</td><td>室外公共部分装修、装饰</td></tr>
<tr><td>c. 会所</td><td>会所部分装修、装饰</td></tr>
<tr><td>（9）其他</td><td>其他建筑安装费用</td></tr>
<tr><td rowspan="4">公共设施费</td><td>（1）小区内配套费</td><td>水泵房、水塔、消防房、小区内照明等</td></tr>
<tr><td>（2）小区内机构</td><td>居委会、派出所、托儿所等设施</td></tr>
<tr><td>（3）会所</td><td>单体会所结构，设计、资产购置</td></tr>
<tr><td>（4）其他</td><td>其他公共设施费用</td></tr>
<tr><td rowspan="3">其他</td><td>（1）证照费用</td><td>各类（后期）证、照费用</td></tr>
<tr><td>（2）维修基金</td><td>开发商承担的维修基金</td></tr>
<tr><td>（3）其他</td><td>其他费用</td></tr>
<tr><td></td><td>利息资本化</td><td colspan="2">核算房产开发期间发生的借款费用</td></tr>
<tr><td></td><td>开发间接费</td><td colspan="2">每月末从开发间接费一级科目转入</td></tr>
</table>

2. 开发间接费

科目	明细科目	明细子目	核算内容	备注
开发间接费用	（1）工资		核算属于员工工资范畴的费用，纳入工资总额	主要用于核算生产部门费用
	（2）福利费		核算属于员工福利性质的费用	
	（3）员工教育经费		核算员工再教育、培训费用（经人事部门批准）	
	（4）社会保障费用		核算按规定标准支付的养老、医疗、失业、工伤、生育等保险金及住房公积金	
	（5）劳动保护费		核算员工的劳保用品、防暑降温费以及人身保险费、工作服费用等	
	（6）办公费	办公用品	核算各部门的办公用品以及单价在200元以下的办公杂品费用	
		快递费	核算日常办公邮寄及快递费用	
		房租费	核算办公场所租金及由公司承担的按有关规定租用的民用宿舍房租金	
		物业管理费	核算办公场所物业管理费	
		能源费	核算办公场所日常水电煤等费用	
		绿化费	核算办公场所绿化维护、花草租金	
		其他	核算员工工作餐、加班餐费、饮用水等不能归属以上项目的费用	
	（7）邮电通信费		核算办公用电话、网络费用以及按标准报销的个人手机等费用	
	（8）车辆费用	汽油费	核算办公用车辆的汽油费	
		通行费	核算办公用车辆过路过桥费	
		停车费	核算办公用车辆停车费	
		修理保养费	核算办公用车辆日常维修、保养费	
		规费	核算办公用车辆养路费、车船税、保险费	
		其他	核算办公用车辆不能归属以上项目的其他费用	
	（9）差旅费		核算员工外地出差的车费、出差补贴、住宿费用等	
	（10）交通费		核算员工市内车费	
	（11）低值易耗品		核算低值易耗品摊销费用（一次摊销）	
	（12）修理费		核算生产用品等的修理费用	
	（13）折旧费		核算生产用固定资产折旧费用	
	（14）业务费		核算生产部门对外招待费	
	（15）其他		核算未在上述明细中明确的费用	
	（16）开发间接费转出		核算费用科目月末结转的汇总数	

（五）损益类科目

损益类科目是用于计算企业损益的科目。损益类科目在会计期末都要转入“本年利润”账户，不留余额。这些科目也是各类企业通用的会计科目。下表反映的是某房地产企业所设置的损益类科目。

损益类科目设置

一级科目	二级明细科目	三级明细科目	四级明细科目	核算项目
主营业务收入	具体到期	具体苑或栋		多层、小高层、高层、别墅、商业、车位、其他
其他业务收入	按收入种类			
公允价值变动损益	交易性金融资产、交易性金融负债、投资性房地产			
投资收益	股权投资收益、债权投资收益或按投资项目进行明细核算			
营业外收入	罚款收入、处理固定资产收益、没收定金及违约金			
主营业务成本	具体到期	具体到栋		
其他业务成本	按收入种类配比			
营业税金及附加	具体到期	具体到栋		
销售费用	见下表“期间费用明细科目设置及核算内容”			
管理费用				
财务费用				
资产减值损失				
营业外支出	罚款支出、处理固定资产损失、捐赠支出、其他			
所得税费用	当期所得税费用、递延所得税费用			
以前年度损益调整				

期间费用明细科目设置及核算内容

科目	明细科目	明细子目	核算内容	备注
销售费用	（1）工资		核算属于员工工资范畴的费用，纳入工资总额	主要用于核算营销部门费用
	（2）福利费		核算属于员工福利性质的费用	
	（3）员工教育经费		核算员工再教育、培训费用（经人事部门批准）	
	（4）社会保障费用		核算按规定标准支付的养老、医疗、失业、工伤、生育等保险金及住房公积金	
	（5）劳动保护费		核算员工的劳保用品、防暑降温费以及人身保险费、工作服费用等	

（续表）

科目	明细科目	明细子目	核算内容	备注
销售费用	（6）办公费	办公用品	核算各部门的办公用品以及单价在200元以下的办公杂品费用	主要用于核算营销部门费用
		快递费	核算日常办公邮寄及快递费用	
		房租费	核算办公场所租金及由公司承担的按有关规定租用的民用宿舍房租金	
		物业管理费	核算办公场所物业管理费	
		能源费	核算办公场所日常水电煤等费用	
		绿化费	核算办公场所绿化维护、花草租金	
		其他	核算员工工作餐、加班餐费、饮用水等不能归属以上项目的费用	
	（7）邮电通信费		核算办公用电话、网络费用以及按标准报销的个人手机等费用	
	（8）车辆费用	汽油费	核算办公用车辆的汽油费	
		通行费	核算办公用车辆过路过桥费	
		停车费	核算办公用车辆停车费	
		修理保养费	核算办公用车辆日常维修、保养费	
		规费	核算办公用车辆养路费、车船税、保险费	
		其他	核算办公用车辆不能归属以上项目的其他费用	
	（9）差旅费		核算员工外地出差的车费、出差补贴、住宿费用等	
	（10）交通费		核算员工市内车费	
	（11）低值易耗品		核算低值易耗品摊销费用（一次摊销）	
	（12）修理费		核算行政、办公用品等的修理费用	
	（13）折旧费		核算固定资产折旧费用	
	（14）业务招待费		核算对外的招待餐费、礼品等费用	
	（15）会务费		核算公司内、外部会议费用（凭非酒店行业会务发票列支）	
	（16）顾问费		核算营销策划顾问等费用	
	（17）劳务费		核算通过劳务公司口径列支的劳务费用	
	（18）代理费		核算销售、广告、按揭代理费（分明细核算）	
	（19）广告费		核算对外宣传发生的取得广告专用发票的费用	

（续表）

科目	明细科目	明细子目	核算内容	备注
销售费用	（20）宣传费		核算对外宣传发生的、未取得广告专用发票的费用	主要用于核算营销部门费用
	（21）售楼处费用		核算售楼处建造、装潢、装饰布置等费用	
	（22）样板房费用		核算样板房装修、装饰布置等费用	
	（23）其他		核算未在上述明细中明确的费用	
	（24）费用转出		核算费用科目月末结转的汇总数	
管理费用	（1）工资		核算属于员工工资范畴的费用，纳入工资总额	主要用于核算管理部门费用
	（2）福利费		核算属于员工福利性质的费用	
	（3）员工教育经费		核算员工再教育、培训费用（经人事部门批准）	
	（4）社会保障费用		核算按规定标准支付的养老、医疗、失业、工伤、生育等保险金及住房公积金	
	（5）劳动保护费		核算员工的劳保用品、防暑降温费以及人身保险费、工作服费用等	
	（6）办公费	办公用品	核算各部门的办公用品以及单价在200元以下的办公杂品费用	
		快递费	核算日常办公邮寄及快递费用	
		房租费	核算办公场所租金及由公司承担的按有关规定租用的民用宿舍房租金	
		物业管理费	核算办公场所物业管理费	
		能源费	核算办公场所日常水电煤等费用	
		绿化费	核算办公场所绿化维护、花草租金	
		其他	核算员工工作餐、加班餐费、饮用水等不能归属以上项目的费用	
	（7）邮电通信费		核算办公用电话、网络费用以及按标准报销的个人手机等费用	
	（8）车辆费用	汽油费	核算办公用车辆的汽油费	
		通行费	核算办公用车辆过路过桥费	
		停车费	核算办公用车辆停车费	
		修理保养费	核算办公用车辆日常维修、保养费	
		规费	核算办公用车辆养路费、车船税、保险费	
		其他	核算办公用车辆不能归属以上项目的其他费用	

（续表）

科目	明细科目	明细子目	核算内容	备注
管理费用	（9）差旅费		核算员工外地出差的车费、出差补贴、住宿费用等	主要用于核算管理部门费用
	（10）交通费		核算员工市内车费	
	（11）低值易耗品		核算低值易耗品摊销费用（一次摊销）	
	（12）修理费		核算行政、办公用品等的修理费用	
	（13）折旧费		核算固定资产折旧费用	
	（14）业务招待费		核算对外的招待餐费、礼品等费用	
	（15）会务费		核算公司内、外部会议费用（凭非酒店行业会务发票列支）	
	（16）顾问费		核算审计、咨询、律师、顾问等费用	
	（17）劳务费		核算通过劳务公司口径列支的劳务费用	
	（18）税金		核算归入管理费用的部分小税种及待征公司的红利所得税等	
	（19）资产摊销		核算无形资产、开办费等摊销费用	
	（20）其他		核算未在上述明细中明确的费用	
	（21）费用转出		核算费用科目月末结转的汇总数	
财务费用	（1）利息支出		核算不属于因房产商品开发所发生的借款费用支出	主要用于核算财务部门费用
	（2）利息收入		核算存款利息收入	
	（3）手续费		核算银行手续费、工本费等	
	（4）融资费用		核算评估、保险、抵押、公证、监管等费用	
	（5）其他		核算未在上述明细中明确的费用	
	（6）财务费用转出		核算费用科目月末结转的汇总数	

三、根据管理需求重新设计和调整会计单据

目前房地产企业采用的会计单据反映的信息量小，难以提供管理控制所必需的信息，因而需要进行重新设计，将诸如合同管理信息、预算控制信息、授权审批信息等内容包括在单据之中，通过单据及时记录经济业务的重要内容，为管理者提供审批依据和决策支持，也便于利用会计信息系统收集和积累管理信息。

第二章　房地产企业基本业务的核算

一、货币资金的核算

房地产企业的货币资金由库存现金、银行存款、其他货币资金组成。

（一）库存现金的核算

库存现金的核算，分为总分类核算和明细分类核算。

1. 库存现金的总分类核算

库存现金的总分类核算是通过设置“库存现金”科目进行的。

房地产企业内部周转使用备用金的，不在“库存现金”科目中核算，可以单独设置“备用金”科目，也可以在“其他应收款”科目中设置明细科目核算。

房地产企业增加库存现金，借记“库存现金”科目，贷记“银行存款”等科目；减少库存现金，做相反的会计分录。

房地产企业库存现金增加的业务，主要包括两个方面：一是从银行提取现金；二是收取客户的售房款。房地产企业库存现金减少的业务，主要包括发放工资、支付差旅费等。

实例

1. 2017年7月7日，ABC房地产公司从银行提取现金50 000元。应根据现金支票存根填制付款凭证，会计分录如下：

借：库存现金　　50 000

　贷：银行存款　　50 000

2. 2017年7月10日，ABC房地产公司收到客户交存的购房款50 000元。应根据公司所开发票的记账联填制收款凭证，会计分录如下：

借：库存现金　　50 000

　贷：预收账款　　50 000

3. 2017年7月15日，ABC房地产公司以现金支付5月份员工工资80 000元。应根据工资表填制付款凭证，会计分录如下：

借：应付职工薪酬　　80 000

　贷：库存现金　　80 000

4. 2017年7月17日，ABC房地产公司员工罗××报销出差费用1 900元，根据差旅费报销单填制付款凭证，会计分录如下：

借：管理费用——差旅费　　1 900

　贷：库存现金　　1 900

2. 库存现金的明细分类核算

明细分类核算是通过设置现金日记账进行的。库存现金的明细分类核算要求如下图所示。

要求一	现金日记账一般采取收、付、存三栏式格式，由出纳人员根据审核后的原始凭证或现金收款凭证、付款凭证逐日逐笔登记；对于从银行提取现金的业务，一般编制银行存款的付款凭证，并据以登记现金日记账
要求二	每日终了应计算本日现金收入、支出的合计数和结存数，并同实存现金进行核对，做到日清月结，保证账款相符
要求三	所有的收付款凭证应由出纳人员送交会计人员，作为登记总分类账的依据。总分类账户中“库存现金”科目余额应与现金日记账的余额相等

库存现金的明细分类核算要求

3. 库存现金盈亏的核算

为了保证企业库存现金的安全，房地产企业要定期对出纳员保管的库存现金进行盘点核对，如果出现短缺、溢余的情况，要通过“待处理财产损溢——待处理流动资产损溢”科目进行核算。库存现金盈亏的核算要求如下表所示。

库存现金盈亏的核算要求

类别	业务	会计分录
盘盈的库存现金	发生时	借：库存现金 　贷：待处理财产损溢——待处理流动资产损溢
	按管理权限报经批准后处理时	借：待处理财产损溢——待处理流动资产损溢 　贷：营业外收入
盘亏的库存现金	发生时	借：待处理财产损溢——待处理流动资产损溢 　贷：库存现金
	按管理权限报经批准后处理时	借：其他应收款——营业外支出 　贷：待处理财产损溢——待处理流动资产损溢
★库存现金的盈亏，应查明原因，在期末结账前处理完毕，处理后“待处理财产损溢——待处理流动资产损溢”科目应无余额		

实例

1. 2017年7月20日，ABC房地产公司财务部对库存现金盘点时，发现库存现金短缺5 000元，并及时向公司领导报告，在未查明原因前，会计分录如下：

借：待处理财产损溢——待处理流动资产损溢　　5 000

　贷：库存现金　　5 000

2. 2017年7月21日，ABC房地产公司财务部对库存现金短缺5 000元的原因进行调查，查明是因出纳员私自挪用库存现金造成的，会计分录如下：

借：其他应收款　　5 000

　贷：待处理财产损溢——待处理流动资产损溢　　5 000

3. 2017年7月25日，ABC房地产公司财务部对库存现金盘点时，发现库存现金溢余1 600元，并及时向公司领导报告，在未查明原因前，会计分录如下：

借：库存现金　　1 600

　贷：待处理财产损溢——待处理流动资产损溢　　1 600

4. 2017年7月26日，ABC房地产公司财务部对库存现金溢余1 600元的原因进行调查，查明是因无法支付造成的，会计分录如下：

借：待处理财产损溢——待处理流动资产损溢　　1 600

　贷：其他应收款　　1 600

4. 备用金的核算

备用金是指房地产企业财务部门按照内部规定拨付给其所属单位、部门或个人周转使用的现金。房地产企业根据自身管理要求，对备用金可以单独设置“备用金”科目，也可以在“其他应收款”科目中设置明细科目进行核算。

房地产企业为了方便经营，一般都会拨付给营销部门和工程部门一定额度的备用金，使用备用金的部门定期报销，由财务部门及时补足备用金额度。

实例

1. 2017年7月28日，ABC房地产公司财务部对其下属的营销部实行备用金制度，拨付备用金38 000元，会计分录如下：

借：备用金——营销部　　38 000

　贷：库存现金　　38 000

2. 2017年8月1日，ABC房地产公司营销部在7月份共使用备用金18 200元，并持相关报销单据向公司财务部报销费用。财务部经审核并以库存现金补足营销部备用金额度，会计分录如下：

借：销售费用　　18 200

　贷：库存现金　　18 200

（二）银行存款的核算

银行存款的核算，分为总分类核算和明细分类核算。

1. 银行存款的总分类核算

银行存款的总分类核算是通过设置“银行存款”科目进行的。房地产企业将货币资金存入银行或其他金融机构，借记“银行存款”科目，贷记“库存现金”“预收账款”等科目；从银行或其他金融机构提取和支出货币资金，借记“库存现金”“生产成本”等科目，贷记“银行存款”科目。

房地产企业涉及银行存款增加与减少的业务如下图所示。

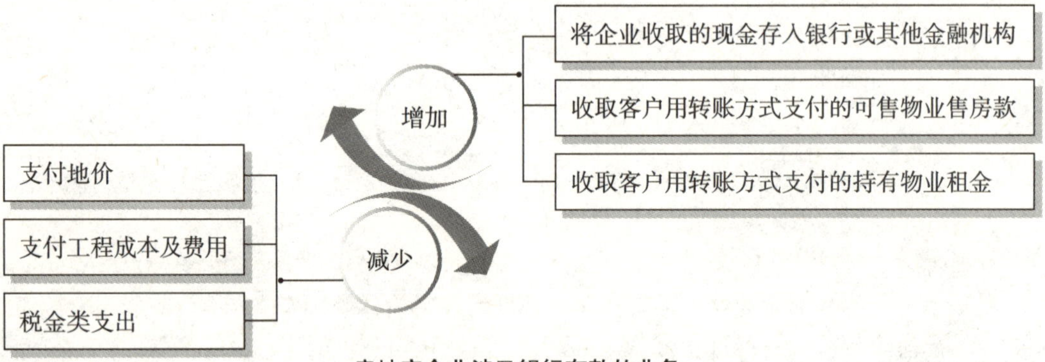

房地产企业涉及银行存款的业务

实例

1. 2017年7月9日，ABC房地产公司取得购房客户交存的一张金额为90万元的转账支票，财务人员及时将其存入公司开户银行。根据进账单、发票记账联填制收款凭证，会计分录如下：

借：银行存款　　900 000

　贷：预收账款　　900 000

2. 2017年7月12日，ABC房地产公司将其开发并持有的购物中心物业一层出租给甲公司，按照租赁合同，甲公司当日通过电汇形式将租金180万元汇入ABC房地产公司的开户银行。ABC房地产公司应根据开户银行出具的入账通知、公司所开发票的记账联填制收款凭证，会计分录如下：

借：银行存款　　1 800 000

　贷：其他业务收入　　1 800 000

3. 2017年7月19日，ABC房地产公司通过电汇形式向乙建筑公司支付工程进度款600万元，ABC房地产公司应根据电汇回单及乙公司提供的发票填制付款凭证，会计分录如下：

借：生产成本　　6 000 000

　贷：银行存款　　6 000 000

4. 2017年7月22日，ABC房地产公司为支付广告费，向丙广告公司开出了一张金额为30万元的转账支票。ABC房地产公司应根据支票存根及丙广告公司提供的发票填制付款凭证，会计分录如下：

借：销售费用——广告费　　300 000

　贷：银行存款　　300 000

2. 银行存款的明细分类核算

银行存款的明细分类核算是通过设置银行存款日记账进行的。明细分类核算的要求如下图所示。

要求一	房地产企业应当按照不同的开户银行和其他金融机构、不同的存款种类，分别设置银行存款日记账
要求二	银行存款日记账一般采取收、付、存三栏式格式，由出纳人员根据审核后的原始凭证或银行存款收款凭证、付款凭证逐日逐笔登记
要求三	每日终了应结出余额，银行存款日记账应定期与银行对账单核对，至少每月核对一次
要求四	月末，企业银行存款账面余额与银行对账单之间如有差额，应按月编制“银行存款余额调节表”，并调节相符
要求五	所有的收付款凭证应由出纳人员送交会计人员，作为登记总分类账的依据。总分类账户中“银行存款”科目余额应与银行存款日记账的余额相等

明细分类核算的要求

（三）其他货币资金的核算

其他货币资金是指除现金、银行存款以外的其他各种货币资金。房地产企业的其他货币资金主要体现为以下几类：按揭贷款保证金、银行承兑汇票保证金。

为了单独反映房地产企业其他货币资金的收入、付出和结存情况，应设置“其他货币资金”账户进行核算。在该账户下，根据房地产企业的特点，应设置“按揭贷款保证金”“银行承兑汇票保证金”“在途货币资金”等明细账户，进行明细核算。

1. 按揭贷款保证金的核算

按揭贷款保证金的核算要求如下表所示。

按揭贷款保证金的核算要求

业务	会计分录
收到按揭贷款银行出具的入账通知时	借：银行存款（进入企业按揭贷款结算户的金额） 其他货币资金——按揭贷款保证金（进入企业按揭贷款保证金户的金额） 贷：预收账款（银行发放的按揭贷款总额）
当按揭贷款购房人所购商品房产权证办理完成，并办理了抵押登记，按揭贷款银行将保证金转入按揭贷款结算户后	借：银行存款（转入金额） 贷：其他货币资金——按揭贷款保证金（转入金额）

实例

1. 2017年6月22日，ABC房地产公司收到银行发放的购房人罗××按揭贷款总计80万元，其中按揭贷款结算户收到72万元，保证金户收到8万元（保证金比例为10%）。应根据按揭贷款银行开具的入账通知填制收款凭证，会计分录如下：

借：银行存款　720 000

　其他货币资金——按揭贷款保证金　80 000

贷：预收账款　800 000

2. 2017年6月30日，ABC房地产公司为购房人罗××办理了商品房产权证，并办妥了按揭贷款银行的抵押登记手续。银行将按揭贷款保证金8万元，由按揭贷款保证金账户转入按揭贷款结算户。应根据按揭贷款银行开具的转账通知填制收款凭证，会计分录如下：

借：银行存款　80 000

贷：其他货币资金——按揭贷款保证金　80 000

2. 银行承兑汇票保证金的核算

银行承兑汇票保证金的核算要求如下图所示。

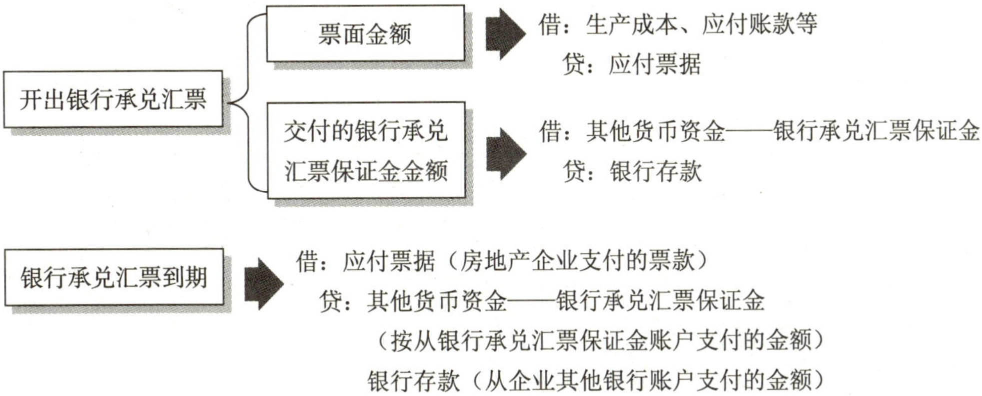

银行承兑汇票保证金的核算要求

实例

1. 2017年3月5日，ABC房地产公司向银行申请开具了一张面额为180万元的银行承兑汇票，用于支付工程款。并按约定，向银行交付了50%，即90万元的保证金。应根据相应手续填制付款凭证，会计分录如下：

借：生产成本　　1 800 000

　贷：应付票据　　1 800 000

同时，

借：其他货币资金——银行承兑汇票保证金　　900 000

　贷：银行存款　　900 000

2. 2017年9月4日，ABC房地产公司开具的银行承兑汇票到期，银行收到贴现银行转来的账单，从ABC房地产公司的基本户中扣划90万元，从保证金户扣划90万元。企业应根据相应手续填制付款凭证，会计分录如下：

借：应付票据　　1 800 000

　贷：银行存款　　900 000

　　其他货币资金——银行承兑汇票保证金　　900 000

3. 在途货币资金的核算

在途货币资金的核算一般只在月末结账时进行。企业收到所属单位汇出款项的通知，但未收到开户银行收账通知的款项，属于在途货币资金。在月末结账时，企业应借记“其他货币资金——在途货币资金”账户，贷记有关账户；待下月初收到汇入款项时，再借记“银行存款”账户，贷记“其他货币资金——在途货币资金”账户。

实 例

1. 2017年7月1日，ABC房地产公司收到集团总部汇出款项通知，已汇出款项3 000万元，但ABC房地产公司开户银行当天未收到该款项。应根据集团总部汇出款项通知填制收款凭证，会计分录如下：

借：其他货币资金——在途货币资金　　30 000 000

　贷：其他应收款——内部往来　　30 000 000

2. 2017年8月2日，ABC房地产公司收到汇款时，根据银行通知编制如下会计分录：

借：银行存款　　30 000 000

　贷：其他货币资金——在途货币资金　　30 000 000

特别提示

由于在途货币资金属于银行之间划拨款项时间差所引起，在途时间不会很长，所以，月中发生的在途款项，可以不进行账务处理，以简化核算手续。

二、职工薪酬的核算

职工薪酬是指房地产企业为获得职工提供的服务而给予各种形式的报酬以及其他相关支出。

（一）职工薪酬的范围

职工薪酬的范围如下图所示。

范围一	职工工资、奖金、津贴和补贴
范围二	职工福利费
范围三	医疗保险费、养老保险费、失业保险费、工伤保险费和生育保险费等社会保险费
范围四	住房公积金

范围五	工会经费和职工教育经费
范围六	非货币性福利。包括企业以自产产品发放给职工作为福利、将企业拥有的资产无偿提供给职工使用、为职工无偿提供医疗保健服务等
范围七	因解除与职工的劳动关系给予的补偿
范围八	其他与获得职工提供的服务相关的支出

职工薪酬的范围

（二）应付职工薪酬的核算

1. 账户设置

为了核算企业支付和应付给职工的各项劳动报酬，企业应设置“应付职工薪酬”账户。该账户应设置“工资”“职工福利”“社会保险费”“住房公积金”“工会经费”“职工教育经费”“非货币性福利”等明细科目，进行明细核算。如：“应付职工薪酬——工资”“应付职工薪酬——职工福利”“应付职工薪酬——社会保险费”等。

2. 应付职工薪酬分配的核算

所谓职工薪酬分配的核算，是指月末计算出企业各部分人员的职工薪酬，并将职工薪酬计入有关成本费用的过程。

（1）“应付职工薪酬——工资”的分配

房地产开发企业工资薪酬分配的会计处理如下图所示。

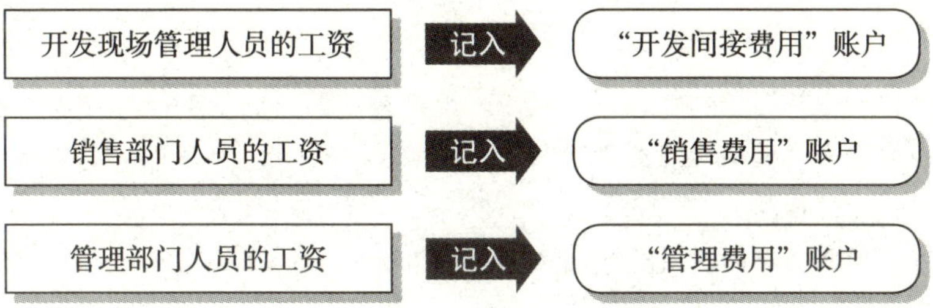

工资薪酬分配的会计处理

实 例

ABC房地产公司2017年7月底分配7月工资额，其中：开发项目现场人员工资220 000元，专设销售机构人员工资80 000元，行政管理人员工资80 000元。该公司应做如下会计分录：

借：开发间接费用 220 000
　　销售费用 80 000
　　管理费用 80 000
　贷：应付职工薪酬——工资 380 000

（2）“应付职工薪酬——职工福利”的支付与分配

根据《企业会计准则》，职工的医疗保险已通过“社会保险”明细账户核算。非货币性的职工福利则通过“非货币性福利”明细账户核算，“职工福利”明细账户核算的范围已经很小，主要是职工困难补助、伙食补贴等。所以，国家没有规定职工福利的计提基础和计提比例。企业在会计实务中可根据历史经验数据和实际情况，每月从成本费用中预提。年末可将预提数与实际支付数之间的差额，直接转入管理费用，该明细账户年末不留余额。

考虑到执行《企业会计准则》后，列入“职工福利”明细账户核算的数额较小，所以在会计实务中，也可以将职工福利的实际发生额在发生的当期进行分配，计入有关成本和费用，而不进行预提。

实例

ABC房地产公司在开发现场和企业机关设有食堂，每月根据实际职工人数和每一职工的伙食补贴标准，将职工的伙食补贴直接支付给各食堂。2017年7月，公司在岗职工110人，其中开发现场68人，企业管理部门42人。公司对每一职工每月的伙食补贴为500元，本月已将补贴款支付给食堂。

公司向职工食堂支付款项时应做如下会计分录：

借：应付职工薪酬——职工福利 55 000
　贷：银行存款 55 000

同时按职工所属部门，对发生的职工福利进行分配：

借：开发间接费用 34 000
　　管理费用 21 000
　贷：应付职工薪酬——职工福利 55 000

（3）“应付职工薪酬——社会保险费”的分配

企业向社会保险机构为职工缴纳的各项社会保险费，可分为两部分，一部分由企业负担，另一部分由职工个人负担。

由企业负担的部分同工资薪酬一样，要计入有关成本费用；由职工个人负担的部分，企业在向职工发放工资时，从职工的工资中扣除。

由于社会保险包括的项目较多，所以“应付职工薪酬——社会保险费”明细账户可采用多栏式账页，将各项社会保险分项目进行登记和反映，或者设置三级账户进行登记。

实例

根据国家规定的计提标准，ABC房地产公司2017年7月应为职工提取养老保险费共计27 600元，其中开发现场管理人员的养老保险费为17 600元，企业管理人员的养老保险费为10 000元。

（1）计提养老保险费时：

借：开发间接费用　　17 600

　　管理费用　　10 000

　贷：应付职工薪酬——社会保险费（养老保险费）　　27 600

（2）缴纳养老保险时：

借：应付职工薪酬——社会保险费　　27 600

　贷：银行存款　　27 600

其他项目的社会保险费，其会计处理方法与养老保险费的处理相同。

（4）“应付职工薪酬——住房公积金”的分配

企业为职工向住房公积金管理中心交存的住房公积金，也分为两部分，一部分由企业负担，另一部分由职工个人负担。由企业负担的部分同上述社会保险费一样，要计入有关成本费用；由职工个人负担的部分，企业在向职工发放工资时，从职工的工资薪酬中扣除。

企业为职工计提的住房公积金，国家也规定了计提基础和比例，其会计处理与上述社会保险费的处理相同。

（5）“应付职工薪酬——工会经费”的分配与支付

“应付职工薪酬——工会经费”是为开展工会活动而按照工资总额的一定比例从成本费用中提取的。按现行规定，工会经费按照工资总额的2%计提。

实例

ABC房地产公司2017年7月工资总额为200万元，按2%提取工会经费。有关账务处理如下：

（1）提取工会经费时：

借：管理费用　　40 000

　贷：应付职工薪酬——工会经费　　40 000

（2）将计提的工会经费转交工会开展活动时：

借：应付职工薪酬——工会经费　　40 000

　贷：银行存款　　40 000

（6）“应付职工薪酬——职工教育经费”的分配

“应付职工薪酬——职工教育经费”是企业为职工学习先进技术和提高文化水平而支付的费用。职工教育经费是按照工资总额的一定比例从成本费用中提取的。按现行规定，职工教育经费按照工资总额的2.5%计提。为简化核算，企业计提的职工教育经费可直接计入管理费用。

实例

ABC房地产公司2017年7月工资总额为800万元，按2.5%提取职工教育经费。该公司有关账务处理如下：

（1）提取职工教育经费时：

借：管理费用　　200 000

　贷：应付职工薪酬——职工教育经费　　200 000

（2）开展职工教育支付职工教育经费时，按实际发生额记录：

借：应付职工薪酬——职工教育经费　　200 000

　贷：银行存款　　200 000

（7）“应付职工薪酬——非货币性福利”的分配

非货币性福利主要包括企业以自身产品或其他有形资产发放给职工作为福利、企业向职工提供无偿使用自身拥有的资产（如企业提供给高级管理人员的汽车、住房等）、企业为职工无偿提供商品或类似医疗保健的服务等。

实例

ABC房地产公司为总部各部门经理级别以上职工提供一辆汽车免费使用。该公司总部共有部门经理以上职工10名，假定每辆轿车每月计提折旧2 500元，那么该公司应做如下会计处理：

（1）将10辆轿车按其用途计提折旧：

借：应付职工薪酬——非货币性福利　　25 000

　贷：累计折旧　　25 000

（2）将企业承担的职工薪酬计入有关成本或费用：

借：管理费用　　25 000

　贷：应付职工薪酬——非货币性福利　　25 000

3. 工资薪酬发放的核算

工资的发放，也称工资的结算，是指将应付给职工的工资薪酬发放给职工的过程。企业在工资发放时要将职工个人所得税、职工个人承担的社会保险费和住房公积金等从应发工资中扣除，将扣除后的实发工资用银行存款或库存现金发放。

工资薪酬发放的核算，企业应做如下会计分录：

借：应付职工薪酬——工资薪酬

　贷：应交税费——应交个人所得税

　　应付职工薪酬——社会保险费

　　　　　　　——住房公积金

　　银行存款（或库存现金）

三、债权债务的核算

房地产企业的债权债务的内容如下图所示：

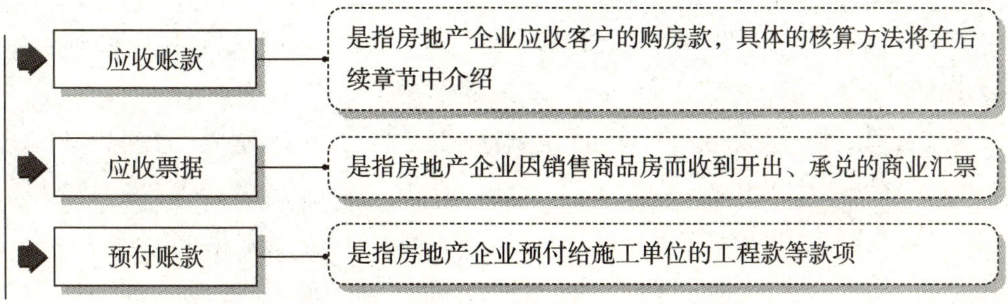

- **其他应收款**：是指房地产企业应收、暂付给其他单位或个人的除房地产买卖活动的应收债权
- **应付账款**：是指房地产企业应付给客户的购房款以及应付给施工单位的工程款等
- **预收账款**：是指房地产企业预收客户的购房款，具体的核算方法将在后续章节中介绍
- **应付职工薪酬**：是指房地产企业为获得职工提供的服务而应付给职工的各种形式的报酬以及其他相关支出
- **应交税费**：是指房地产企业应缴纳的各种税金
- **应付利息**：是指房地产企业预提的贷款利息
- **应付股利**：是指房地产企业应支付给股东的利润
- **其他应付款**：是指房地产企业除应付账款等与商品房交易相关的主要应付款项外的应付、暂收款项
- **长期借款**：是指房地产企业从银行等金融机构取得的房地产开发贷款和经营性物业抵押贷款等借款

房地产企业的债权债务构成

本节介绍的债权债务主要是其他应收款和其他应付款。

（一）其他应收款的核算

其他应收款是企业应收、暂付给其他单位或个人的非购销活动的应收债权。主要包括：不设置“备用金”科目的企业拨出的备用金，应收的各种赔款、罚款，应向职工收取的各种垫付款项，以及不符合预收性质而按规定转入的预付账款等。

企业应定期或者在每年年终对其他应收款进行检查，预计其可能发生的坏账损失，并计提坏账准备。

企业应设置“其他应收款”账户，借方登记所发生的各项其他应收、暂付款项，贷方登记收回或报销的各项其他应收、暂付款项，余额在借方，表示尚未收回或报销的其他应收或暂付款项。本账户可按其他应收款项目分类，并按不同的债务人设置明细账。

实例

1. ABC房地产公司职工张××预借差旅费5 000元，根据有关借款单据，做会计分录如下：

借：其他应收款——张×× 5 000

贷：库存现金 5 000

2. 张××回来报销差旅费4 600元，并交回余款400元，根据有关报销单据，做会计分录如下：

借：管理费用 4 600

库存现金 400

贷：其他应收款——张×× 5 000

3. ABC房地产公司一台设备因火灾报废，根据保险协议，保险公司核定应赔款380 000元，根据有关保险等单据，做会计分录如下：

借：其他应收款 380 000

贷：固定资产清理 380 000

收到上述赔款的银行收账通知单时，做会计分录如下：

借：银行存款 380 000

贷：其他应收款 380 000

（二）其他应付款的核算

企业除了应付票据、应付账款等与商品交易相关的主要应付款项外，还会发生一些与商品交易不具有直接关系的应付、暂收款项。主要包括：应付经营租赁租入固定资产的租金、租入包装物的租金、存入保证金、职工未领的工资、企业为职工代扣的款项（诸如水电费、托儿费等）、应付统筹退休金等。

为了正确核算企业应付、暂收的款项，企业需要设置“其他应付款”科目进行核算。同时，本科目还应按应付、暂收款项的类别、单位或个人设置明细账，进行明细核算。

实例

ABC房地产公司2017年1月2日与××公司签订一项租赁合同，该合同规定，××公司临街的一栋大楼租赁给ABC房地产公司用于办公，租期2年，月租金5万元，租约期满后，是否续租，再行商定。2017年3月，ABC房地产公司的租金暂时未付，ABC房地产公司做会计分录如下：

借：管理费用　　50 000

　贷：其他应付款——××公司　　50 000

第三章 房地产企业项目资本金的核算

房地产企业项目资本金是指在房地产开发项目总投资中，由房地产开发企业按规定专户储存，专项用于该房地产开发项目的自有货币资金。2015年发布的《关于调整和完善固定资产投资项目资本金制度的通知》规定：房地产开发项目中的保障性住房和普通商品住房最低资本金比例维持20%不变，其他项目由30%调整为25%。

一、项目资本金投入的核算

（一）初始投资的核算

初始投资情况下，各投资者投入企业的资本，按出资份额，全部记入“实收资本”科目。初始投资的核算要求如下表所示。

初始投资的核算要求

业务	会计分录
以现金投入的资本，应按实际收到或者存入企业开户银行的金额记录	借：银行存款 　贷：实收资本
投资者以非现金资产投入的资本，应按投资各方确认的价值记录	借：有关资产科目 　贷：实收资本

实例

1. 2017年6月7日，ABC房地产公司通过竞拍取得了广州某地块，地价为4亿元。该公司随即在广州注册了广州ABC公司，确定注册资本为5亿元。广州ABC公司收到ABC房地产公司投入的资本5亿元，该款项全部存入公司的开户银行。广州ABC公司根据有关原始凭证，编制会计分录如下：

借：银行存款　　500 000 000

　贷：实收资本　　500 000 000

2. 2017年6月12日，ABC房地产公司与GT投资公司达成合作开发协议，ABC房地产公司以其拥有的某地块的土地使用权作为投资，GT投资公司以现金1亿元作为投资，共同成立BC房地产开发公司，对该地块进行开发。该地块经双方确认的价值为2亿元，BC公司的注册资本为3亿元，根据合作开发协议，ABC房地产公司和GT投资公司分别占公司股权的60%和40%。BC公司收到GT投资公司投入的资本1亿元，该款项全部存入公司的开户银行。该地块所有权已变更为BC公司。BC公司根据有关原始凭证，编制会计分录如下：

借：银行存款　　100 000 000

　　无形资产　　200 000 000

　贷：实收资本——ABC房地产公司　　180 000 000

　　　　　　　——GT投资公司　　120 000 000

（二）增资扩股的核算

在增资扩股情况下，新介入的投资者出资额，按约定份额，记入“实收资本”科目，大于约定份额的部分，记入“资本公积——资本溢价”科目。

股东增资时，只能将其按约定投资比例计算的部分，作为其投入的资本金，记入“实收资本”科目的贷方；实际缴付的增资额超出其资本金的差额，为资本溢价，应记入“资本公积”科目的贷方。

房地产企业增资扩股形成的“实收资本”和“资本公积”构成了项目资本金。

实 例

1. 2017年7月12日，ABC房地产公司为达到国家规定的资本金比例，召开公司股东会形成决议，拟增加注册资金2亿元。ABC房地产公司收到增加投入的资本2亿元，该款项全部存入本公司的开户银行。ABC房地产公司根据有关原始凭证，编制会计分录如下：

借：银行存款　　200 000 000

　贷：实收资本　　200 000 000

2. 2017年6月12日，ABC房地产公司注册资金为1亿元，账面实收资本为1亿元。2016年12月31日，公司股东会形成决议，拟增加注册资金5 000万元，其中甲公司认缴2 000万元，乙公司认缴3 000万元。ABC房地产公司收到增加投入的资本5 000万元，该款项全部存入公司的开户银行。ABC房地产公司根据有关原始凭证，编制会计分录如下：

借：银行存款　　50 000 000

　贷：实收资本——甲公司　　20 000 000

　　　　　　　——乙公司　　30 000 000

3. ABC房地产公司的注册资本为1亿元，甲、乙、丙、丁投资者各缴付资本金2 500万元，经营两年以后，该企业共提取了盈余公积金1 000万元，这时有新投资者有意参加该企业共同开发经营，并表示愿意出资3 000万元而仅取得该企业20%的权益，则在会计上，应将新投资者投入的2 500万元作为资本金记入“实收资本”科目，出资额超出其资本金的500万元（3 000−2 500）记入“资本公积——资本溢价”科目，做如下分录入账：

借：银行存款　　30 000 000

　贷：实收资本　　25 000 000

　　资本公积——资本溢价　　5 000 000

（三）拨款转入的核算

因项目开发的需要，项目公司股东往往在项目开发过程中向项目公司拨付往来款，用于项目的开发建设。项目公司在收到股东拨入的往来款时，借记“银行存款”科目，贷记“其他应付款”科目。

实例

为满足ABC房地产公司项目开发的资金需要，公司股东决定拨付给ABC房地产公司资金2亿元。2017年7月12日，ABC房地产公司收到公司股东拨付的资金2亿元，将该款项全部存入ABC房地产公司的开户银行。ABC房地产公司根据有关原始凭证，编制会计分录如下：

借：银行存款　　200 000 000

　贷：其他应付款　　200 000 000

为达到国家规定的项目资本金比例的要求，项目公司的股东可能将其拨入的往来款转增为项目公司的资本金。按照《企业会计准则》的要求，股东拨款转为项目资本金时，应先记入“资本公积——资本溢价”科目，增资手续完成后，再从“资本公积——资本溢价”科目转入“实收资本”科目。

实例

1. 续上例，2017年8月31日，公司股东会形成决议，将拨付的往来款2亿元全部转增为ABC房地产公司的资本公积。ABC房地产公司根据有关原始凭证，编制会计分录如下：

借：其他应付款　200 000 000

　贷：资本公积——资本（或股本）溢价　200 000 000

2. 续上例，2017年9月30日，ABC房地产公司完成了2亿元的增资手续。ABC房地产公司根据有关原始凭证，编制会计分录如下：

借：资本公积——资本（或股本）溢价　200 000 000

　贷：实收资本　200 000 000

从上例可以看出，房地产项目股东拨款转入形成的资本公积也属于房地产项目资本金的组成部分。在实际操作中，对于股东拨款，一般先记入“其他应付款”科目，然后根据总投资情况，确定转入资本公积的金额，最后将增资记入“实收资本”科目。

（四）政府补助的核算

《企业会计准则第16号——政府补助》将政府补助分为与资产相关的政府补助和与收益相关的政府补助。与资产相关的政府补助是指企业取得的、用于购建或以其他方式形成长期资产的政府补助。根据这个定义，政府专项拨款属于与资产相关的政府补助，同时也应该作为房地产企业的项目资本金。

准则第七条规定，与资产相关的政府补助，应当确认为递延收益，并在相关资产使用寿命内平均分配，计入当期损益。但是，按照名义金额计量的政府补助，直接计入当期损益。

由此可见，企业收到的政府专项拨款应在“递延收益”项目内核算，并自相关资产达到预定可使用状态起，在该资产使用寿命内平均分配，分次记入各期的“营业外收入”科目，增加企业利润。

实例

2015年8月31日，ABC房地产公司收到政府下拨的财政补助款1.2亿元，用于建设ABC房地产公司所开发项目中的市政道路。所建道路于2017年1月1日竣工并投入使用，预计使用年限为20年。ABC房地产公司根据有关原始凭证，编制会计分录如下：

（1）2015年8月31日收到政府补助款时：

借：银行存款　120 000 000

　贷：递延收益　120 000 000

（2）2017年1月竣工投入使用时：

每月分配递延收益＝12 000÷20÷12＝50（万元）

借：递延收益　　500 000

　贷：营业外收入　　500 000

（五）债转股的核算

根据《企业会计准则第12号——债务重组》，企业将债务转为资本的，债务人应当将债权人放弃债权而享有股份的面值总额确认为股本（或实收资本），股份的公允价值总额与股本（或实收资本）之间的差额确认为资本公积。

重组债务的账面价值与股份的公允价值总额之间的差额，计入当期损益。将债务转为资本形成的股本溢价计入资本公积，形成的债务重组利得记入“营业外收入——债务重组利得”科目。债转股形成的资本公积也属于项目资本金的范畴。

实例

ABC房地产公司欠甲建筑公司货款1 000 000元，双方达成协议，ABC房地产公司通过向甲建筑公司转让50 000股股票偿还该笔债务，股票面值为1元，股价为15.5元。

应计入股本的金额＝1×50 000＝50 000（元）

由于股价高于面值，因此应计算股本溢价：

15.5×50 000−50 000＝725 000（元）

借：应付账款　　1 000 000

　贷：实收资本　　50 000

　　资本公积——股本溢价　　725 000

　　营业外收入——债务重组利得　　225 000

（六）接受捐赠的核算

对于捐赠的会计处理，新准则体系没有具体细则进行规范。《企业会计准则——基本准则》中对利得和损失的定义是：“直接计入当期利润的利得和损失，是指应当计入当期损益、会导致所有者权益发生增减变动的、与所有者投入资本或者向所有者分配利润无关的利得或者损失。”根据此定义，捐赠收益应在“营业外收入”科目核算，增加企业利润。

特别提示

接受捐赠虽然不会形成企业的实收资本或资本公积，但如果是房地产企业在项目开始阶段接受的捐赠，也应该视为项目资本金。

（七）转让资本金的核算

有限责任公司股东之间可以相互转让其全部出资或者部分出资。但股东如向股东以外的人转让其出资时，必须取得全体股东过半数的同意；不同意转让的股东应当购买该转让的出资。如果不购买该转让的出资，就视为同意转让。经股东同意转让的出资，在同等条件下，其他股东对出资有优先购买权。股东依法转让其出资后，由公司将受让人的姓名或者名称、住所以及受让的出资额记载于股东名册，并做如下分录入账：

借：实收资本——出让人

　贷：实收资本——受让人

实 例

2017年6月12日，ABC房地产公司注册资金为1亿元，账面实收资本为1亿元，公司股东为甲公司和乙公司，出资额分别为4 000万元和6 000万元。2016年12月31日，甲公司和乙公司均同意甲公司向丙公司转让全部出资额。ABC房地产公司根据有关原始凭证，编制会计分录如下：

借：实收资本——甲公司　　40 000 000

　贷：实收资本——丙公司　　40 000 000

（八）资本公积转增资本的核算

执行新会计准则之后，新发生的经济业务形成的其他资本公积不能用于转增资本，只有资本溢价才能够转增资本。资本公积转增资本时，借记“资本公积——资本溢价”科目，贷记“实收资本（或股本）”科目。

二、项目资本金收回的核算与管理

房地产企业在开发项目结束时，按规定可以收回前期投入项目公司的项目资本金，而收回资本金的方式根据项目公司是否保留，分为下图所示两种：

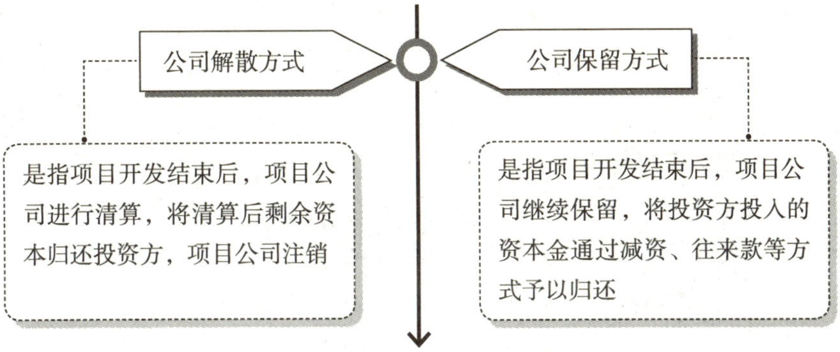

收回资本金的方式

（一）公司解散方式下的核算

公司解散方式，就是将全部财产变卖，将净收入分配给投资方作为归还资本金。

企业清算时可暂设“清算损益”账户进行核算，作如下会计分录：

借：登记清算过程中为进行清算工作而发生的各项支出…………清算机构的开支
聘请会计师、律师的费用
财产处理损失

贷：清算收益（包括财产变现收益等）

差额转入“未分配利润”；最后将未分配利润分配给投资方

企业完全解散，应收回各种应收款项，偿付各项负债，变卖所有财产物资，最后将剩余的现金按出资比例分配给所有投资人。

实例

2016年8月30日，ABC房地产公司解散时的实收资本为6亿元，未分配利润为1亿元。经过清算和变卖全部剩余资产净损失2 000万元（其中包括清算费用、财产溢缺、变卖损失等），清算后将剩余资本归还给投资方。

（1）结转清算损失时：

借：未分配利润　　20 000 000

　贷：清算损益　　20 000 000

（2）将未分配利润转入实收资本时：

借：未分配利润　　80 000 000
　贷：实收资本　　80 000 000

（3）归还剩余资本6.8亿元时：

借：实收资本　　680 000 000
　贷：银行存款　　680 000 000

资本金偿还以后，清理工作即告结束。项目公司可以申请进行公司注销登记。

实例

ABC房地产公司解散时的实收资本为100万元，其中甲方、乙方各投资50万元，资本公积5万元，未分配利润2万元。经过清算和变卖全部剩余资产净损失20万元（其中包括清算费用、财产溢缺、变卖损失等），清算后将剩余资本归还给投资双方。

（1）结转清算损失时：

借：未分配利润　　200 000
　贷：清算损益　　200 000

（2）按出资比例将资本公积及未分配利润转入实收资本时：

借：实收资本——甲方投资　　65 000
　　　　　——乙方投资　　65 000
　　资本公积　　50 000
　贷：未分配利润　　180 000

（3）归还各方剩余资本时：

借：实收资本——甲方投资　　435 000
　　　　　——乙方投资　　435 000
　贷：银行存款　　870 000

资本金转让或偿还以后，清理工作即告结束。企业清算终了，清算收益大于清算损失的部分，应依法缴纳所得税。

（二）公司保留方式下的核算

公司保留是指项目公司开发的项目结束后，该公司继续存在，不进行清算和解散。项目公司保留一般有两个原因，如下图所示。

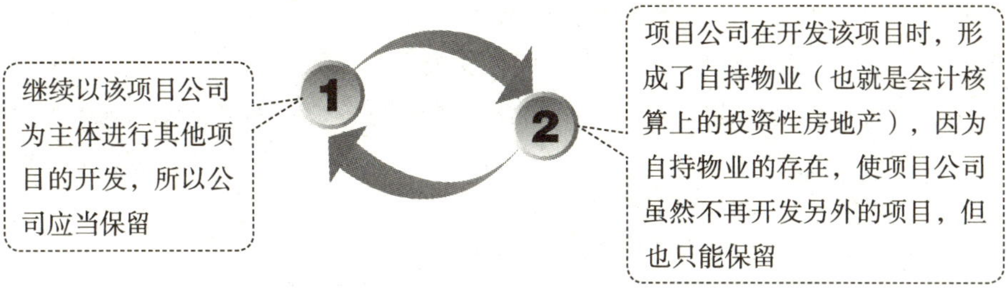

项目公司保留的原因

公司保留方式下的核算有下图所示的三种方式：

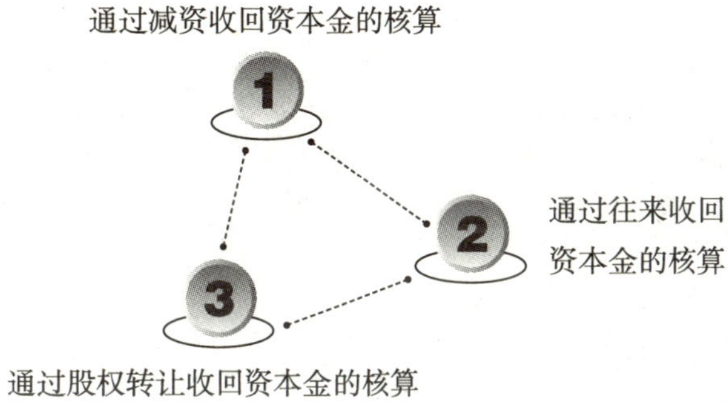

公司保留方式下的核算

1. 通过减资收回资本金的核算

开发项目结束后，股东根据企业的实际情况，在保留项目公司的前提下，有时也会减少项目公司的注册资金。

项目公司根据股东会减资的决议，按减资的金额，借记“实收资本”科目，贷记“银行存款”“其他应付款”等科目。如果项目公司形成的资本公积需要收回，应将该资本公积先转增资本，再按减资程序进行。

实例

2017年6月30日，ABC房地产公司开发的项目结束，根据股东会决议，减资8 000万元。公司通过银行将8 000万元支付给其股东。ABC房地产公司根据有关原始凭证，编制会计分录如下：

借：实收资本　　80 000 000

　贷：银行存款　　80 000 000

2. 通过往来收回资本金的核算

对于独资房地产企业，只有一个股东，可以将资金直接调回。

投资者减少资本金，应以实际支付给股东的金额，借记“其他应付款”科目，贷记“银行存款”科目。

实例

2017年7月12日，ABC房地产公司所开发项目已基本结束，为提高资金的使用效率，公司股东决定调回资金5亿元。该款项全部通过公司的开户银行支付给股东。ABC房地产公司根据有关原始凭证，编制会计分录如下：

借：其他应付款　　500 000 000

　贷：银行存款　　500 000 000

3. 通过股权转让收回资本金的核算

房地产开发项目公司在开发结束后，投资方将股权转让给物业公司，从而收回投入的资本金。

产权转让可以账面净值为依据，也可以重估价值为依据。如果以重估价值为依据，在清算时应先调整财产价值，借记（或贷记）“库存商品”“固定资产”账户，贷记“累计折旧”账户，贷记（或借记）“清算损益”账户。下一步的工作是将“清算损益”转入“未分配利润”；将“未分配利润”“资本公积”“盈余公积”账户，按各方出资比例转入“实收资本”账户；并将出让方应收的资本由受让方发还给出让方。

实例

ABC房地产公司清算时的实收资本为100万元，其中甲方、乙方各投资50万元，资本公积5万元，未分配利润2万元，经过清算发生清算损失净额8万元，清算后乙公司的股权转让给物业公司。

（1）结转清算损失时：

借：未分配利润　　80 000

　贷：清算损益　　80 000

（2）按出资比例将“资本公积”及“未分配利润”转入“实收资本”。

借：实收资本——甲方投资　　5 000

　　　　　　——乙方投资　　5 000

资本公积　　50 000
贷：未分配利润　　60 000
（3）由物业公司将转让产权应得款项支付给乙方，ABC房地产公司会计分录如下：
借：实收资本——乙方投资　　495 000
贷：实收资本——物业公司　　495 000

三、项目资本金核算的探讨

根据《企业会计准则》，对于房地产企业项目资本金主要通过实收资本、资本公积和留存收益来核算。目前在实际核算操作中存在以下几种方法：

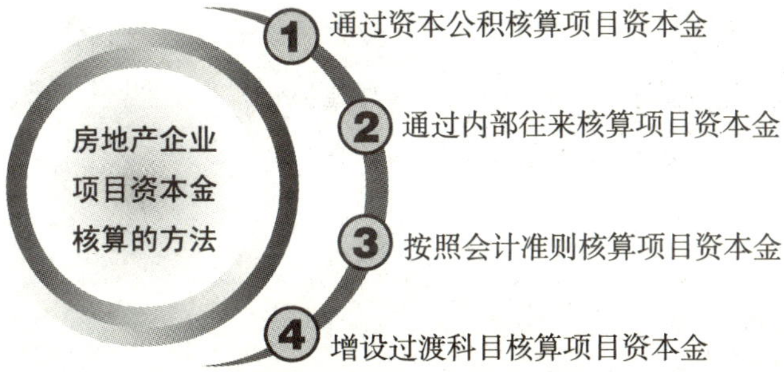

房地产企业项目资本金核算的方法

（一）通过资本公积核算项目资本金

房地产企业按照设立公司所需要的注册资金，将投资者投入的注册资本部分计入实收资本，同时，将投资者投入的项目资本金中超过注册资本的部分，计入资本公积。

实例

2017年6月7日，ABC房地产公司通过竞拍取得了广州某地块，地价为4亿元。该公司随即在广州注册了广州ABC公司，确定注册资本为1亿元。广州ABC公司收到ABC房地产公司投入的资本5亿元，该款项全部存入公司的开户银行。广州ABC公司根据有关原始凭证，编制会计分录如下：

借：银行存款　　500 000 000
贷：实收资本　　100 000 000
资本公积　　400 000 000

特别提示

此方法存在的问题是：不符合《企业会计准则》中对资本公积的核算要求。《企业会计准则》规定，资本公积是企业收到投资者的超出其在企业注册资本（或股本）中所占份额的投资，以及直接计入所有者权益的利得和损失等。资本公积包括资本溢价（或股本溢价）和直接计入所有者权益的利得和损失等。而投资者投入的项目资本金并不属于资本溢价的性质，更不属于利得和损失，因此，通过资本公积核算项目资本金不符合《企业会计准则》的要求。

（二）通过内部往来核算项目资本金

对于独资开发项目，有些房地产企业通过实收资本和内部往来核算项目资本金。房地产企业将股东投入的资本金分为两部分，一部分作为注册资金处理，记入“实收资本”科目，另一部分作为股东投入的往来款处理，记入“其他应付款”等科目。项目竣工后，房地产企业再通过内部往来将项目资本金缴还投资者。

实例

2017年6月7日，ABC房地产公司通过竞拍取得了广州某地块，地价为4亿元。该公司随即在广州注册了广州ABC公司，确定注册资本为1亿元。广州ABC公司收到ABC房地产公司投入的资金5亿元，该款项全部存入公司的开户银行。广州ABC公司根据有关原始凭证，编制会计分录如下：

借：银行存款	500 000 000	
贷：实收资本		100 000 000
其他应付款		400 000 000

实例

续上例，项目竣工后，广州ABC公司将ABC房地产公司投入的资金5亿元归还，广州ABC公司根据有关原始凭证，编制会计分录如下：

借：其他应付款	500 000 000	
贷：银行存款		500 000 000

特别提示

此方法存在的问题是：不符合国家关于项目资本金的规定。根据相关规定，项目资本金是指在投资项目总投资中，由投资者认缴的出资额。对投资项目来说，是非债务性资金，项目法人不承担这部分债务。投资者可按其出资的比例依法享有资金的任何利息和债务等所有者权益，也可转让其出资，但不得以任何方式抽回。因此，债务性资金是不能作为项目资本金的，而按照此方法，房地产企业将投资者投入的项目资本金计入其他应付款，对于房地产企业来讲，这部分资金属于负债，就不能作为项目资本金。

（三）按照会计准则核算项目资本金

按照会计准则核算项目资本金，在实际操作中存在下图所示问题：

项目资本金散落在不同的会计科目，包括：实收资本、资本公积、递延收益、营业外收入等科目，无法体现项目资本金的总体情况

当一家房地产企业同时开发不同的几个项目时，又无法分清每个项目项目资本金的到位情况

按照会计准则核算项目资本金时存在的问题

（四）增设过渡科目核算项目资本金

由于存在接受捐赠和政府补助的可能性，因此只根据实收资本和资本公积来核定资本金是不正确的。虽然可以将接受捐赠和政府补助计入损益类科目，但对于项目法人来讲，它们属于非债务性资金，应该作为项目的资本金。因此，应增设“项目资本金”科目来核算。

为了总体反映项目资本金的情况，房地产企业应增设一级科目“项目资本金”，通过它来归集项目资本金实际到位金额。

1. 项目资本金的总分类核算

项目资本金的总分类核算要求如下图所示。

收到项目资本金时 → 借：银行存款、原材料等资产类科目
　贷：项目资本金

同时，根据会计准则的要求和项目资本金的实际性质，转入相应科目 → 借：项目资本金
　贷：实收资本、资本公积、递延资产、营业外收入等科目

项目资本金的总分类核算要求

“项目资本金”科目的本期发生额就是房地产企业项目资本金实际到位的金额。

实例

2016年6月7日，ABC房地产公司通过竞拍取得了广州某地块，地价为4亿元。该公司随即在广州注册了广州ABC公司，确定注册资本为1亿元。项目总投资为20亿元，按自有资金到位比例35%计算，实际需要项目资本金7亿元。广州ABC公司收到注册资金1亿元，又陆续收到ABC公司拨入的资金5亿元，同时收到政府投入的补助资金1亿元。该款项全部存入公司的开户银行。广州ABC公司根据有关原始凭证，编制会计分录如下：

（1）收到注册资金时：

借：银行存款　100 000 000

　贷：项目资本金　100 000 000

同时，

借：项目资本金　100 000 000

　贷：实收资本　100 000 000

（2）收到拨入资金时：

借：银行存款　500 000 000

　贷：项目资本金　500 000 000

同时，

借：项目资本金　500 000 000

　贷：资本公积——资本溢价——拨款转入　500 000 000

（3）增资手续完成时：

借：资本公积——资本溢价——拨款转入　500 000 000

　贷：实收资本　500 000 000

（4）收到政府补助时：

借：银行存款　100 000 000

　贷：项目资本金　100 000 000

同时，

借：项目资本金　100 000 000

　贷：递延收益　100 000 000

“项目资本金”科目累计贷方发生额为7亿元，反映了项目资本金实际的到位情况。

2. 项目资本金的分类核算

房地产企业在开发项目时，有时并不是仅仅开发一个项目，可能要同时开发多个项目，因此，应分类核算各个不同项目的项目资本金到位情况。这就需要进行项目资本金的分类核算。

另外，房地产企业除了要核算项目资本金的到位情况之外，在项目竣工后，还要核算项目资本金的归还情况。这也要求进行项目资本金的分类核算。

根据以上核算要求，在“项目资本金”一级科目下，应按不同开发项目分设二级明细科目，并在二级科目下增设“资本金投入”和“资本金归还”两个三级科目。“资本金投入”三级科目的累计发生额就是某一开发项目的项目资本金到位金额，而“资本金归还”三级科目的累计发生额就是某一开发项目的项目资本金归还金额。

实例

2015年6月7日，ABC房地产公司通过竞拍取得了广州两地块，分别开发A、B两个项目，其中，A项目总投资为20亿元，B项目总投资为10亿元。该公司随即在广州注册了广州ABC公司，确定注册资本为11亿元。按自有资金到位比例35%计算，实际需要项目资本金10.5亿元，因此，注册资本可以满足自有资金比例的规定。广州ABC公司收到注册资金11亿元，该款项全部存入公司的开户银行。2016年12月A项目竣工，ABC公司通过减少注册资金，收回项目资本金7亿元。广州ABC公司根据有关原始凭证，编制会计分录如下：

（1）收到注册资金时：

借：银行存款　　1100 000 000

　贷：项目资本金——A项目——资本金投入　　700 000 000

　　　　　　　　——B项目——资本金投入　　400 000 000

同时，

借：项目资本金——A项目——资本金投入　　700 000 000

　　　　　　　——B项目——资本金投入　　400 000 000

　贷：实收资本　　1100 000 000

（2）归还A项目资本金时：

借：项目资本金——A项目——资本金归还　　700 000 000

　贷：银行存款　　700 000 000

同时，

借：实收资本　　700 000 000

　贷：项目资本金——A项目——资本金归还　　700 000 000

“项目资本金——A项目——资本金投入”三级明细科目的累计发生额为7亿元，“项目资本金——A项目——资本金归还”三级明细科目的累计发生额也为7亿元，说明A项目已还清资本金。而B项目“项目资本金——A项目——资本金投入”三级明细科目的累计发生额为4亿元，“项目资本金——A项目——资本金归还”三级明细科目的累计发生额为零，说明B项目资本金尚未归还。

第四章　房地产企业项目融资的核算

一、项目融资的概念和分类

房地产企业项目融资是指房地产企业为开发建设房地产项目而采取某种融资方式筹集建设资金的行为。

目前房地产企业的资金来源主要是银行贷款。而房地产投资信托基金的推出，一方面，将使房地产企业摆脱对银行贷款的过度依赖；另一方面，也会降低银行的风险，对中国银行业的发展起到促进作用。因此，房地产投资信托基金可能将取代开发贷款及经营性物业抵押贷款，成为今后房地产企业融资的主要模式。

二、开发贷款的核算

房地产项目开发贷款是指银行向借款人发放的用于房地产项目开发建设及其配套设施的安装的贷款。

借款费用是指房地产企业因借款而发生的利息及其他相关成本。借款费用包括借款利息、折价或者溢价的摊销、辅助费用，以及因外币借款而发生的汇兑差额等。

开发贷款发生的借款费用是指房地产企业因借入开发贷款而发生的利息及其他相关成本。一般来讲，开发贷款发生的借款费用除了利息之外的相关成本，最主要的是指辅助费用。

（一）开发贷款本金的核算

开发贷款本金应通过“长期借款”科目进行核算。“长期借款”科目核算房地产企业向银行或其他金融机构借入的、期限在1年以上（不含1年）的各项借款。开发贷款的期限一般都在1年以上，因此，应通过“长期借款”科目进行核算，会计分录如下图所示。

借入开发贷款 ➡ 借：银行存款（实际支付的本金金额）
贷：长期借款

归还开发贷款 ➡ 借：长期借款（实际支付的本金金额）
贷：银行存款

开发贷款本金的核算要求

实例

1. ABC房地产公司于2014年1月20日取得中国建设银行开发贷款5亿元，ABC房地产公司根据有关原始凭证，编制会计分录如下：

借：银行存款　　500 000 000

　贷：长期借款　　500 000 000

2. ABC房地产公司于2017年1月19日归还中国建设银行开发贷款5亿元，ABC房地产公司根据有关原始凭证，编制会计分录如下：

借：长期借款　　500 000 000

　贷：银行存款　　500 000 000

（二）开发贷款利息支出的核算

1. 开发贷款利息的计算

贷款利息是银行将款项借给企业，按规定向企业收取的利息。贷款利息的高低取决于利率、本金和计息期限。

（1）利率。

利率是一定时期内银行存、贷款利息额与存、贷款金额之间的比例，一般分为年利率、月利率和日利率。

年利率一般按本金的百分数表示，例如，年利率9%，又称年息九厘，表示本金100元，年利息额为9元。

月利率一般按本金的千分数表示，例如，月利率7.5‰，又称月息七厘五毫，表示本金100元，月利息额为7角5分。

日利率一般按本金的万分数表示。

年利率、月利率、日利率的换算公式为：

$$年息=月息\times 12=日息\times 360$$
$$月息=年息\div 12=日息\times 30$$
$$日息=年息\div 360=月息\div 30$$

（2）本金。

据以计算银行存、贷款利息的本金，是各种存、贷款账户上的实际存、贷款余额。比如，企业2017年4月1日向银行借款5亿元，5月1日归还3亿元，那么，计算5月的贷款利息时，其本金为2亿元，而非5亿元。

（3）计息日和计息时期。

按照规定，企业的银行存款账户、短期借款一般都是按季计算利息，计息日为每季度末月的20日，如3月20日、6月20日、9月20日、12月20日。短期借款也有按月计息的，计息日为每月的20日。长期借款通常也是按季计息，计息日为每季度末月的20日。

单位撤销或转移存款账户，还清借款时，于结清账户时随时结算利息。计息时期实行“算头不算尾”，也就是说从有存、贷款业务发生的当日起（存款从存入之日起，贷款从借入之日起）计息，即所谓“算头”；到业务终止前一日（存款支取的前一日或贷款归还的前一日）止，即所谓“不算尾”，按照实际存、贷款天数计算利息。比如，某单位于2017年3月1日向银行借入资金4亿元，到3月26日还清，那么计算利息时应从3月1日算起（即算头），到3月25日而不是3月26日为止（不算尾），共计25天的利息。

应付利息＝本金×月利率×实际天数÷30

应付利息＝本金×年利率×实际天数÷360

实例

假设贷款发放日为2017年1月1日，贷款本金为5亿元，到期日为2017年12月31日，月利率6.255‰，年利率7.47%，计算利息如下：

（1）按季计算利息：

2017年1月1日至3月21日应付利息＝500 000 000×6.225‰×79÷30
＝8 196 250（元）

2017年3月21日至6月21日应付利息＝500 000 000×6.225‰×92÷30
＝9 545 000（元）

2017年6月21日至9月21日应付利息＝500 000 000×6.225‰×92÷30
＝9 545 000（元）

2017年9月21日至12月21日应付利息＝500 000 000×6.225‰×91÷30
＝9 441 250（元）

2017年12月21日至12月31日应付利息＝500 000 000×6.225‰×10÷30
＝1 037 500（元）

5段利息相加得37 765 000元。

（2）按年计算利息：

应付利息＝500 000 000×7.47%×364÷360＝37 765 000（元）

如果在贷款期间遇到国家基准利率调整，调整当年按原贷款利率计算利息，从次年1月1日开始按调整后的贷款利率计算利息。

2. 利息资本化金额的确定

根据《企业会计准则》的要求，结合房地产企业实际业务情况，房地产企业因借入开发贷款而发生的利息应按如下原则处理：

从贷款取得至开发项目竣工验收期间发生的利息 → 应当资本化，计入相关资产成本

开发项目竣工验收后发生的利息 → 应当费用化，计入当期损益

因借入开发贷款而发生的利息处理原则

（1）利息资本化的起点。

可以看出，利息资本化的起点是贷款取得日。

《企业会计准则》规定，借款费用同时满足下图所列条件的，才能开始资本化：

条件一　资产支出已经发生（资产支出包括为购建或者生产符合资本化条件的资产而以支付现金、转移非现金资产或者承担带息债务形式发生的支出）

条件二　借款费用已经发生

条件三　为使资产达到预定可使用或者可销售状态所必要的购建或者生产活动已经开始

借款费用开始资本化须同时满足的条件

房地产企业取得开发贷款的必备条件如下图所示。

1　具备“四证”，即土地使用权证、建设用地规划许可证、建设工程规划许可证、建筑工程施工许可证

2　项目资本金或所有者权益不低于项目总投资的35%，且已在银行贷款发放前投入项目建设

房地产企业取得开发贷款的必备条件

（2）利息资本化的终点。

利息资本化的终点是开发项目竣工并通过验收之日。《企业会计准则》规定，购建或者生产符合资本化条件的资产达到预定可使用或者可销售状态时，借款费用应当停止资本化。

购建或者生产符合资本化条件的资产达到预定可使用或者可销售状态，可从下图所列几个方面进行判断：

标准一	符合资本化条件的资产的实体建造（包括安装）或者生产工作已经全部完成或者实质上已经完成
标准二	所购建或者生产的符合资本化条件的资产与设计要求、合同规定或者生产要求相符或者基本相符，即使有极个别与设计、合同或者生产要求不相符的地方，也不影响其正常使用或者销售
标准三	继续发生在所购建或生产的符合资本化条件的资产上的支出金额很少或者几乎不再发生

判断标准

（3）利息资本化金额的确定。

为购建或者生产符合资本化条件的资产而借入专门借款的，应当以专门借款当期实际发生的利息费用，减去将尚未动用的借款资金存入银行取得的利息收入或进行暂时性投资取得的投资收益后的金额确定。计算公式如下所示。

资本化利息 = 利息费用 − 尚未动用的借款资金存入银行取得的利息收入

但在实际操作中，房地产企业在计算资本化利息时，一般并不减去尚未动用的借款资金存入银行取得的利息收入，而按利息费用直接计入相应资产价值。

3. 贷款利息的总分类核算

贷款利息采用预提的方式进行核算，房地产企业应在每月月末预提当月应付的贷款利息，贷款利息一般是按季支付。其会计核算要求如下图所示。

从贷款取得至开发项目竣工验收期间
- 发生利息 → 借：生产成本、在建工程等科目
  　贷：应付利息
- 实际支付时 → 借：应付利息
  　贷：银行存款

开发项目竣工验收后
- 发生利息 → 借：财务费用
  　贷：应付利息
- 实际支付时 → 借：应付利息
  　贷：银行存款

贷款利息的总分类核算要求

实例

ABC房地产公司于2015年1月20日取得中国建设银行开发贷款5亿元用于开发销售物

业，贷款年利率为5%，每月计提利息210万元，2015年3月20日支付一季度贷款利息420万元。ABC房地产公司根据有关原始凭证，编制会计分录如下：

（1）每月计提应付利息时：

借：生产成本　　2 100 000

　贷：应付利息　　2 100 000

（2）支付一季度贷款利息时：

借：应付利息　　4 200 000

　贷：银行存款　　4 200 000

该项目于2016年底竣工交付，2017年每月计提应付利息同样为210万元，2017年3月20日支付一季度贷款利息630万元。ABC房地产公司根据有关原始凭证，编制会计分录如下：

（1）每月计提应付利息时：

借：财务费用　　2 100 000

　贷：应付利息　　2 100 000

（2）支付一季度贷款利息时：

借：应付利息　　6 300 000

　贷：银行存款　　6 300 000

4. 资本化利息的分摊

一般情况下，房地产企业取得的开发贷款不可能在借款合同中具体指向开发项目中的成本对象，因此，开发贷款的贷款利息无法直接计入成本对象。

开发贷款的贷款利息只能先在一个科目中归集，然后再按照一定的分摊方法分摊，并计入不同的成本对象。贷款利息的分摊方法有下图所示两种：

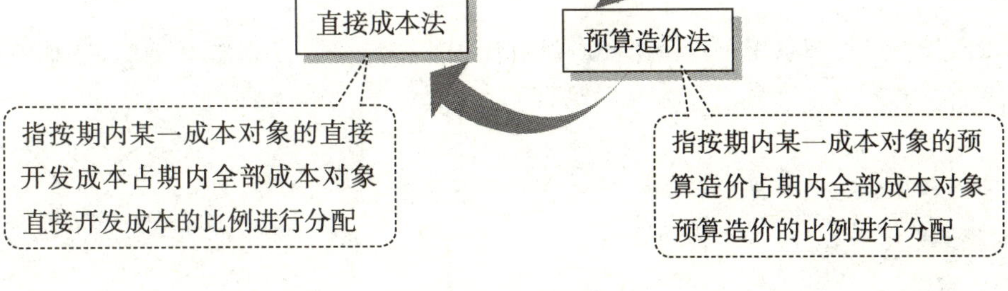

贷款利息的分摊方法

以上这两种方法是税法规定的方法，《企业会计准则》中没有明确规定贷款利息的分摊方法。

房地产企业在项目开发时存在以下两种情况：

成本对象的竣工情况

（1）竣工时间相同的利息分摊。

成本对象的竣工时间相同，也就是我们所说的同一时期内开发的成本对象。在按照直接成本法或预算造价法进行分摊时，可以在利息发生时直接将其分摊并计入各成本对象。计算公式如下：

$$\text{成本对象应分摊资本化利息}=\text{本期发生的资本化利息}\times\text{成本对象直接成本或预算造价}\div\text{全部成本对象直接成本或预算造价}$$

也可以先在过渡科目中归集资本化利息，在竣工时再将其一次性分摊并计入各成本对象。计算公式如下：

$$\text{成本对象应分摊资本化利息}=\text{已归集资本化利息}\times\text{成本对象直接成本或预算造价}\div\text{全部成本对象直接成本或预算造价}$$

（2）竣工时间不同的利息分摊。

成本对象的竣工时间不相同，也就是我们所说的分期开发的成本对象。在按照直接成本法或预算造价法进行分摊时，可以在利息发生时直接将其分摊并计入各成本对象。计算公式如下：

$$\text{已竣工成本对象应分摊资本化利息}=\text{本期发生的资本化利息}\times\text{已竣工成本对象本期实际完成的直接成本或预算造价}\div\text{全部成本对象本期实际完成的直接成本或预算造价}$$

也可以先在过渡科目中归集资本化利息，在竣工时再将其分摊并计入已竣工成本对象。计算公式如下：

$$\text{已竣工成本对象应分摊资本化利息}=\text{本期发生的资本化利息}\times\text{已竣工成本对象本期实际完成的直接成本或预算造价}\div\left(\text{已竣工成本对象直接成本或预算造价}\times 100\%-\text{未竣工成本对象直接成本或预算造价}\times\text{未竣工成本对象开发形象进度}\right)$$

实例

ABC房地产公司于2015年12月20日取得中国建设银行开发贷款5亿元用于开发销售物业，贷款年利率为5%，每季度支付利息为625万元。开发产品分为两个成本对象，分别为普通住宅和高档住宅，建筑面积分别为10万平方米。普通住宅预算造价为4亿元，高档住宅预算造价为6亿元。普通住宅竣工时间为2016年12月19日，此时已归集的资本化利息为2 500万元。普通住宅竣工时高档住宅形象进度为50%，高档住宅竣工时间为2017年6月19日。ABC房地产公司根据有关原始凭证，编制会计分录如下：

（1）每季度计提应付利息时：

借：生产成本——待分摊成本　　6 250 000

　贷：应付利息　　6 250 000

（2）支付季度贷款利息时：

借：应付利息　　6 250 000

　贷：银行存款　　6 250 000

（3）普通住宅竣工时利息的分摊：

借：生产成本——普通住宅　　14 285 700

　　　　　　——高档住宅　　10 714 300

　贷：生产成本——待分摊成本　　25 000 000

（三）专门借款发生的辅助费用的核算与管理

辅助费用是指为了取得借款而发生的必要费用，包括借款手续费、佣金等。

根据《企业会计准则》的要求，结合企业实际业务情况，房地产企业因借入开发贷款而发生的辅助费用，与贷款利息的处理方式一致。

从贷款取得至开发项目竣工验收期间发生的辅助费用 →	应当资本化，计入相关资产成本
开发项目竣工验收后发生的辅助费用 →	应当费用化，计入当期损益

辅助费用的处理方式

1. 辅助费用的组成

辅助费用由下表所示项目组成。

辅助费用的组成

序号	费用项目	说明	备注
1	借款手续费	房地产企业通过中介机构的运作，取得银行发放的开发贷款，按照企业与中介机构的约定，应向中介机构支付一定额度的借款手续费，作为中介机构的报酬	应作为房地产企业取得专门借款的辅助费用
2	借款佣金	房地产企业通过中介机构的运作，取得银行发放的开发贷款，按照企业与中介机构的约定，应向中介机构支付按借款额度一定比例计算的借款佣金，作为中介机构的报酬	应作为房地产企业取得专门借款的辅助费用
3	项目评估费	各商业银行对房地产开发贷款业务一般实行总行、分行二级评估体系。所有项目上报银行总行（房地产信贷部）进行准入审批，经准入审批同意后，方可进入调查评估程序。银行贷款方案评估一般由银行委托房地产评估事务所来具体实施	一般由贷款企业承担，作为房地产企业取得专门借款的辅助费用
4	土地评估费	项目开发贷款银行要求采取抵押、质押担保方式。采取抵押担保方式的，优先以本项目的土地及在建工程设定抵押，抵押率最高不得超过抵押物评估价值的70%	房地产企业在贷款审批通过前，应委托中介机构对土地进行评估。土地评估费一般由贷款企业承担，作为房地产企业取得专门借款的辅助费用
5	抵押登记费	银行与借款人签订房地产借款合同和房地产抵押合同。企业凭以上合同，依据相关法律法规和银行贷款担保管理等有关规定办理土地抵押登记手续后，银行才能发放贷款	一般由贷款企业承担，作为房地产企业取得专门借款的辅助费用
6	财务顾问费	财务顾问费是指银行为了审核企业的还款能力和贷款资格所收取的费用。这是银行为了控制贷款风险向企业收取的费用	银监会对于财务顾问费没有统一规定，对于收费标准，各家银行也不一样。财务顾问费应由贷款企业承担，作为房地产企业取得专门借款的辅助费用

2. 辅助费用的核算

辅助费用的核算要求如下图所示。

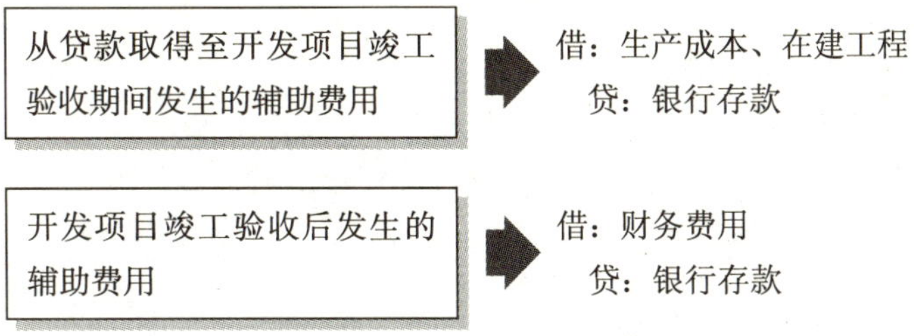

辅助费用的核算要求

实例

ABC房地产公司于2016年8月20日取得中国建设银行开发贷款5亿元用于开发销售物业，8月30日ABC房地产公司支付借款辅助费用共计50万元。ABC房地产公司根据有关原始凭证，编制会计分录如下：

借：生产成本　　500 000

　贷：银行存款　　500 000

3. 辅助费用的分摊

辅助费用的分摊方法与贷款利息的分摊方法基本相同。但在实际操作中，根据辅助费用的特点，其分摊处理方法也存在一定的特殊性，如下图所示。

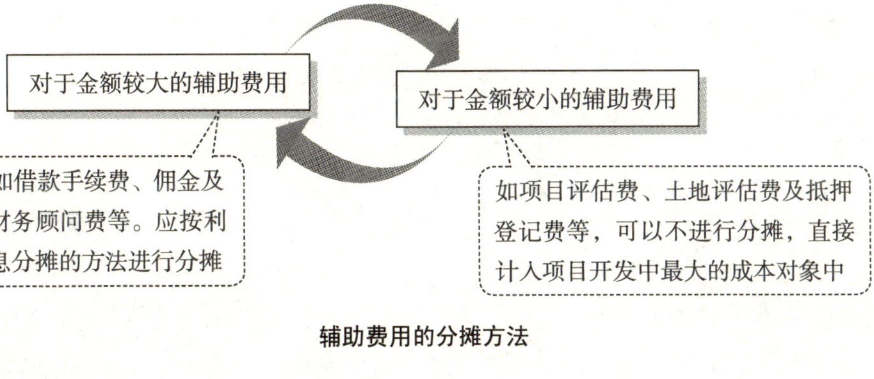

辅助费用的分摊方法

（四）集团转入开发贷款的核算

房地产企业一般是以项目公司为融资主体，但有些集团性企业为了对融资工作进行统一管理，采取由企业集团统一向金融机构借款，然后将贷款资金拨付给集团内部其他成员企业使用的方法。

1. 贷款本金的核算

贷款本金的核算要求如下图所示。

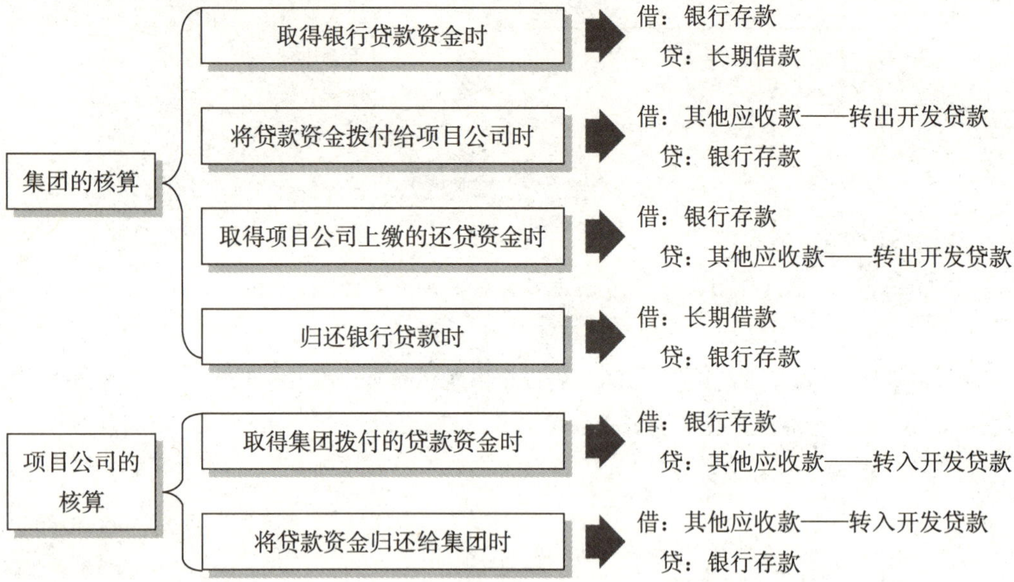

贷款本金的核算要求

实例

ABC房地产公司于2014年1月20日取得中国建设银行开发贷款20亿元用于在各地开发房地产项目，1月30日ABC房地产公司将其中5亿元支付给广州ABC房地产公司。2017年1月10日，广州ABC房地产公司将5亿元贷款资金归还给ABC房地产公司。

1. ABC房地产公司根据有关原始凭证，编制会计分录如下：

（1）取得贷款时：

借：银行存款　　2 000 000 000

　贷：长期借款　　2 000 000 000

（2）转出贷款时：

借：其他应收款——转出开发贷款　　500 000 000

　贷：银行存款　　500 000 000

（3）收回贷款时：

借：银行存款　　500 000 000

　贷：其他应收款——转出开发贷款　　500 000 000

2. 广州ABC房地产公司根据有关原始凭证，编制会计分录如下：

（1）收到贷款时：

借：银行存款　　500 000 000

　贷：其他应收款——转入开发贷款　　500 000 000

（2）归还贷款时：

借：其他应收款——转入开发贷款　　500 000 000

　贷：银行存款　　500 000 000

2. 借款费用的核算

根据税法规定，企业集团或其成员企业统一向金融机构借款划拨给集团内部其他成员企业使用的，借入方凡能出具从金融机构取得借款的证明文件，可以在使用借款的企业间合理地分摊利息费用，使用借款的企业分摊的合理利息准予在税前扣除。借款费用的核算要求如下图所示。

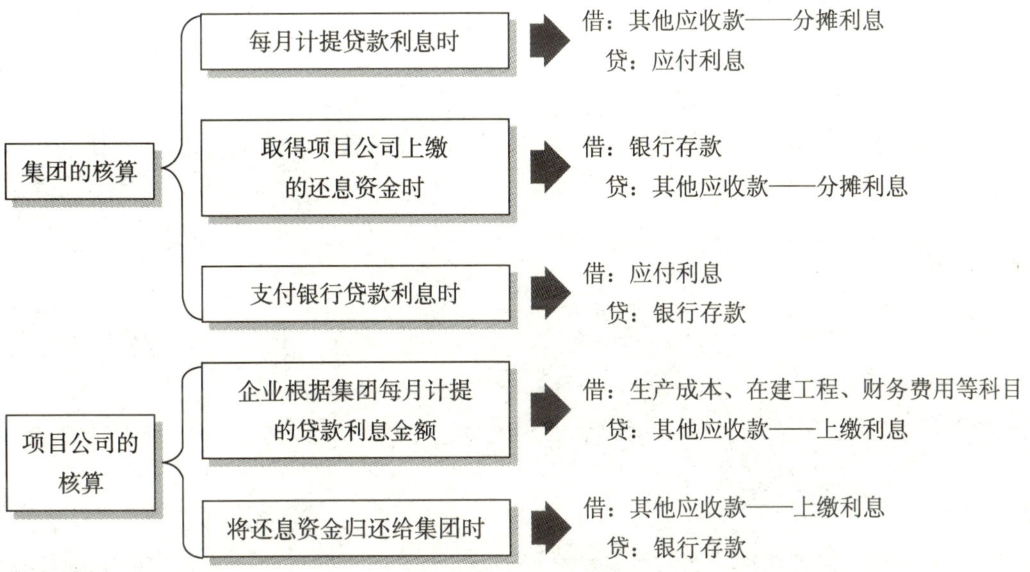

借款费用的核算要求

这里需要注意的是，集团企业不能通过“应收利息”科目核算应收取项目公司的贷款利息，只能通过“其他应收款”科目核算。因为，此业务既不是转贷业务，又不属于交易性金融资产（交易性金融资产必须是以增值、换取差价或取得收益为目的）。

实 例

续上例，ABC房地产公司2014年2月和3月每月计提20亿元开发贷款的贷款利息为800万元，其中应分摊给广州ABC房地产公司的贷款利息为200万元。ABC房地产公司于2014年3月10日收到广州ABC房地产公司汇来的贷款利息400万元，并于3月20日支付银行贷款利息1 600万元。ABC房地产公司根据有关原始凭证，编制会计分录如下：

（1）每月计提贷款利息时：

借：其他应收款——分摊利息　　8 000 000

　贷：应付利息　　8 000 000

（2）取得上缴还息资金时：

借：银行存款　　4 000 000

　贷：其他应收款——分摊利息　　4 000 000

（3）支付贷款利息时：

借：应付利息　　16 000 000

　贷：银行存款　　16 000 000

广州ABC房地产公司根据有关原始凭证，编制会计分录如下：

（1）集团每月计提贷款利息时：

借：生产成本　　2 000 000

　贷：其他应收款——上缴利息　　2 000 000

（2）上缴贷款利息时：

借：其他应收款——上缴利息　　4 000 000

　贷：银行存款　　4 000 000

（五）逾期贷款的核算

逾期贷款的核算要求如下表所示。

逾期贷款的核算要求

业务项目及时机			会计分录
逾期利息	逾期贷款产生的正常的利息支出，按照正常贷款的利息支出进行核算	从贷款取得至开发项目竣工验收期间发生的逾期贷款利息	借：生产成本、在建工程等科目 　贷：应付利息
		实际支付时	借：应付利息 　贷：银行存款

（续表）

业务项目及时机			会计分录
逾期利息	开发项目竣工验收后	发生逾期贷款利息	借：财务费用 　贷：应付利息
		实际支付时	借：应付利息 　贷：银行存款
罚息	罚息应通过营业外支出进行核算	产生罚息时	借：营业外支出 　贷：应付利息
		支付罚息时	借：应付利息 　贷：银行存款
滞纳金	滞纳金应通过营业外支出进行核算	产生滞纳金时	借：营业外支出 　贷：应付利息
		支付滞纳金时	借：应付利息 　贷：银行存款

三、经营性物业抵押贷款的核算

（一）经营性物业抵押贷款的概念

经营性物业抵押贷款是指以借款人自有的、已建成并投入运营的优质经营性资产未来经营所产生的持续稳定的现金流（租金收入、运营收入、广告收入、停车收入等）作为第一还款来源，为满足借款人在生产经营中多样化用途的融资需求而发放的贷款。

贷款期限一般为10年，最长不超过12年，贷款到期后，企业借款人及其经营性物业仍符合业务办理条件和再融资相关规定的，贷款银行可根据实际情况为其办理再融资。

（二）经营性物业抵押贷款的用途

银行对经营性物业抵押贷款的使用途径有严格的限定，主要有三方面，如下图所示。

用途一	用于企业置换项目建设期向银行等金融机构所贷入的银行贷款，建设期间的债权性负债
用途二	用于归还项目建设期由股东方以股东借款形式投入的建设资金。其中不包括企业注册资本金以及在所有者权益中反映的满足银行项目开发贷款所必需的35%的自有资金
用途三	用于经营性物业正常经营管理所必需的流动资金

经营性物业抵押贷款的用途

（三）经营性物业抵押贷款的还款方式

经营性物业抵押贷款采用分阶段还本付息的还款方式，主要包括等额本息和等额本金两种具体方式。

办理经营性物业抵押贷款，应根据物业的经营性现金流入特点制定合理的分期还款计划，一般应按季还本付息；确因租金收入（或运营收入）周期等原因不能满足按季还本付息的，可按半年或按年还本付息，还可以根据经营性物业租金收入逐年上升的特点，将还款额逐年递增。对于开业初期的经营性物业，银行一般将第一年作为还款宽限期，只要求按季付息，不强求还本。

（四）经营性物业抵押贷款的核算

经营性物业抵押贷款的核算要求如下图所示。

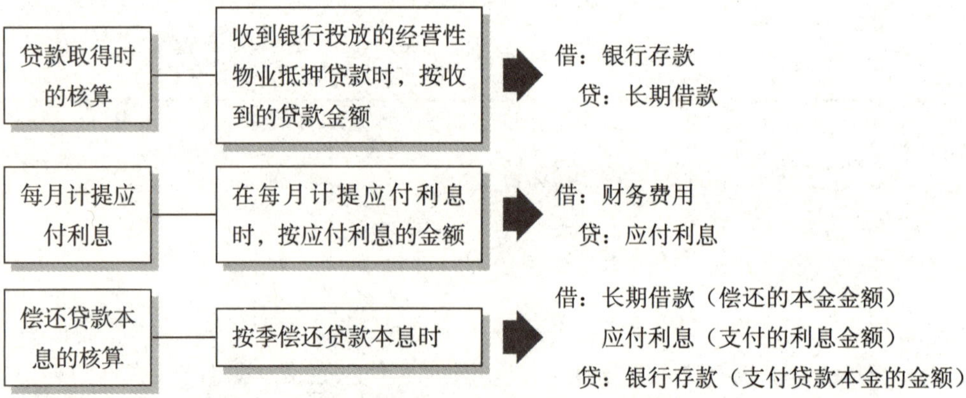

经营性物业抵押贷款的核算要求

实例

ABC房地产公司2016年6月20日收到了中国建设银行投放的经营性物业抵押贷款5亿元。根据相关原始凭证，编制会计分录如下：

借：银行存款　　500 000 000

　贷：长期借款　　500 000 000

按照借款合同的约定，ABC房地产公司按季还本付息，9月20日收到银行贷款本息单，应付贷款本息1 200万元，其中：本金900万元，利息300万元。根据相关原始凭证，编制会计分录如下：

每月应计提应付利息＝300÷3＝100（万元）

7～9月每月计提应付利息时：

借：财务费用	1 000 000	
贷：应付利息		1 000 000

ABC房地产公司9月20日偿还贷款本息时会计分录如下：

借：长期借款	9 000 000	
应付利息	3 000 000	
贷：银行存款		12 000 000

四、票据贴现的核算

房地产企业在销售过程中，销售款除了体现为现金或支票外，还有可能体现为银行承兑汇票。房地产企业收到购房人交付的银行承兑汇票，存在两种处理方式。

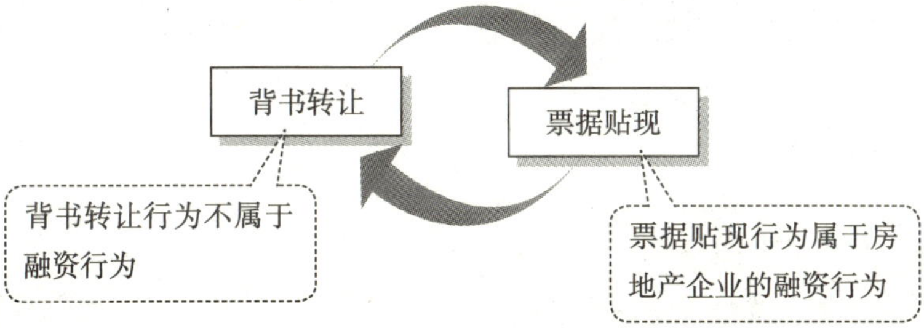

银行承兑汇票的两种方式

（一）票据贴现的条件

申请票据贴现需要满足下图所示条件：

条件一　申请票据贴现的单位必须是具有法人资格或实行独立核算、在银行开立有基本账户并依法从事经营活动的经济单位

条件二　贴现申请人应具有良好的经营状况，具有到期还款能力，贴现申请人持有的票据必须真实，票式填写完整，盖印、压数无误，凭证在有效期内，背书连续完整

条件三　贴现申请人在提出票据贴现的同时，应出示贴现票据项下的商品交易合同原件（房地产企业一般指商品房销售或预售合同）并提供复印件或其他能够证明票据合法性的凭证，同时，还应提供能够证明贴现票据项下商品交易确已履行的凭证（房地产企业一般指不动产销售发票等复印件）

票据贴现的条件

（二）票据贴现利息的计算

房地产企业可以持未到期的商业汇票向商业银行进行贴现，以寻求短期资金融通。贴现利息是由商业银行扣收的短期贷款利息。贴现利息的决定因素是票据的票面金额、贴现率和贴现期。其中：

贴现率就是商业银行贴现时用的贴现利率；

贴现期就是票据贴现日起至票据到期前一日止的时间，整月（对日）的按30天算，零星天数按实际天数算，算头不算尾。

计算公式为：

贴现净值＝票据到期值－贴现利息

票据到期值＝票据的面值×（1+票面利率×期限）

贴现期＝票据期限－企业已持有票据期限

贴现利息＝票据到期值×贴现率×贴现期

实例

购房人王××以出票日是2017年2月16日、到期日是2017年8月16日的银行承兑汇票于5月16日购买ABC房地产公司的商品房，票面金额是100万元，月贴现率为0.658%。ABC房地产公司于票据收到当日向银行办理票据贴现，计算贴现利息。

贴现利息＝1 000 000×0.658%×12×91÷360

＝19959.33（元）

（三）票据贴现的会计核算

票据贴现的会计核算要求如下图所示。

票据取得时的核算 — 因销售商品房而收到开出、承兑的商业汇票 ➡
借：应收票据（商业汇票的票面金额）
　贷：主营业务收入
　　　预收账款

票据贴现 — 将收到的商业汇票向商业银行申请贴现 ➡
借：银行存款（实际收到的金额）
　　财务费用（银行扣除的贴现利息金额）
　贷：应收票据（商业汇票的票面金额）

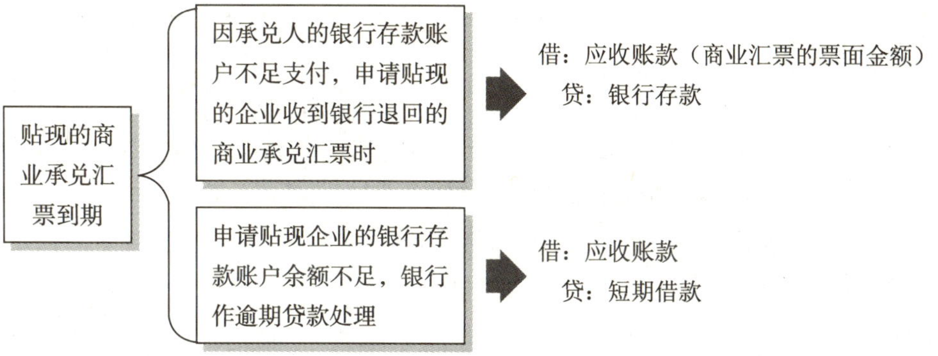

票据贴现的会计核算要求

实例

1. ABC房地产公司2017年6月20日收到客户交付的一张面值为200万元的银行承兑汇票，此时，客户所购房屋尚未竣工交付。根据相关原始凭证，编制会计分录如下：

借：应收票据　　2 000 000
　贷：预收账款　　2 000 000

2. ABC房地产公司2017年6月20日收到客户交付的一张面值为200万元的银行承兑汇票，此时，客户所购房屋未竣工交付。ABC房地产公司在收到票据的当日向银行进行贴现，支付贴现利息3万元，其余资金已转入企业银行账户。根据相关原始凭证，编制会计分录如下：

借：银行存款　　1 970 000
　　财务费用　　30 000
　贷：应收票据　　2 000 000

3. ABC房地产公司2017年6月20日收到客户交付的一张面值为200万元的银行承兑汇票，此时，客户所购房屋未竣工交付。ABC房地产公司在收到票据的当日向银行进行贴现，支付贴现利息3万元，其余资金已存入企业银行账户。两个月后，贴现的承兑汇票到期，而购房人的存款账户不足，贴现银行将ABC房地产公司贴现的承兑汇票退回给ABC房地产公司，ABC房地产公司按票面金额将款项支付给贴现银行。根据相关原始凭证，编制会计分录如下：

借：应收账款　　2 000 000
　贷：银行存款　　2 000 000

如果ABC公司银行存款账户余额不足，编制会计分录如下：

借：应收账款　　2 000 000
　贷：短期借款　　2 000 000

特别提示

根据《企业会计准则》的规定，企业发生的借款费用，可直接归属于符合资本化条件的资产的购建或者生产的，应当予以资本化，计入相关资产成本；其他借款费用，应当在发生时根据其发生额确认为费用，计入当期损益。

房地产企业票据的贴现利息是因为销售业务发生的借款费用，并不是直接用于购建资产，因此，不符合资本化的条件，应计入当期损益。

五、信托融资的核算

（一）信托融资的模式

信托融资存在两种不同的模式。一种是贷款模式，另一种是入股模式，如下图所述。

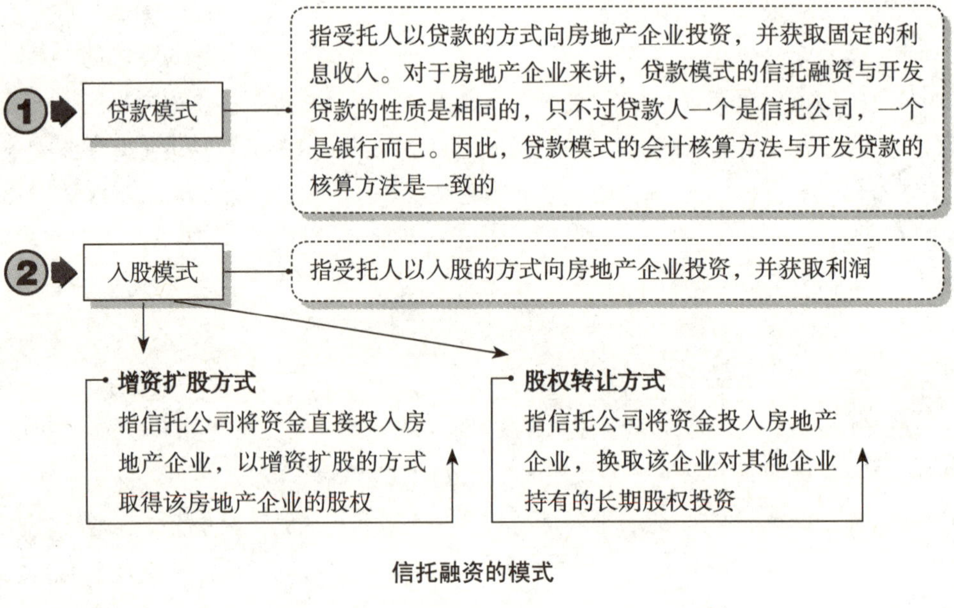

信托融资的模式

（二）增资扩股信托融资的核算

1. 信托资金投入时的核算

对于房地产企业来讲，入股模式的信托融资属于增资扩股。信托公司根据投资者的出资额，按约定份额，记入“实收资本”科目，大于约定份额的部分，计入“资本公积——资本溢价”科目。

实例

ABC房地产公司与某信托公司达成信托融资协议，ABC房地产公司注册资金10亿元，信托公司出资10亿元，占ABC房地产公司股权的20%。2016年3月1日，ABC房地产公司收到信托公司的股权款10亿元。根据相关原始凭证，编制会计分录如下：

ABC房地产公司实收资本总额为20亿元，按约定，信托公司持有20%的股权，股权金额为4亿元。

	借方	贷方
借：银行存款	1 000 000 000	
贷：实收资本		400 000 000
资本公积——资本溢价		600 000 000

2. 信托资金获取收益时的核算

对于房地产企业每年形成的利润，信托公司按所占股权份额比例分配利润，核算的要求如下图所示。

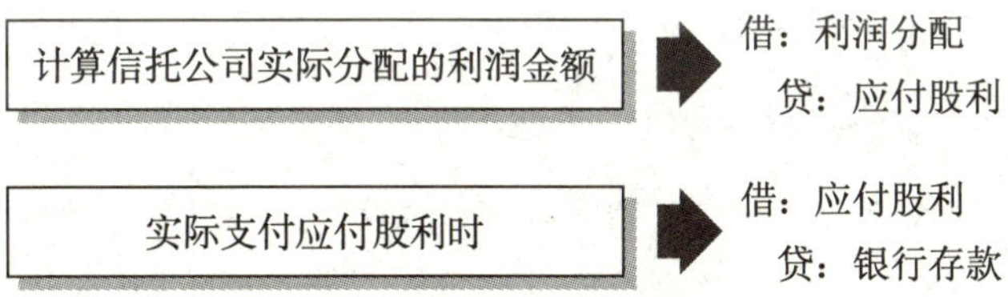

信托资金获取收益时的核算要求

实例

ABC房地产公司与某信托公司达成信托融资协议，ABC房地产公司注册资金10亿元，信托公司出资10亿元，占ABC房地产公司股权的20%。2016年3月1日ABC房地产公司收到信托公司的股权款10亿元。2016年12月31日，ABC房地产公司可供分配利润2亿元，信托公司应分配得到利润4 000万元。根据相关原始凭证，编制会计分录如下：

（1）股利分配方案得到通过时：

	借方	贷方
借：利润分配	40 000 000	
贷：应付股利		40 000 000

（2）实际支付应付股利时：

	借方	贷方
借：应付股利	40 000 000	
贷：银行存款		40 000 000

3. 信托资金归还时的核算

开发项目结束后，信托公司要收回投资，此时的核算要求如下图所示。

信托资金归还时 ➡ 借：实收资本（信托公司所占股权份额）
　　资本公积——资本溢价（原始投入时形成的资本溢价金额）
　贷：银行存款（归还信托资金的总金额）

信托资金归还时的核算要求

实 例

续上例，2017年6月30日，ABC房地产公司归还信托公司投资款10亿元。ABC房地产公司根据有关原始凭证，编制会计分录如下：

借：实收资本	400 000 000	
资本公积——资本溢价	600 000 000	
贷：银行存款		1 000 000 000

（三）股权转让信托融资的核算

1. 信托资金投入时的核算

企业在持有长期股权投资的过程中，由于融资的需要，决定将所持有的对被投资单位的股权全部或部分对外出售给信托投资公司，应相应结转与所售股权相对应的长期股权投资的账面价值，出售所得价款与处置长期股权投资账面价值之间的差额，应确认为处置损益。

采用权益法核算的长期股权投资，原计入资本公积中的金额，在处置时亦应进行结转，将与所出售股权相对应的部分自资本公积转入当期损益。

对于被投资房地产企业，按股权转让的出资额，借记“实收资本——原投资企业”，贷记“实收资本——新投资企业”。

实 例

ABC房地产公司原持有广州ABC房地产公司40%的股权，2015年12月20日，ABC房地产公司决定出售其持有的广州ABC房地产公司股权的1/4给某信托投资公司，出售时ABC房地产公司对广州ABC房地产公司长期股权投资的账面价值为17 200万元，具体构成为：投资成本12 000万元，损益调整3 200万元，其他权益变动2 000万元。出售取得价款8 700万元。

（1）ABC房地产公司应确认的处置损益为：

所售股权相对应长期股权投资账面价值＝17 200÷4＝4 300（万元）

借：银行存款　　87 000 000

　贷：长期股权投资　　43 000 000

　　投资收益　　44 000 000

同时，还应将原计入资本公积的部分按比例转入当期损益：

其他权益变动按持股比例应享有的份额＝2 000÷4＝500（万元）

借：资本公积——其他资本公积　　5 000 000

　贷：投资收益　　5 000 000

（2）将广州ABC房地产公司股权转让时：

ABC公司出售的股权投资＝12 000÷4＝3 000（万元）

借：实收资本——ABC房地产公司　　30 000 000

　贷：实收资本——信托投资公司　　30 000 000

2. 信托资金获取收益时的核算

信托资金获取收益时的核算要求如下图所示。

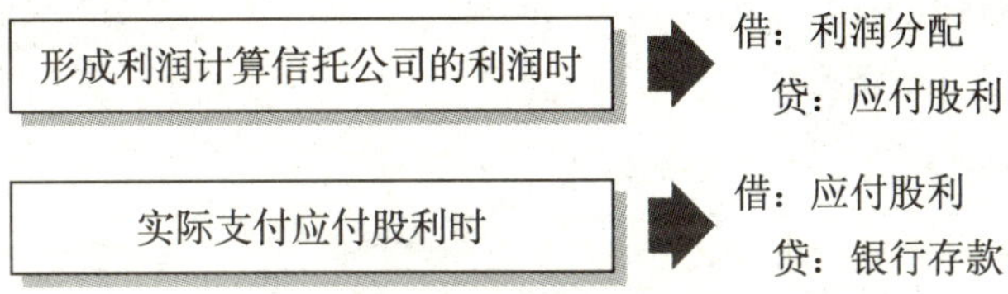

信托资金获取收益时的核算要求

实例

续上例，广州ABC房地产公司2016年12月31日可供分配利润2亿元，信托公司按股权比例应分配得到利润2 000万元。根据相关原始凭证，编制会计分录如下：

（1）股利分配方案得到通过时：

借：利润分配　　20 000 000

　贷：应付股利　　20 000 000

（2）实际支付应付股利时：

借：应付股利　　20 000 000

　贷：银行存款　　20 000 000

3. 信托资金归还时的核算

开发项目结束后，信托公司要收回投资，将其持有的房地产企业的长期股权投资转让给该房地产企业，此时的核算要求如下图所示。

该房地产企业按支付的股权转让款金额 → 借：长期股权投资
　贷：银行存款

对于被投资房地产企业，按股权转让的出资额 → 借：实收资本——原投资企业
　贷：实收资本——新投资企业

信托资金归还时的核算要求

实例

续上例，2017年6月30日，ABC房地产公司归还信托公司投资款8 700万元，用以回购对广州ABC房地产公司的股权。

（1）ABC房地产公司根据有关原始凭证，编制会计分录如下：

	借方	贷方
借：长期股权投资	87 000 000	
贷：银行存款		87 000 000

（2）广州ABC公司根据有关原始凭证，编制会计分录如下：

	借方	贷方
借：实收资本——信托投资公司	30 000 000	
贷：实收资本——ABC房地产公司		30 000 000

第五章　房地产企业开发产品成本的核算

一、开发产品成本项目的构成

（一）开发产品成本的内容

开发产品成本，是指房地产开发企业在房地产开始经营过程中所耗费的对象化的各项费用。要核算开发产品的成本，首先要弄清开发产品成本的种类和内容。

开发产品成本按其用途，可分为四类，如下图所示。

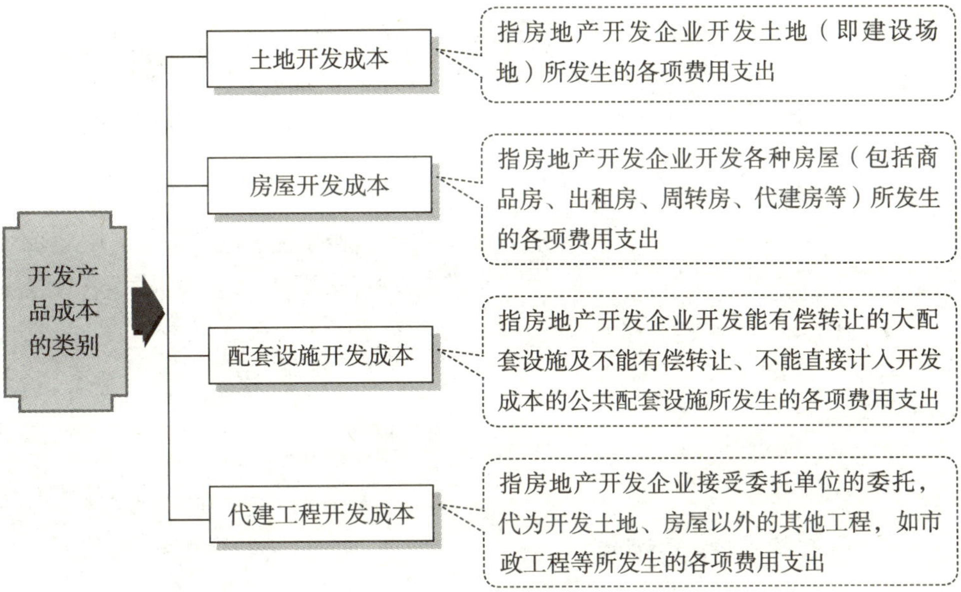

开发产品成本的类别

（二）开发产品成本的项目

在会计核算业务上，开发产品成本划分为如下图所示六个成本项目。

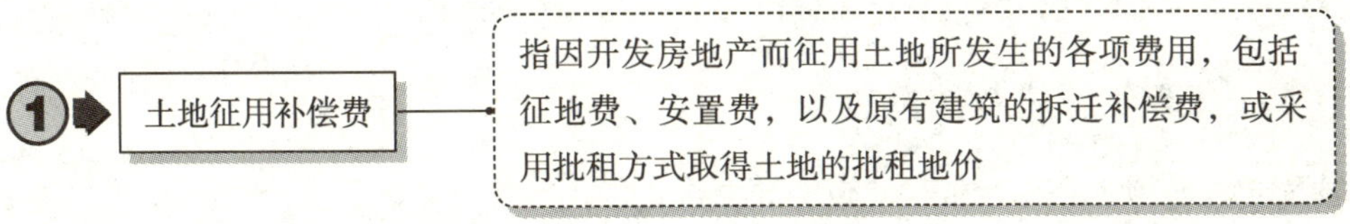

② 前期工程费	指土地、房屋开发过程中发生的规划、设计、可行性研究，以及水文地质勘查、测绘、场地平整等费用
③ 基础设施费	指土地、房屋开发过程中发生的供水、供电、供气、排污、通信、照明、绿化、环卫设施，以及道路等基础设施费用
④ 建筑安装工程费	指土地房屋开发项目在开发过程中按建筑安装工程施工图施工所发生的各项建筑安装工程费和设备费。主要包括建筑工程费（建筑、特殊装修工程费）、设备及安装工程费（给排水、电气照明、电梯、空调、燃气管道、消防、防雷、弱电等设备及安装）以及室内装修工程费等
⑤ 配套设施费	指在开发小区内发生，可计入土地、房屋开发成本的不能有偿转让的公共配套设施费用，如锅炉房、水塔、居委会、派出所、幼托、消防、自行车棚、公厕等设施支出
⑥ 开发间接费	指房地产开发企业内部独立核算单位及开发现场为开发房地产而发生的各项间接费用，包括现场管理机构人员工资、福利费、折旧费、修理费、办公费、水电费、劳动保护费、周转房摊销等

开发产品成本的项目

二、发包开发工程的核算

（一）发包工程项目的内容

房地产开发企业的基础设施和建筑安装等工程的施工，如不采用自营方式，可以采用发包方式。

开发企业要根据工程承包合同条件的规定，同承包工程的施工企业签订工程承包合同。开发企业应将承包合同副本送开户银行作为结算工程价款的依据。

（二）发包工程价款结算的方式

开发企业与施工企业在工程承包合同中规定的工程价款的结算，应根据国家有关工程价款结算办法，结合当地的有关规定具体确定。从目前各个地区所采用的工程价款结算方式来看，归纳起来，发包工程的价款结算方式主要有下图所示三种：

① 按月结算 —— 指按照每月实际完成的分部分项工程进行结算

② 分段结算 —— 指将一个单位工程按形象进度划分为几个阶段（部位），如基础、结构、装饰、竣工等；按照完成阶段，分段验收结算工程价款。分段结算也可按月预付工程款，即在月中按照当月施工计划工作量预付，于工程完成验收后按分段工程预算造价或调整计算后的工程标价扣除预付款后进行结算

③ 竣工一次结算 —— 开发项目或单项工程施工工期在12个月以内，或者工程承包合同价值较小的，可以实行工程价款每月月中预支、竣工后一次结算的方式。即在工程开工后，每月按当月施工计划所列工作量预付工程款，于工程竣工验收后按工程承包合同价值扣除预付工程款后进行结算

发包工程价款结算的方式

特别提示

不论采用何种结算办法，施工期间结算的工程价款一般都不得超过承包工程合同价值的95%。结算双方可以在5%的幅度内协商确认尾款比例，并在工程承包合同中标明。尾款应专户存入银行，待工程竣工验收后清算。但如承包施工企业已向开发企业出具履约保函或有其他保证的，可以不留工程尾款。

（三）发包开发工程的核算

在会计业务核算中，开发企业与施工企业有关发包工程款和预付备料款、工程款的核算，应在“应付账款——应付工程款”“预付账款——预付承包单位款”两个账户进行。

发包开发工程的核算要求如下表所示。

发包开发工程的核算要求

业务	会计分录
开发企业按照规定预付给承包施工企业的备料款和工程款	借：预付账款——预付承包单位款 　贷：银行存款

（续表）

<table>
<tr><th>业务</th><th colspan="2">会计分录</th></tr>
<tr><td rowspan="2">按照工程价款结算账单应付给承包施工企业的工程款</td><td colspan="2">借：开发成本——房屋开发成本
　贷：应付账款——应付工程款</td></tr>
<tr><td>有扣除应付工程款的预付备料款和预付工程款时</td><td>借：开发成本——房屋开发成本
　贷：预付账款——预付承包单位款（扣回的预付备料款和预付工程款）
　贷：应付账款——应付工程款（减去扣回预付备料款和预付工程款后应付账款）</td></tr>
<tr><td>支付工程款时</td><td colspan="2">借：应付账款——应付工程款
　贷：银行存款</td></tr>
</table>

实例

ABC房地产公司的××大厦发包工程年度合同总值为6 000万元。按照合同规定，开工前应付预付备料款1 500万元，在用银行存款支付时，应做会计分录如下：

借：预付账款——预付承包单位款　　15 000 000

　贷：银行存款　　15 000 000

9月份根据施工企业当月施工计划所列工作量的1/2即350万元，用银行存款预付工程款时，应做会计分录如下：

借：预付账款——预付承包单位款　　3 500 000

　贷：银行存款　　3 500 000

10月初根据施工企业提出9月份工程价款结算账单中的已完工程价值为750万元，减去应扣回预付备料款180万元。月中预付工程款350万元，尚应支付工程款220万元（750万元-180万元-350万元），应做会计分录如下：

借：开发成本或生产成本　　7 500 000

　贷：预付账款——预付承包单位款　　5 300 000

　　　应付账款——应付工程款　　2 200 000

用银行存款支付应付工程款时，应做会计分录如下：

借：应付账款——应付工程款　　2 200 000

　贷：银行存款　　2 200 000

三、开发间接费用的核算

（一）开发间接费用的构成

开发间接费用，是指房地产开发企业内部独立核算单位在开发现场组织管理开发产品而发生的各项费用。这些费用也属于直接为房地产开发而发生的费用，但不能确定其为某项开发产品所应负担的费用，因而无法将它直接计入各项开发产品成本。为了简化核算手续，将它先记入“开发间接费用”账户，然后按照适当分配标准，将它分配计入各项开发产品成本。

开发间接费用主要有下图所示列支项目：

①	工资	指开发企业内部独立核算单位现场管理机构行政、技术、经济、服务等人员的工资、奖金和津贴
②	福利费	指按上项人员工资总额的一定比例（目前为14%）提取的职工福利费
③	折旧费	指开发企业内部独立核算单位使用属于固定资产的房屋、设备、仪器等提取的折旧费
④	修理费	指开发企业内部独立核算单位使用属于固定资产的房屋、设备、仪器等发生的修理费
⑤	办公费	指开发企业内部独立核算单位各管理部门办公用的文具、纸张、印刷、邮电、书报、会议、差旅交通、烧水和集体取暖用煤等费用
⑥	水电费	指开发企业内部独立核算单位各管理部门耗用的水电费
⑦	劳动保护费	指用于开发企业内部独立核算单位员工劳动保护用品的购置、摊销和修理费，供员工保健用营养品、防暑饮料、洗涤肥皂等物品的购置费用或补助费，以及工地上员工洗澡、饮水的燃料等费用
⑧	周转房摊销	指安置拆迁居民周转使用的房屋计提的摊销费

⑨ 利息支出 —— 指开发企业为开发房地产借入资金所发生而不能直接计入某项开发成本的利息支出及相关的手续费，其应冲减使用前暂存银行而发生的利息收入。开发产品完工以后的借款利息，应作为财务费用，计入当期损益

⑩ 其他费用 —— 指上述各项费用以外的其他开发间接费用

开发间接费用列支项目

（二）开发间接费用的归集与分配

1. 开发间接费用的归集

开发间接费用应在“开发间接费用”账户进行归集。

企业核算所属各内部独立核算单位发生的各项开发间接费用时，应做如下会计分录：

借：开发间接费用

贷：应付工资、应付福利费、累计折旧、递延资产、
长期待摊费用、银行存款、周转房——周转房摊销

实 例

某开发公司××大厦施工现场本月发生以下经济业务：

（1）将本月已发放工资16 000元，结转开发间接费用。

借：开发间接费用	16 000	
贷：应付工资		16 000

（2）根据发放工资总额计提员工福利费，计提比例为14%。

借：开发间接费用	2240	
贷：应付福利费		2240

（3）本月计提固定资产折旧费，做会计分录如下：

借：开发间接费用	20 000	
贷：累计折旧		20 000

（4）摊销周转房费用，做会计分录如下：

借：开发间接费用	21 000	
贷：长期待摊费用		21 000

（5）通过支票转账购置办公用品及劳保用品，做会计分录如下：

借：开发间接费用　　16 460

　贷：银行存款　　16 460

（6）摊销固定资产大修理费用，做会计分录如下：

借：开发间接费用　　7 000

　贷：长期待摊费用　　7 000

开发间接费用的明细分类核算，一般要按所属内部独立核算单位设置“开发间接费用明细分类账”，将发生的开发间接费用按明细项目分栏登记。

特别提示

如果开发企业不设置现场管理机构而由企业（即公司本部）定期或不定期地派人到开发现场组织开发活动，那么，其所发生的费用，除周转房摊销外，可计入企业的管理费用。

2. 开发间接费用的分配

每月终了，应对开发间接费用进行分配，按实际发生数计入有关开发产品的成本。开发间接费用的分配方法，企业可根据自身开发经营的特点自行确定。不论土地开发、房屋开发、配套设施还是代建工程，均应分配开发间接费用。为了简化核算手续并防止重复分配，对应计入房屋等开发成本的自用土地和不能有偿转让的配套设施的开发成本，均不分配开发间接费用。这部分开发产品应负担的开发间接费用，可直接分配计入有关房屋开发成本。也就是说，企业内部独立核算单位发生的开发间接费用，可仅对有关开发房屋、商品性土地、能有偿转让配套设施及代建工程进行分配。开发间接费用的分配标准，可按月份内各项开发产品实际发生的直接成本（包括土地征用及拆迁补偿费或批租地价、前期工程费、基础设施费、建筑安装工程费、配套设施费）进行，即：

某项开发产品成本分配的开发间接费=月份内该项开发产品实际发生的直接成本×（本月实际发生的开发间接费用÷应分配开发间接费用的各开发产品实际发生的直接成本总额）

实例

ABC房地产公司某内部独立核算单位在2017年5月共发生了开发间接费用83 200元，应分配开发间接费用的各开发产品实际发生的直接成本如下：

开发产品编号名称	直接成本
101商品房	100 000
102商品房	240 000
151出租房	150 000
181周转房	140 000
201大配套设施——商店	160 000
301商品性土地	250 000
合计	1040 000

根据上列公式，即可为各开发产品算得5月应分配的开发间接费：

101商品房：100 000×（83 200÷1040 000）

=100 000×（83 200÷1040 000）=8 000（元）

102商品房：240 000×（83 200÷1040 000）=19 200（元）

151出租房：150 000×（83 200÷1040 000）=12 000（元）

181周转房：140 000×（83 200÷1040 000）=11 200（元）

201大配套设施：160 000×（83 200÷1040 000）=12 800（元）

301商品性土地：250 000×（83 200÷1040 000）=20 000（元）

根据上面计算，就可编制开发间接费用分配表。

开发间接费用分配表

2017年5月　　单位：元

开发项目编号名称	直接成本	分配开发间接费
101商品房	100 000	8 000
102商品房	240 000	19 200
151出租房	150 000	12 000
181周转房	140 000	11 200
201大配套设施	160 000	12 800
301商品性土地	250 000	20 000
合计	1 040 000	83 200

根据开发间接费用分配表，可将各开发产品成本分配的开发间接费记入各开发产品成本核算对象的“开发间接费用”成本项目，并将它记入“开发成本”二级账户的借方和“开发间接费用”账户的贷方，做如下会计分录：

借：开发成本——房屋开发成本　　50 400
　　　　　　——配套设施开发成本　　12 800
　　　　　　——商品性土地开发成本　　20 000
　贷：开发间接费用　　83 200

四、土地开发成本的核算

（一）土地开发支出划分和归集的原则

1. 土地开发支出划分

房地产开发企业开发的土地，按其用途可将其分为下图所示两种：

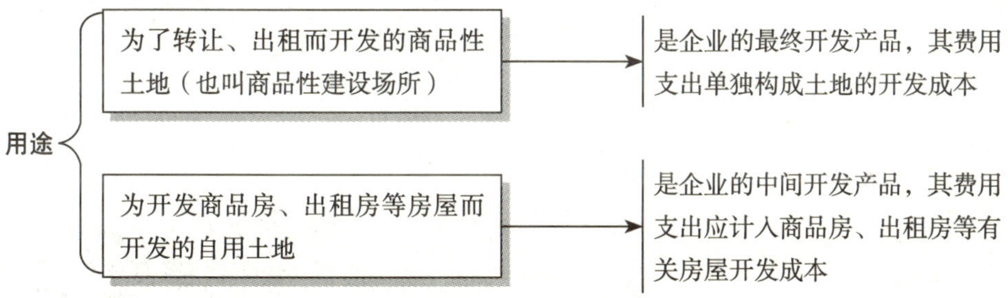

房地产开发企业开发的土地类型

2. 土地开发支出归集的原则

现行会计制度中设置的“开发成本——土地开发成本”账户，它的核算内容，与企业发生的土地开发支出并不完全对口，原则上仅限于企业开发各种商品性土地所发生的支出。

企业为开发商品房、出租房等房屋而开发的土地，其费用能分清负担对象的，应直接计入有关房屋开发成本，在“开发成本——房屋开发成本”账户进行核算。

类别一　企业开发的自用土地，分不清负担对象

应由两个或两个以上成本核算对象负担的，其费用可先通过“开发成本——土地开发成本”账户进行归集，待土地开发完成投入使用时，再按一定的标准（如房屋占地面积或房屋建筑面积等）将其分配计入有关房屋开发成本

类别二　**企业开发商品房、出租房用的土地属于企业开发商品性土地的一部分**

应将整块土地作为一个成本核算对象，在“开发成本——土地开发成本”账户中归集其发生的全部开发支出，计算其总成本和单位成本，并于土地开发完成时，将成本结转到“开发产品”账户。待使用土地时，再将使用土地所应负担的开发成本，从“开发产品”账户转入“开发成本——房屋开发成本”账户，计入商品房、出租房等房屋的开发成本

土地开发支出归集的原则

（二）土地开发成本核算对象的确定和成本项目的设置

1. 土地开发成本核算对象的确定

为了既有利于土地开发支出的归集，又有利于土地开发成本的结转，对需要单独核算土地开发成本的开发项目，可按下列原则确定土地开发成本的核算对象。

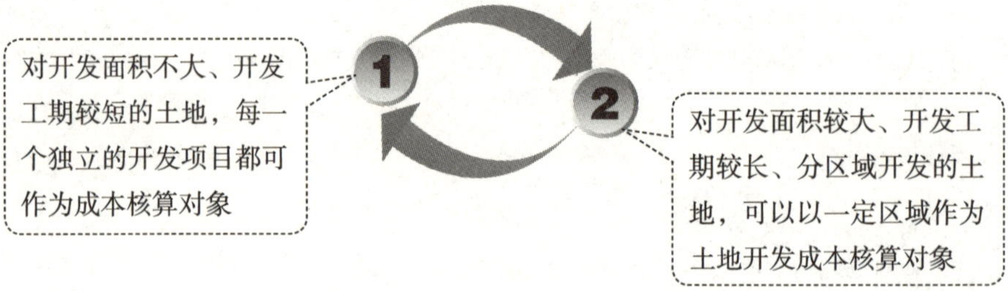

土地开发成本核算对象的确定原则

成本核算对象应在开工之前确定，一经确定就不能随意改变，更不能相互混淆。

2. 土地开发成本项目的设置

企业开发的土地，因其设计要求不同，开发的层次、程度和内容都不相同，有的只是进行场地的清理平整，如原有建筑物、障碍物的拆除和土地的平整；有的除了场地平整外，还要进行地下各种管线的铺设、地面道路的建设等。因此，就各个具体的土地开发项目来说，它们的开发支出内容是不完全相同的。企业要根据所开发土地的具体情况和会计制度规定的成本项目设置土地开发项目的成本项目。对于会计制度规定的、企业没有发生支出内容的成本项目，如建筑安装工程费、配套设施费，可不必设置。

根据土地开发支出的一般情况，企业对土地开发成本的核算，可设置如下图所示的几个成本项目：

设置一　土地征用及拆迁补偿费或土地批租费是指按照城市建设总体规划进行土地开发所发生的土地征用费、耕地占用税、劳动力安置费，及有关地上地下物拆迁补偿费等，但对拆迁旧建筑物回收的残值应估计入账并冲减有关成本。开发土地如通过批租方式取得的，应列入批租地价

设置二	前期工程费是指土地开发项目前期工程发生的费用，包括规划、设计费，项目可行性研究费，水文地质勘查、测绘费，场地平整费等
设置三	基础设施费是指土地开发过程中发生的各种基础设施费，包括道路、供水、供电、供气、排污、排洪、通信等设施费用
设置四	开发间接费是指应由商品性土地开发成本负担的开发间接费用

土地开发成本项目的设置

特别提示

土地开发项目如要负担不能有偿转让的配套设施费，还应设置“配套设施费”成本项目，用以核算应计入土地开发成本的配套设施费。

（三）土地开发成本的核算

企业在土地开发成本过程中发生的各项支出，除可将直接计入房屋开发成本的自用土地开发支出在“开发成本——房屋开发成本”账户核算外，其他土地开发支出均应通过“开发成本——土地开发成本”账户进行核算。为了分清转让、出租用土地开发成本和不能确定负担对象自用土地开发成本，对土地开发成本应按土地开发项目的类别，分别设置“商品性土地开发成本”和“自用土地开发成本”两个二级账户，并按成本核算对象和成本项目设置明细分类账。

土地开发成本的核算要求如下图所示。

对发生的土地征用及拆迁补偿费、前期工程费、基础设施费等土地开发支出，可直接记入各土地开发成本明细分类账

→

借：开发成本——商品性土地开发成本
　　开发成本——自用土地开发成本
　贷：银行存款
　　　应付账款——应付工程款

发生的开发间接费用，应先在“开发间接费用”账户进行核算，于月份终了再按一定标准，分配计入有关开发成本核算对象

→

借：开发成本——商品性土地开发成本
　贷：开发间接费用

土地开发成本的核算要求

实例

ABC房地产公司在2017年4月，共发生了下列有关土地开发支出：

	301 商品性土地	351 自用土地
支付征地拆迁费	156 000元	144 000元
支付承包设计单位前期工程款	40 000元	36 000元
应付承包施工单位基础设施款	50 000元	36 000元
分配开发间接费	20 000元	
合计	266 000元	216 000元

（1）用银行存款支付征地拆迁费时，做会计分录如下：

借：开发成本——商品性土地开发成本　　156 000

　　开发成本——自用土地开发成本　　144 000

　贷：银行存款　　300 000

（2）用银行存款支付设计单位前期工程款时，做会计分录如下：

借：开发成本——商品性土地开发成本　　40 000

　　开发成本——自用土地开发成本　　36 000

　贷：银行存款　　76 000

（3）将应付施工企业基础设施工程款入账时，做会计分录如下：

借：开发成本——商品性土地开发成本　　50 000

　　开发成本——自用土地开发成本　　36 000

　贷：应付账款——应付工程款　　86 000

（4）分配应计入商品性土地开发成本的开发间接费用时，做会计分录如下：

借：开发成本——商品性土地开发成本　　20 000

　贷：开发间接费用　　20 000

同时，应将各项土地开发支出分别记入商品性土地开发成本、自用土地开发成本明细分类账。现列示土地开发成本明细分类账如下。

土地开发成本明细分类账

项目编号名称：301商品性土地　　　　单位：元

2017年	凭证号数	摘要	借方金额	贷方金额	借方余额	明细科目借方发生额				
						土地征用及拆迁补偿费	前期工程费	基础设施费	开发间接费	
		本年累计			1 738 000				170 000	

（续表）

2017年	凭证号数	摘要	借方金额	贷方金额	借方余额	明细科目借方发生额				
						土地征用及拆迁补偿费	前期工程费	基础设施费	开发间接费	
4月30日		支付征地拆迁费	156 000		1 894 000	1 018 000	220 000	330 000		
		支付前期工程费	40 000		1 934 000	156 000				
		支付基础设施工程款	50 000		1 984 000		40 000	50 000		
		分配开发间接费	20 000		2 004 000				20 000	

（四）已完土地开发成本的结转

已完土地开发成本的结转，应根据已完成开发土地的用途，采用不同的成本结转方法。

（1）为转让、出租而开发的商品性土地，在开发完成并经验收后，应将其实际成本自“开发成本——商品性土地开发成本”账户的贷方转入“开发产品——土地”账户的借方。

实例

假如上例开发企业商品性土地经开发完成并验收，加上以前月份开发支出共2 004 000元，做会计分录如下：

借：开发产品——土地　　2 004 000

　贷：开发成本——商品性土地开发成本　　2 004 000

（2）为本企业房屋开发用的土地，应于土地开发完成并投入使用时，将土地开发的实际成本结转计入有关房屋的开发成本。

借：开发成本——房屋开发成本

　贷：开发成本——自用土地开发成本

结转计入房屋开发成本的土地开发支出，可采用分项平行结转法或归类集中结转法。

分项平行结转法是指将土地开发支出的各项费用按成本项目分别平行转入有关房屋开发成本的对应成本项目。

归类集中结转法是指将土地开发支出归类合并为“土地征用及拆迁补偿费或批租地价”和“基础设施费”两个费用项目，然后转入有关房屋开发成本的“土地征用及拆迁补偿费或批租地价”和“基础设施费”成本项目。凡与土地征用及拆迁补偿费或批租地价有关的费用，均转入有关房屋开发成本的“土地征用及拆迁补偿费或批租地价”项目；对其他土地开发支出，包括前期工程费、基础设施费等，则合并转入有关房屋开发成本的“基础设施费”项目。经结转的自用土地开发支出，应将它自“开发成本——自用土地开发成本”账户的贷方转入“开发成本——房屋开发成本”账户的借方。

实例

假如上例开发企业自用土地在开发完成后，加上以前月份开发支出1 080 000元，共计1 296 000元。这块土地用于建造151出租房和181周转房，其中151出租房用地3 000平方米，181周转房用地2 400平方米，则单方自用土地开发成本为240元/平方米[1 296 000÷（3 000+2 400）]，应结转151出租房开发成本的土地开发支出为720 000元（240×3 000），结转181周转房开发成本的土地开发支出为576 000元（240×2 400），在总分类核算上应做如下会计分录入账：

借：开发成本——房屋开发成本——181项目　　720 000
　　开发成本——房屋开发成本——151项目　　576 000
　贷：开发成本——自用土地开发成本　　1 296 000

（3）如果自用土地开发完成后，还不能确定房屋和配套设施等项目的用地，则应先将其成本结转“开发产品——自用土地”账户的借方，于自用土地投入使用时，再从“开发产品——自用土地”账户的贷方，将其开发成本转入“开发成本——房屋开发成本”等账户的借方。

借：开发产品——自用土地
　贷：开发成本——土地开发成本
借：开发成本——房屋开发成本
　贷：开发产品——自用土地

五、配套设施开发成本的核算

（一）配套设施的种类及其支出的归集原则

1. 配套设施的种类

房地产开发企业开发的配套设施，可以分为如下两类，如下图所示。

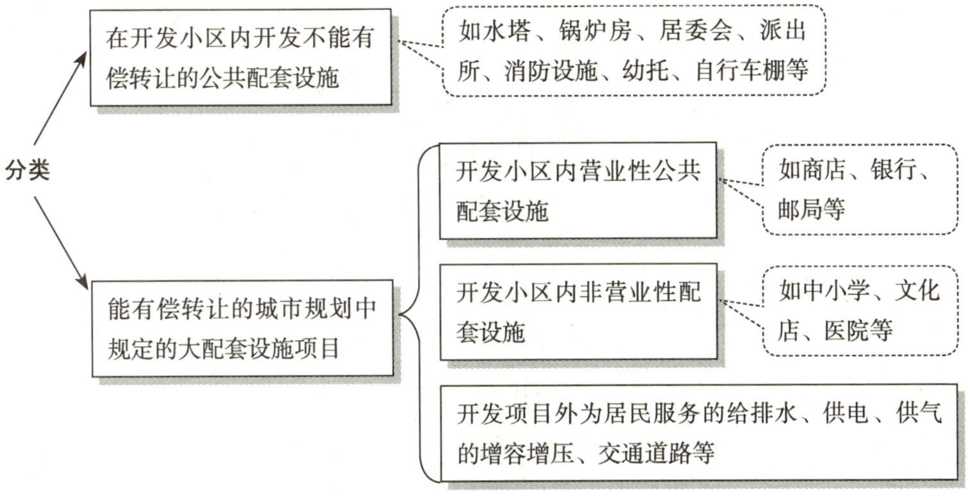

配套设施的分类

城市建设规划中规定的大型配套设施，如果没有投资来源，不能有偿转让，也将它归入第一类中，计入房屋开发成本。

2. 配套设施支出的归集原则

按照现行财务制度规定，城市建设规划中的大型配套设施项目不得计入商品房成本，因为国家对其投入国有资本。

为了正确核算和反映企业开发建设中各种配套设施所发生的支出，并准确地计算房屋开发成本和各种大型配套设施的开发成本，对配套设施支出的归集做出如下原则要求。

原则一　对能分清并直接计入某个成本核算对象的第一类配套设施支出，可直接计入有关房屋等开发成本，并在“开发成本——房屋开发成本”账户中归集其发生的支出

原则二　对不能直接计入有关房屋开发成本的第一类配套设施支出，应先在“开发成本——配套设施开发成本”账户进行归集，于开发完后再按一定标准分配，计入有关房屋等开发成本

原则三　对能有偿转让的第二类大型配套设施支出，应在“开发成本——配套设施开发成本”账户进行归集

配套设施支出的归集原则

（二）配套设施成本项目的确定与设置

1. 配套设施的开发成本项目

对配套设施的开发成本应设置如下六个成本项目。

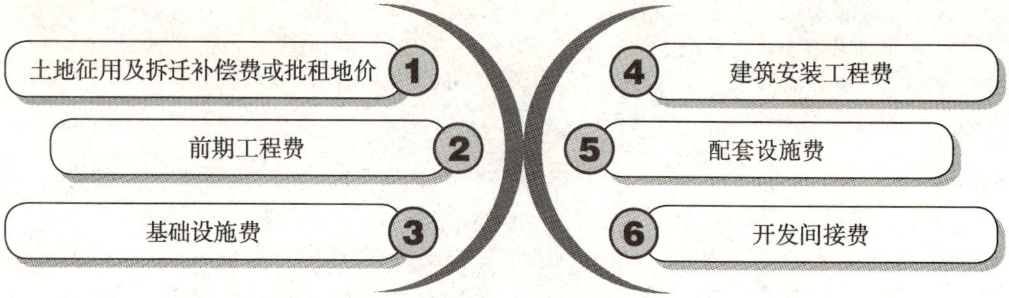

配套设施的开发成本项目

其中配套设施费项目用以核算分配的其他配套设施费。因为要使这些设施投入运转，有的也需要其他配套设施为其提供服务，所以理应分配为其提供服务的有关设施的开发成本。

2. 不能有偿转让、不能直接计入各成本核算对象的各项公共配套设施

（1）如果工程规模较大，可以以各配套设施作为成本核算对象。

（2）如果工程规模不大、与其他项目建设地点较近、开竣工时间相差不多，并由同一施工单位施工的，也可以考虑将它们合并作为一个成本核算对象，于工程完工算出开发总成本后，按照各项目的预算成本或计划成本的比例，算出各配套设施的开发成本，再按一定标准，将各配套设施开发成本分配计入有关房屋等开发成本。

至于这些配套设施的开发成本，在核算时一般可仅设置如下图所示四个成本项目。

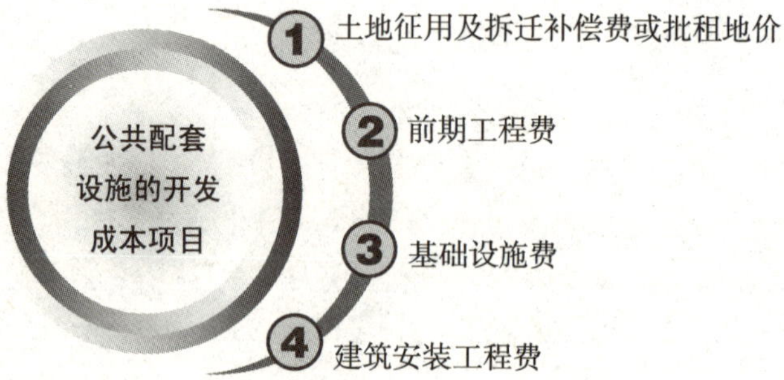

公共配套设施的开发成本项目

由于这些配套设施的支出需由房屋等开发成本负担，为简化核算手续，对这些配套设施，可不再分配其他配套设施支出。它本身应负担的开发间接费用，也可直接分配计入有关房屋开发成本。因此，对这些配套设施，在核算时也就不必设置配套设施费和开发间接费两个成本项目。

（三）配套设施开发成本的核算

企业发生的各项配套设施支出，应在“开发成本——配套设施开发成本”账户进行核算，并按成本核算对象和成本项目进行明细分类核算。

（1）已发生的土地征用及拆迁补偿费或批租地价、前期工程费、基础设施费、建筑安装工程费等支出，可直接记入配套设施开发成本明细分类账的相应成本项目，做如下会计分录：

借：开发成本——配套设施开发成本

　贷：银行存款、应付账款——应付工程款

（2）对能有偿转让大配套设施分配的其他配套设施支出，应记入各大配套设施开发成本明细分类账的“配套设施费”项目，做如下会计分录：

借：开发成本——配套设施开发成本——××（如商店、银行等）

　贷：开发成本——配套设施开发成本——××（如水塔、锅炉房等）

（3）对能有偿转让大配套设施分配的开发间接费用，应记入各配套设施开发成本明细分类账的“开发间接费用”项目，做如下会计分录：

借：开发成本——配套设施开发成本

　贷：开发间接费用

（4）对配套设施与房屋等开发产品不同步开发，或房屋开发完成等待出售或出租，而配套设施尚未全部完成的项目，经批准后可按配套设施的预算成本或计划成本，预提配套设施费，将它记入房屋开发成本明细分类账的“配套设施费”项目，做如下会计分录：

借：开发成本——房屋开发成本

　贷：预提费用——配套设施费

一个小区的开发，时间较长，因此开发企业在开发进度安排上，有时先建房屋，后建配套设施。这样一来，往往出现房屋已经建成而有的配套设施可能尚未完成，或者商品房已经销售，而幼托、消防设施等尚未完工的情况。这种房屋开发与配套设施建设的时间差，使得那些已具备使用条件并已出售的房屋应负担的配套设施费，无法按配套设施的实际开发成本进行结转和分配，只能以未完成配套设施的预算成本或计划成本为基数，计算出已出售房屋应负担的数额，用预提方式计入出售房屋等的开发成本。开发产品预提的配套设施费，一般可按以下公式进行计算：

$$\text{某项开发产品预提的配套设施费}=\text{该项开发产品预算成本或计划成本}\times\text{配套设施费预提率}$$

$$\text{配套设施费预提率}=\frac{\text{该配套设施的预算成本（或计划成本）}}{\text{应负担该配套设施费各开发产品的预算成本（或计划成本）合计}}\times100\%$$

公式中“应负担该配套设施费各开发产品”一般应包括开发房屋、能有偿转让在开发小区内开发的大配套设施。

实例

某开发小区内幼托设施开发成本应由101商品房、102商品房、151出租房、181周转房和201大配套设施商店负担。由于幼儿园设施在商品房等完工出售、出租时尚未完工，为了及时结转完工的商品房等成本，应先将幼儿园设施的配套设施费预提计入商品房等的开发成本。假定各项开发产品和幼托设施的预算成本如下：

101商品房	2 000 000元
102商品房	1 800 000元
151出租房	1 600 000元
181周转房	1 600 000元
201大配套设施——商店	1 000 000元
251幼托设施	640 000元

则：幼儿园设施的配套设施费预提率

=640 000÷[2 000 000+1 800 000+1 600 000+1 600 000+1 000 000]×100%

=640 000÷8 000 000×100%=8%

各项开发产品预提幼托设施的配套设施费为：

101商品房	2 000 000×8%=160 000（元）
102商品房	1 800 000×8%=144 000（元）
151出租房	1 600 000×8%=128 000（元）
181周转房	1 600 000×8%=128 000（元）
201大配套设施——商店	1 000 000×8%=80 000（元）

特别提示

按预提率计算各项开发产品的配套设施费时，其与实际支出的差额，应在配套设施完工时，按预提数的比例，调整增加或减少有关开发产品的成本。

现举例说明配套设施开发成本的核算。

实例

ABC房地产公司根据建设规划要求，在开发小区内负责建设一间超级市场、一座水塔和一所幼儿园。上述设施均发包给施工企业施工，其中商店建成后，有偿转让给商业部门。水塔和幼儿园的开发支出按规定计入有关开发产品的成本。水塔与商品房同步开发，幼儿园与商品房不同步开发，其支出经批准采用预提办法。上述各配套设施共发生了下列有关支出（单位：元）：

	201超市	251水塔	252幼儿园
支付征地拆迁费	100 000	10 000	100 000
支付承包设计单位前期工程款	60 000	40 000	60 000
应付承包施工企业基础设施工程款	100 000	60 000	100 000
应付承包施工企业建筑安装工程款	400 000	490 000	380 000
分配水塔配套设施费	70 000		
分配开发间接费用	110 000		
预提幼儿园配套设施费	80 000		
合　计	920 000	600 000	640 000

1. 用银行存款支付征地拆迁费时，做如下会计分录：

借：开发成本——配套设施开发成本　　210 000

　贷：银行存款　　210 000

2. 用银行存款支付设计单位前期工程款时，做如下会计分录：

借：开发成本——配套设施开发成本　　160 000

　贷：银行存款　　160 000

3. 将应付施工企业基础设施工程款和建筑安装工程款计入配套设施开发成本时，做如下会计分录：

借：开发成本——配套设施开发成本　　1 530 000

　贷：应付账款——应付工程款　　1 530 000

4. 分配应计入超市配套设施开发成本的水塔设施支出时，做如下会计分录：

借：开发成本——配套设施开发成本——超市　　70 000

　贷：开发成本——配套设施开发成本——水塔　　70 000

5. 分配应计入商店配套设施开发成本的开发间接费用时，做如下会计分录：

借：开发成本——配套设施开发成本——超市　　110 000

　贷：开发间接费用　　110 000

6. 预提应由超市配套设施开发成本负担的幼儿园设施支出时，做如下会计分录：

借：开发成本——配套设施开发成本——幼儿园　　80 000

　贷：预提费用——预提配套设施费　　80 000

同时，应将各项配套设施支出分别记入各配套设施开发成本明细分类账，现列示超市配套设施开发成本明细分类账如下：

配套设施开发成本明细分类账

项目编号名称：201超市　　　　　　　　　　　　　　　　单位：元

2017年	凭证号数	摘要	借方金额	贷方金额	借方余额	明细科目借方发生额					
						土地征用及拆迁补偿费	前期工程费	基础设施费	建筑安装工程费	配套设施费	开发间接费
7月31日		本年累计	660 000		660 000	100 000	60 000	100 000	400 000		
8月31日		分配水塔设施费	70 000							70 000	
8月31日		分配开发间接费	110 000								110 000
8月31日		预提幼儿园设施费	80 000		920 000					80 000	

（四）已完配套设施开发成本的结转

已完成全部开发工程并经验收的配套设施，应按其不同情况和用途结转其开发成本。

（1）对能有偿转让的大配套设施，如上述超市设施，应在完工验收后将其实际成本自“开发成本——配套设施成本”账户的贷方转入“开发产品——配套设施”账户的借方，做会计分录如下：

借：开发产品——配套设施（超市）　　920 000

　贷：开发成本——配套设施成本　　920 000

配套设施有偿转让收入，应作为经营收入处理。

（2）按规定应将其开发成本分配计入商品房等开发产品成本的公共配套设施。对这类设施如水塔，在完工验收后，应将其发生的实际开发成本按一定的标准（有关开发产品的实际成本、预成本或计划成本），分配计入有关房屋和大配套设施的开发成本，做会计分录如下：

借：开发成本——房屋成本　　530 000（不能转让）

　　开发成本——配套设施成本　　70 000（有偿转让）

　贷：开发成本——配套设施成本　　600 000（分不清对象）

（3）对用预提方式将配套设施支出计入有关开发产品成本的公共配套设施，如幼托设施，应在完工验收后，将其实际发生的开发成本冲减预提的配套设施费，做会计分录如下：

借：预提费用——预提配套设施费　　640 000

　贷：开发成本——配套设施成本　　640 000

如预提配套设施费大于或少于实际开发成本，可将其多提数或少提数冲减有关开发产品成本或作追加的分配。如有关开发产品已完工并办理竣工决算，可将其差额冲减或追加分配于尚未办理竣工决算的开发产品的成本。

六、房屋开发成本的核算

（一）房屋开发的种类及其核算对象

1. 房屋开发的种类

开发企业开发的房屋，按其用途可分为如下图所示几类：

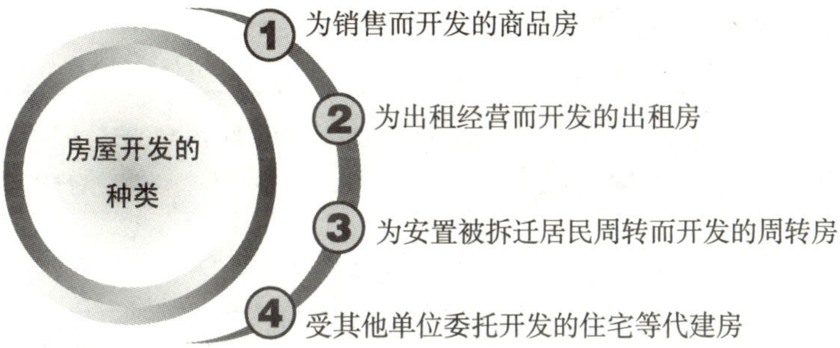

房屋开发的种类

这些房屋，虽然用途不同，但其所发生的开发费用的性质大体相同，在成本核算上可采用相同的方法。为了既能总体反映房屋开发所发生的支出，又能分门别类地反映各类房屋的开发支出，并便于计算开发成本，在会计上除设置“开发成本——房屋开发成本”账户外，还应按开发房屋的性质和用途，分别设置商品房、出租房、周转房、代建房等三级账户，并按各成本核算对象和成本项目进行明细分类核算。

2. 房屋开发成本核算对象的确定

房屋的成本核算对象，应结合开发地点、用途、结构、装修、层高、施工队伍等因素加以确定。

标准一	一般房屋开发项目，以每一独立编制设计概（预）算，或每一独立的施工图预算所列的单项开发工程为成本核算对象
标准二	同一开发地点，结构类型相同的群体开发项目，开竣工时间相近，同一施工队伍施工的，可以合并为一个成本核算对象，于开发完成算得实际开发成本后，再按各个单项工程概（预）算数的比例，计算各幢房屋的开发成本
标准三	对于个别规模较大、工期较长的房屋开发项目，可以结合经济责任制的需要，按房屋开发项目的位置划分成本核算对象

房屋开发成本核算对象的确定标准

3. 房屋开发成本核算的项目

开发企业对房屋开发成本的核算，应设置如下几个成本项目：

项目一	土地征用及拆迁补偿费或批租地价指房屋开发中征用土地所发生的土地征用费、耕地占用税、劳动力安置费，以及有关地上、地下物拆迁补偿费，或批租地价
项目二	前期工程费指房屋开发前期发生的规划设计、项目可行性研究、水文地质勘查、测绘等支出
项目三	基础设施费指房屋开发中各项基础设施发生的支出，包括道路、供水、供电、供气、排污、排洪、照明、绿化、环卫设施等支出
项目四	建筑安装工程费指列入房屋开发项目建筑安装工程施工图预算内的各项费用支出（包括设备费用）
项目五	配套设施费指按规定应计入房屋开发成本不能有偿转让的公共配套设施如锅炉房、水塔、居委会、派出所、幼托、消防设施、自行车棚、公厕等支出
项目六	开发间接费指应由房屋开发成本负担的开发间接费用

房屋开发成本核算的项目

（二）房屋开发成本的核算

1. 土地征用及拆迁补偿费（或批租地价）的核算

土地征用及拆迁补偿费（或批租地价）的核算要求如下图所示。

房屋开发过程中发生的土地征用及拆迁补偿费或批租地价。能分清成本核算对象的，应直接计入有关房屋开发成本核算对象的“土地征用及拆迁补偿费”成本项目	借：开发成本——房屋开发成本 贷：银行存款
房屋开发过程中发生的自用土地征用及拆迁补偿费，如分不清成本核算对象的，应将其支出先通过“开发成本——自用土地开发成本”账户进行汇集，待土地开发完成投入使用时，再按一定标准将其分配计入有关房屋开发成本核算对象	借：开发成本——房屋开发成本 贷：开发成本——自用土地开发成本

情形	会计分录
房屋开发占用的土地，如属企业综合开发的商品性土地的一部分，则应将其发生的土地征用及拆迁补偿费，先在“开发成本——商品性土地开发成本”账户进行汇集，待土地开发完成投入使用时，再按一定标准将其分配计入有关房屋开发成本核算对象	借：开发成本——房屋开发成本 贷：开发成本——商品性土地开发成本
如开发完成商品性土地已经转入“开发产品”或“库存商品”账户，则在用以建造房屋时，直接将其应负担的土地征用及拆迁补偿费计入有关房屋开发成本核算对象	借：开发成本——房屋开发成本 贷：开发产品

土地征用及拆迁补偿费（或批租地价）的核算要求

2. 前期工程费的核算

房屋开发过程中发生的规划、设计、可行性研究以及水文地质勘查、测绘、场地平整等各项前期工程支出，能分清成本核算对象的，应直接计入有关房屋开发成本核算对象的“前期工程费”成本项目，做如下会计分录：

借：开发成本——房屋开发成本

　贷：银行存款

应由两个或两个以上成本核算对象负担的前期工程费，应按一定标准将其分配计入有关房屋开发成本核算对象的“前期工程费”成本项目，做如下会计分录：

借：开发成本——房屋开发成本

　贷：银行存款

3. 基础设施费的核算

房屋开发过程中发生的供水、供电、供气、排污、排洪、通信、绿化、环卫设施以及道路等基础设施支出，一般应直接或分配计入有关房屋开发成本核算对象的“基础设施费”成本项目，做如下会计分录：

借：开发成本——房屋开发成本

　贷：银行存款

如开发完成商品性土地已转入“开发产品”账户，则在用以建造房屋时，应将其负担的基础设施费（按归类集中结转的还应包括负担的前期工程费和开发间接费用）计入有关房屋开发成本核算对象，做如下会计分录：

借：开发成本——房屋开发成本

　贷：开发产品

4. 建筑安装工程费的核算

房屋开发过程中发生的建筑安装工程支出，应根据工程的不同施工方式，采用不同的核算方法。采用发包方法进行建筑安装工程施工的房屋开发项目，其建筑安装工程支出，应根据企业承付的已完工程价款确定，直接计入有关房屋开发成本核算对象的“建筑安装工程费”成本项目，做如下会计分录：

借：开发成本——房屋开发成本

贷：应付账款——应付工程款

如果开发企业对建筑安装工程采用招标方式发包，并将几个工程一并招标发包，则在工程完工结算工程价款时，应按各项工程预算造价的比例，计算它们的标价即实际建筑安装工程费。

实例

ABC房地产公司将两幢商品房建筑安装工程进行招标，标价为2 160 000元，这两幢商品房的预算造价为：

101商品房　　1 260 000元

102商品房　　1 008 000元

合计　　2 268 000元

则在工程完工结算工程价款时，应按如下方法计算各幢商品房的实际建筑安装工程费：

某项工程实际建筑安装工程款=工程造价×该项工程预算造价÷各项工程预算造价

则上述两幢商品房的实际建筑安装工程费分别计算如下：

101商品房的实际建筑安装工程费=2 160 000×1 260 000÷2 268 000=1 200 000（元）

102商品房的实际建筑安装工程费=2 160 000×1 008 000÷2 268 000=960 000（元）

采用自营方式进行建筑安装工程施工的房屋开发项目，其发生的各项建筑安装工程支出，一般可直接记入有关房屋开发成本核算对象的“建筑安装工程费”成本项目，做如下会计分录：

借：开发成本——房屋开发成本

贷：库存材料、应付工资、银行存款等

如果开发企业自行施工大型建筑安装工程，可以设置“工程施工”“施工间接费用”等科目，用来核算和归集各项建筑安装工程支出，月末将其实际成本转入“开发成本——房屋开发成本”账户，并记入有关房屋开发成本核算对象的“建筑安装工程费”成本项目。

企业用于房屋开发的各项设备，即附属于房屋工程主体的各项设备，应在出库交付安装时，记入有关房屋开发成本核算对象的“建筑安装工程费”成本项目，做如下会计分录：

借：开发成本——房屋开发成本

　贷：库存设备

5. 配套设施费的核算

房屋开发成本应负担的配套设施费，是指开发小区内不能有偿转让的公共配套设施支出。在具体核算时，应根据配套设施的建设情况，采用不同的费用归集和核算方法。

（1）配套设施与房屋同步开发，发生的公共配套设施支出，能够分清并可直接计入有关成本核算对象的，直接记入有关房屋开发成本核算对象的“配套设施费”项目，做如下会计分录：

借：开发成本——房屋开发成本

　贷：应付账款——应付工程费

如果发生的配套设施支出，应由两个或两个以上成本核算对象负担的，应先在“开发成本——配套设施开发成本”账户先行汇集，待配套设施完工时，再按一定标准（如有关项目的预算成本或计划成本），分配记入有关房屋开发成本核算对象的“配套设施费”成本项目，做如下会计分录：

借：开发成本——房屋开发成本

　贷：开发成本——配套设施开发成本

（2）配套设施与房屋非同步开发，即先开发房屋，后建配套设施，或房屋已开发等待出售或出租，而配套设施尚未全部完成。此时在结算完工房屋的开发成本时，对应负担的配套设施费，可采取预提的办法。即根据配套设施的预算成本（或计划成本）和采用的分配标准计算完工房屋应负担的配套设施支出，记入有关房屋开发成本核算对象的“配套设施费”成本项目，做如下会计分录：

借：开发成本——房屋开发成本

　贷：预提费用

预提数与实际支出数的差额，在配套设施完工时调整有关房屋开发成本。

6. 开发间接费的核算

企业内部独立核算单位为开发各种产品而发生的各项间接费用，应先通过“开发间接费用”账户进行核算，每月终了，按一定标准分配计入各有关开发产品成本。应由房屋开发成本负担的开发间接费用，计入有关房屋开发成本核算对象的“开发间接费用”成本项目，做如下会计分录：

借：开发成本——房屋开发成本

　贷：开发间接费用

实例

房屋开发成本核算举例

ABC房地产公司在某年度内，共发生了下列有关房屋开发支出：

单位：元

费用项目	101商品房	102商品房	152商品房	182商品房
支付征地拆迁费	200 000	160 000		
结转自用土地征地拆迁费			150 000	150 000
应付承包设计单位前期工程费	60 000	60 000	60 000	60 000
应付承包施工企业基础设施工程款	180 000	150 000	140 000	140 000
应付承包施工企业建筑安装工程款	1 200 000	960 000	900 000	900 000
分配配套设施费（水塔）	160 000	130 000	120 000	120 000
预提配套设施费（幼托）	160 000	144 000	128 000	128 000
分配开发间接费用	164 000	132 000	124 000	124 000

根据上述资料，编制有关房屋开发成本核算的会计分录。

（1）在用银行存款支付征地拆迁费时，应做如下会计分录：

借：开发成本——房屋开发成本　　360 000

　贷：银行存款　　360 000

（2）结转出租房、周转房使用土地应负担的自用土地开发成本时，应做如下会计分录：

借：开发成本——房屋开发成本　　300 000

　贷：开发成本——自用土地开发成本　　300 000

（3）将应付设计单位前期工程款计入开发成本时，应做如下会计分录：

借：开发成本——房屋开发成本　　240 000

　贷：应付账款——应付工程款　　240 000

（4）将应付施工企业基础设施工程款计入开发成本时，应做如下会计分录：

借：开发成本——房屋开发成本　　610 000

　贷：应付账款——应付工程款　　610 000

（5）将应付施工企业建筑安装工程款计入开发成本时，应做如下会计分录：

借：开发成本——房屋开发成本　　3 960 000

　贷：应付账款——应付工程款　　3 960 000

（6）分配应由房屋开发成本负担的水塔配套设施支出时，应做如下会计分录：

借：开发成本——房屋开发成本　530 000

　贷：开发成本或生产成本——配套设施开发成本（水塔）　530 000

（7）预提应由房屋开发成本负担的幼儿园设施支出时，应做如下会计分录：

借：开发成本——房屋开发成本　560 000

　贷：预提费用——预提配套设施费——幼托　560 000

（8）分配应由房屋开发成本负担的开发间接费用时，应做如下会计分录：

借：开发成本——房屋开发成本　544 000

　贷：开发间接费用　544 000

同时，应将各项房屋开发支出分别记入各有关房屋开发成本明细分类账。

房屋开发成本明细分类账

项目编号名称：101商品房　　　　单位：元

2017年	凭证号数	摘要	借方金额	贷方金额	借方余额	明细科目借方发生额					
						土地征用及拆迁补偿费或批租地价	前期工程费	基础设施费	建筑安装工程费	配套设施费	开发间接费
		支付征地拆迁费	200 000		200 000	200 000					
		支付前期工程款	60 000		260 000		60 000				
		支付基础设施工程款	180 000		440 000			180 000			
		支付建筑安装工程款	1 200 000		1 640 000				1 200 000		
		分配水塔设施费	160 000		1 800 000					160 000	
		预提幼托设施费	160 000		1 960 000					160 000	
		分配开发间接费用	164 000		2 124 000						164 000

（三）已完房屋开发成本的结转

房地产开发企业对已完成开发过程的商品房、代建房、出租房、周转房，应在竣工验收以后将其开发成本结转“开发产品”账户。会计人员应根据房屋开发成本明细分类账记录的完工房屋实际成本，编制会计分录如下：

借：开发产品

　贷：开发成本——房屋开发成本

“开发产品”账户应按房屋类别分别设置商品房、代建房、出租房、周转房等二级账户，并按各成本核算对象进行明细分类核算。假设将上例完工验收的商品房、出租房、周转房的开发成本结转“开发产品”账户的借方，做会计分录如下：

借：开发产品　　　　　　　　　　　　7 104 000

　贷：开发成本——房屋开发成本　　　　　　7 104 000

七、代建工程开发成本的核算

代建工程是指开发企业接受委托单位的委托代为开发的各种工程，包括土地、房屋、市政工程等。

（一）代建工程成本核算的内容

现行会计制度规定：企业代委托单位开发的土地（即建设场地）、各种房屋所发生的各项支出，应分别通过“开发成本——商品性土地开发成本”和“开发成本——房屋开发成本”账户进行核算。并在这两个账户下分别按土地、房屋成本核算对象和成本项目归集各项支出，进行代建工程项目开发成本的明细分类核算。除土地、房屋以外，企业代委托单位开发的其他工程如市政工程等，其所发生的支出，则应通过“开发成本——代建工程开发成本”账户进行核算。因此，开发企业在“开发成本——代建工程开发成本”账户核算的，仅限于企业接受委托单位委托，代为开发的除土地、房屋以外的其他工程发生的支出。

代建工程开发成本的核算，成本项目可设置如下图所示的几项：

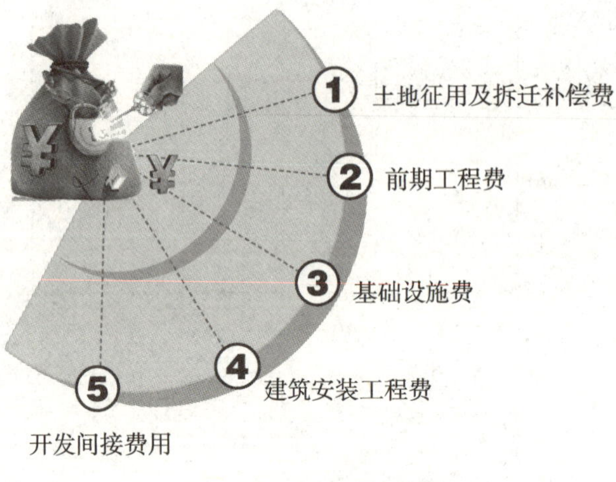

代建工程成本核算的项目

在实际核算工作中，应根据代建工程支出内容设置使用。

（二）代建工程开发成本的账务处理

对开发企业发生的各项代建工程支出和代建工程分配的开发间接费用，作如下会计分录：

借：开发成本——代建工程开发成本

　贷：银行存款、应付账款——应付工程款、库存材料、应付工资、开发间接费用

同时，应按成本核算对象和成本项目分别归类记入各代建工程开发成本明细分类账。代建工程开发成本明细分类账的格式，和房屋开发成本明细分类账相似。

完成全部开发过程并经验收的代建工程，应按其实际开发成本，做如下会计分录：

借：开发产品

　贷：开发成本——代建工程开发成本

并在将代建工程移交委托代建单位，办妥工程价款结算手续后，按代建工程开发成本贷记“开发产品”科目，借记“经营成本”科目。

实例

ABC房地产公司接受市政工程管理部门的委托，代为扩建某小区旁边的一条道路。在扩建过程中，用银行存款支付拆迁补偿费600 000元，前期工程费320 000元，应付基础设施工程款1 080 000元，分配开发间接费用160 000元。

在发生上列各项扩建工程开发支出和分配开发间接费用时，做如下会计分录：

借：开发成本——代建工程开发成本	2 160 000	
贷：银行存款		920 000
应付账款——应付工程款		1 080 000
开发间接费用		160 000

道路扩建工程完工并经验收，结转已完成工程成本时，做如下会计分录：

借：开发产品——代建工程	2 160 000	
贷：开发成本或生产成本——代建工程开发成本		2 160 000

第六章 房地产企业销售物业的核算

一、营业收入核算概述

（一）营业收入的构成

营业收入是指房地产开发企业在生产经营活动中由于房地产开发、销售商品和提供劳务等而取得的收入，房地产开发企业的营业收入分为主营业务收入和其他业务收入两部分，如下图所示。

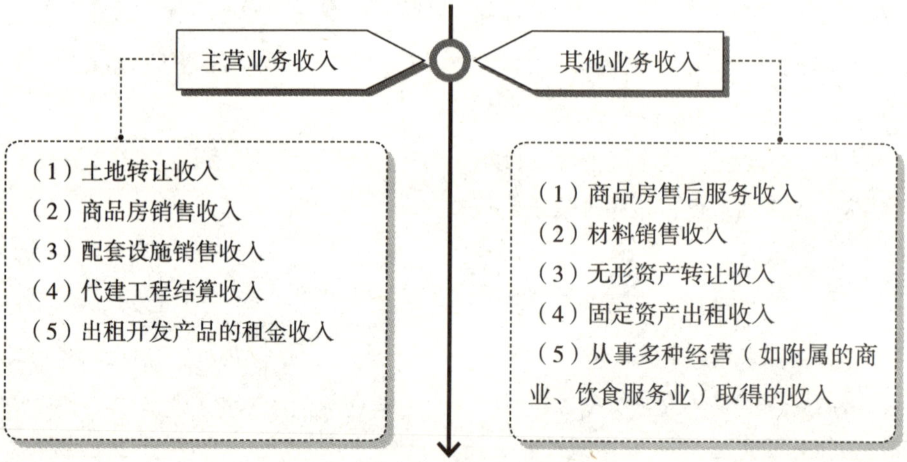

房地产开发企业营业收入的构成

（二）营业收入的确认

营业收入的确认是指何时登记营业收入。房地产开发企业营业收入的确认分为四种情况，如下图所示。

情况一 房地产开发企业转让、销售土地和商品房，应在土地和商品房已经移交，已将发票结算账单提交给买主时，作为销售实现

情况二 房地产开发企业代建的房屋和代建的工程，应在房屋和工程竣工验收，办妥财产交接手续，并已将代建的房屋和工程价款结算账单提交委托单位时，作为销售实现

情况三　房地产开发企业采取赊销或分期收款销售办法销售土地和商品房的，可以按合同规定的收款时间分次转为收入，但是必须以土地和商品房已经移交给买主作为销售实现的前提条件

情况四　房地产开发企业出租开发产品，应该在出租合同（或协议）规定日期收取租金时，作为收入实现；如果合同规定的日期已到，租用方未付租金时，仍视为经营收入的实现

房地产开发企业营业收入的确认

（三）营业成本的结转

对于房地产企业来说，结转成本是其最重要的步骤。只有结转了成本，才能知道房地产项目实现了多少收入，取得了多少利润，利润该怎样分配。而房地产成本的结转，由于涉及房地产销售合同、认购协议、销售清单、施工合同、结算单等一系列资料，以及工程部、预算部、销售部、财务部等多部门，因而工程量浩大。结算成本的前期准备工作很重要，准备好了，才能按照下图所示步骤进行结算。

步骤1　整理销售资料，确认销售收入

步骤2　整理工程施工合同清单和结算单

步骤3　将整理好的合同清单跟账面金额进行核对

步骤4　计算出开发产品成本单价，结转开发产品到产品销售成本

步骤5　把主营业务收入和主营业务成本结转到本年利润

结算成本的步骤

1. 整理销售资料，确认销售收入

就是把销售清单跟账面上的收款金额进行核对，看看销售清单的金额是否跟“预收账款”账面金额一致。销售清单应该包括房屋面积、房屋位置、销售单价、销售总价、已经收款、欠款金额等要素。核对一致后，确认一下销售收入和已经销售面积，算出平均单价。按照确认的销售收入编制凭证：

借：预收账款

　贷：主营业务收入

2. 整理工程施工合同清单和结算单

这个步骤比较麻烦，因为施工合同比较多，有的合同可能有结算单，有的可能没有。一般应该把合同按照成本类别分别进行整理，即按照土地征用费及拆迁补偿费、前期工程费、基础设施建设费、建筑安装工程费、公共配套设施费等类别，列出清单。清单的要素一般有合同编号、合同名称、合同金额、增加减少金额、结算数。整理出来之后，分别算出各个类别合同的结算数。

3. 将整理好的合同清单跟账面金额进行核对

（1）将各个类别的合同金额与账面同类别的科目余额进行核对，找出它们的差异并分析原因。一般有下图所示原因造成合同金额与账面金额不一致。

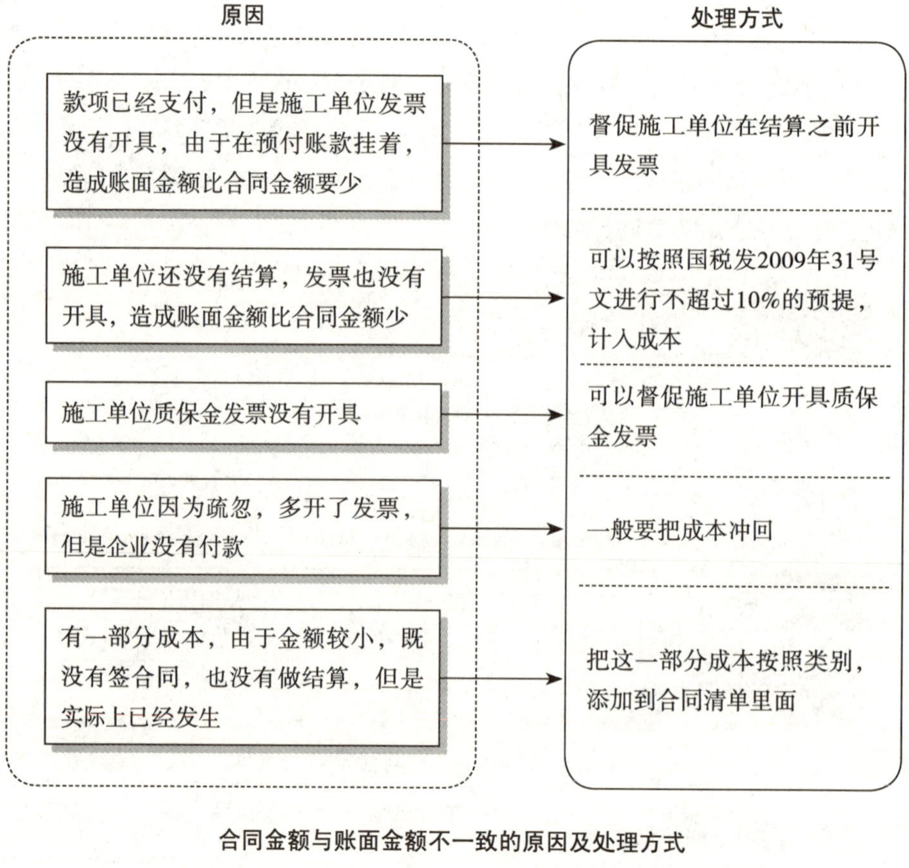

合同金额与账面金额不一致的原因及处理方式

（2）确保合同清单金额和预提之后的账面金额完全一致。预提时，借记“开发成本”账户，贷记“应付账款——预提费用”账户，按照这个金额结转到开发产品，做如下会计分录：

借：开发产品

　　贷：开发成本

4. 计算出开发产品成本单价，结转开发产品到产品销售成本

这一步最重要的一点是确定结转产品面积，这个面积应该等于可销售面积+车库面积+开发商可以办理房产证的公共配套面积。另外，开发产品单价=开发产品÷结转产品面积。

根据第一步算出来的销售金额，可以进一步计算产品销售成本。产品销售成本=开发产品单价×已经销售面积，其账务处理为：

借：主营业务成本

　贷：开发产品

5. 把主营业务收入和主营业务成本结转到本年利润

这一步跟其他行业的账务处理一样。

（四）营业收入核算的账户

1. “主营业务收入”账户

（1）“主营业务收入”账户。

房地产开发企业为了核算对外转让、销售、结算和出租房地产所取得的经营收入，应设置“主营业务收入”账户，该账户应按照主营业务的类别设置明细账，进行明细核算，如：“主营业务收入——土地转让收入、商品房销售收入、配套设施销售收入、代建工程结算收入、房地产出租收入等”。

（2）“主营业务成本”账户。

为了结转主营业务收入的相关成本，房地产企业应设置“主营业务成本”账户。该账户应按主营业务的类别设置明细账户，该账户的明细账户应与“主营业务收入”的明细账户相对应，如：“主营业务成本——土地转让成本、商品房销售成本、配套设施销售成本、代建工程成本、投资性房地产累计折旧（摊销）等”。

2. 其他业务收入的核算账户

（1）其他业务收入的账户设置。

为了反映房地产开发企业其他业务收入的实现和结转情况，应设置“其他业务收入”账户，该账户应按其他业务的不同种类设置明细账户，进行明细核算，如：“其他业务收入——商品房售后服务收入、设备出租收入等”。

（2）其他业务成本的账户设置。

其他业务成本指与其他业务收入相关的成本、费用。为了核算企业的其他业务成本，应设置“其他业务成本”账户，该账户明细账的设置应与“其他业务收入”明细账户的设置相对应，包括商品房售后服务支出、材料销售成本、出租设备折旧费等项目。

二、商品房销售的核算

（一）商品房销售账户的设置

房地产开发企业销售商品房，应该在商品房已经移交，已将发票结算账单提交买主时，作为销售的实现。

（1）对于当时收到款项的经营收入，会计分录为：借记“银行存款”账户，贷记“主营业务收入”账户。

（2）对于尚未收到的款项，应根据有关凭证借记“应收账款”账户，贷记“主营业务收入”账户。

（3）企业如果有预收款项，应将预收的购房订金等，由“预收账款”账户转入“应收账款”账户。如果预收款项大于成交金额，应将其差额退给买方。如果预收款项小于成交金额，买方应补足款项。

（4）在实现经营收入的月末，企业要将为取得经营收入而发生的各种耗费，由“开发产品”账户转入“主营业务成本”账户。

特别提示

如果有些企业预收账款业务不多，也可不设置“预收账款”账户，用“应收账款”账户代替“预收账款”账户，企业预收款项时，直接记入“应收账款”账户的贷方，在土地和商品房移交时，直接借记“应收账款”账户。

（二）商品房销售收入的核算

1. 收入确认的条件

按照《企业会计准则》关于收入确认条件的规定，销售方在将商品所有权上的重要风险和报酬转移给买方，不再对该商品实施继续管理权和实际控制权，与交易相关的经济利益能够流入企业，相关的收入和成本能够可靠地计量时，确认营业收入的实现。

对于房地产企业，商品房销售收入实现的具体条件见下表。

商品房销售收入实现的具体条件

序号	条　件	具　体　说　明
1	工程已经竣工并通过有关部门验收	通过有关部门验收，是指取得政府有关部门发放的“竣工备案表”
2	实际销售面积符合合同规定	在实际操作中，实际销售面积往往与合同规定的面积存在一定的差异，应取得面积测绘表，按实测面积计算房屋总价

（续表）

<table>
<tr><th>序号</th><th>条 件</th><th colspan="2">具 体 说 明</th></tr>
<tr><td rowspan="2">3</td><td rowspan="2">完成房屋交付手续或购买方已接到书面交房通知，且购买方在通知确定的交付使用时限结束后无正当理由拒绝收房</td><td>业主方正常来公司办理房屋交接手续</td><td>填写“房屋交接单”，凭业主方签字确认的房屋交接单确认销售收入。如果业主已签房屋交接单，但因各种原因不去领取钥匙，必须要有业主签字并交物业公司的“钥匙委托保管书”，否则不确认该项销售的收入</td></tr>
<tr><td>业主方没来办理房屋交接手续</td><td>按销售合同规定的送达方式送达后，业主在合同约定的时限内未来办理手续的，如按合同规定可以视同房屋已交付的，则确认销售收入。送达的方式：采取报纸公告的，留存报纸原件；采用快递方式的，留存快递底单；邮局寄出的，留存邮局回执；采用传真、电话等其他方式的，都要有相应的记录或回单</td></tr>
<tr><td>4</td><td>履行了合同规定的义务，且价款取得或确信可以取得</td><td colspan="2">一般情况下，客户交清全部房款后方可办理房屋交接手续，才能确认收入。但对于按合同约定分期付款的，则按合同约定的时点履行交接房手续，在办理房屋交接手续后可以确认收入</td></tr>
<tr><td>5</td><td>成本能够可靠地计量</td><td colspan="2">成本可靠计量是指工程成本已结算完毕或虽未结算但可以按确定的工程完工量准确预估</td></tr>
</table>

2. 销售收入的账务处理

房地产企业符合商品房销售收入确认的条件时，应借记“预收账款”账户，贷记“主营业务收入”账户。在达到收入确认条件时，应将在收入结转之前收到的商品房销售款全部记入“预收账款”账户的贷方，在结转收入时，全部由“预收账款”账户转入“主营业务收入”账户，这样能够保证“预收账款”账户的完整性。

实例

ABC房地产公司开发的项目，自2017年9月开始预售，到2017年12月项目所建商品房竣工交付时，共收得销售回款10亿元。2017年12月，该公司根据有关原始凭证结转销售收入，应编制如下会计分录：

借：预收账款　　1 000 000 000

　贷：主营业务收入　　1 000 000 000

（三）分期收款销售的核算

分期收款销售是指房屋已经交付，房款尚未全部收回，按合同约定未收房款在未来一定时期内收回的销售方式。对于按合同约定分期付款的，应按合同约定的时点履行交接房手续，在办理房屋交接手续后可以确认收入。其账务处理分以下两种情况进行。

1. 从房屋交付日算起，剩余房款收回期在3年以内的账务处理

从房屋交付日算起，剩余房款收回期在3年以内的，按照正常销售方式处理。在房屋交付日，按未收款金额，企业应做如下会计分录：

借：应收账款

　贷：主营业务收入

实例

ABC房地产公司开发的项目，自2016年9月开始预售，到2017年12月项目所建商品房竣工交付时，共收得销售回款10亿元，尚有6 000万元未取得回款，这部分款项均是按销售合同规定应在2016年12月房屋交付后3年之内取得。2017年12月，该公司根据有关原始凭证结转销售收入，其会计分录如下：

（1）已回款结转收入时：

借：预收账款　　1 000 000 000

　贷：主营业务收入　　1 000 000 000

（2）未收款结转收入时：

借：应收账款　　60 000 000

　贷：主营业务收入　　60 000 000

2. 从房屋交付日算起，剩余房款收回期在3年以上的账务处理

从房屋交付日算起，剩余房款收款期在3年以上的，应当按照《企业会计准则第14号——收入》将其理解为“实质上具有融资性质”的收入，具体账务处理见下表。

从房屋交付日算起，剩余房款收回期在3年以上的账务处理

序号	业　务	具 体 说 明
1	确认销售收入时	借：长期应收款（合同价款） 　贷：主营业务收入（应收的合同价款未来现金流量现值） 　　未实现融资收益（差额）

（续表）

序号	业　务	具 体 说 明
2	分期收取款项时	借：银行存款 　贷：长期应收款
3	未实现融资收益摊销时	借：未实现融资收益 　贷：财务费用

实例

ABC房地产公司与客户于2017年9月10日签订了房屋销售合同，合同总价6 000万元，付款条件为：合同签订时付1 000万元，竣工交付时付1 000万元（竣工交付日为2017年12月10日），剩余款项4 000万元在竣工交付日起5年内付清。该公司根据有关原始凭证结转销售收入，账务处理如下：

合同约定价款为4 000万元，分5期于期末平均收回，按同期银行贷款利率7.93%（5年期）折现计算收入额为3 200.06万元，两者差额799.94万元按金额分期抵减财务费用。见下表。

未确认融资收益计算

单位：万元

日期	未收本金	财务费用	分期收款	已收本金
	①=上期①－上期④	②=①×7.93%	③	④=③－②
销售日	3 200.06			
收款日1	3 200.06	253.76	800	546.24
收款日2	2 653.82	210.44	800	589.56
收款日3	2 064.26	163.70	800	636.30
收款日4	1 427.96	113.24	800	686.76
收款日5	741.20	58.80	800	741.20
合计		799.94	4 000	3 200.06

（1）2017年9月10日确认销售收入时：

借：长期应收款　　40 000 000

　贷：主营业务收入　　3 200 0600

　　　未实现融资收益　　799 9400

（2）收款日1分期收取款项时：

借：银行存款　　8 000 000

　贷：长期应收款　　8 000 000

（3）收款日1未实现融资收益摊销时：

借：未实现融资收益　　2 537 600

　贷：财务费用　　2 537 600

房地产企业不管采取上述何种方式，会计期末“长期应收款”账户应按相关规定计提坏账准备。

（四）面积差的核算

1. 什么是面积差

面积差是指房地产企业销售的商品房竣工交付时，实际销售面积与原签订销售合同时的预计销售面积之间存在的差异。

2. 面积差的处理方式

面积差的处理方式是房地产企业与客户在销售合同中重要的约定事项，一般情况下，其约定的处理方式有下图所示两种。

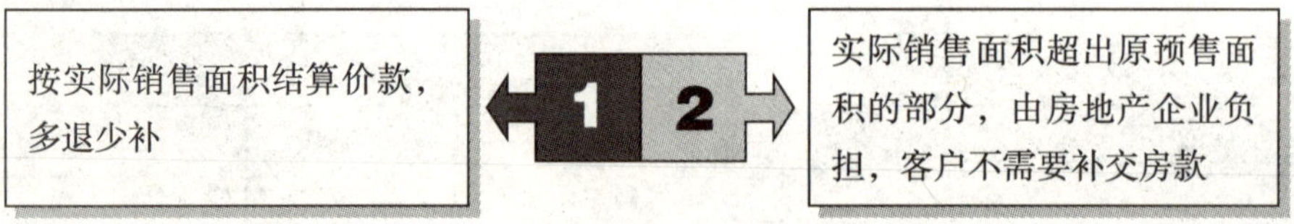

面积差的处理方式

3. 面积差的账务处理

根据不同的处理方式，关于面积差的账务处理见下表。

面积差的账务处理

序号	处理方式	账 务 处 理
1	房地产企业退还面积差涉及的房款	应按退还的金额，借记“预收账款”账户，贷记“银行存款”等账户 （1）房地产企业收到客户补交的面积差房款时，其会计分录为：

（续表）

序号	处理方式	账　务　处　理
1	房地产企业退还面积差涉及的房款	借：银行存款（收到的金额） 　贷：预收账款 （2）竣工交付时，将其从“预收账款”账户转入“主营业务收入”账户
2	面积差由房地产企业承担	房地产企业不需要进行账务处理

实例

ABC房地产公司于2017年12月项目所建商品房竣工交付时，共收取面积差房款2 000万元。2017年12月，该公司根据有关原始凭证结转销售收入，应编制如下会计分录：

（1）收到补交面积差房款时：

借：银行存款　　20 000 000

　贷：预收账款　　20 000 000

（2）结转收入时：

借：预收账款　　20 000 000

　贷：主营业务收入　　20 000 000

（五）回迁房收入的核算

回迁房或拆迁安置房是指按照城市危旧房改造的政策，将危改区内的私房或承租的公房拆除，然后按照回迁或安置的政策标准，安排被拆迁人回迁，取得改造后新建的房屋。

按照回迁方式中是否收取价款以及收取价款性质的不同，对回迁房采取不同的会计处理方式，如下图所示。

方式一　**不收取价款，回迁房发生的支出作为土地成本计入拆迁补偿费用**

此种情况属于非货币性资产交换，但其不具有商业实质，因此，应当以换出资产的账面价值和应支付的相关税费作为换入资产的成本，不确认损益

方式二　收取价款

要根据合同约定具体判断收取的价款是补偿性的还是约定了一个较低的销售价格（高于成本低于市场售价），分别处理：
（1）如果属于以较低价格销售的，按销售业务处理。此情况因涉及大量的货币性资产，所以不属于非货币性资产交换，应按销售业务处理
（2）如果属于补偿性的，回迁房发生的建造成本和其他相关支出（包括税金支出）作为土地成本计入拆迁补偿费用，收到的价款冲减上述成本支出。此种情况因为只涉及少量的货币性资产，所以也属于非货币性资产交换，与不收取价款的账务处理基本相同

回迁房的账务处理

通常情况，房地产企业建设回迁房是不收取价款的。以下举例说明在不收取价款情况下，回迁房支出作为土地成本计入拆迁补偿费的账务处理过程。

实例

ABC房地产公司开发项目占地10 000平方米，土地成本已发生货币性支出5 000万元，其中支付土地价款3 500万元，拆迁货币补偿1 500万元。另外，在本项目中，需要按照1：1的比例，与拆迁户兑现回迁房60套（平均每套150平方米）。

开发项目分两期进行建设。一期项目占地面积6 000平方米，二期项目占地面积4 000平方米。2017年9月，完成一期12座500套75 000平方米楼房建设，建安成本实际支出7 000万元（基础设施费、公共配套设施费等暂不计），一期有回迁房40套，剩余的20套回迁房在二期待建。假设一期房屋对外售价为3 000元/平方米。该公司根据有关原始凭证结转销售收入，应编制如下会计分录：

（1）支付货币性土地成本支出时：

土地成本货币性支出＝3 500＋1 500＝5 000（万元）

借：开发成本——土地征用及拆迁补偿费　　50 000 000
　贷：银行存款　　50 000 000

（2）分摊已建回迁房建造成本时：

第一期回迁房40套建造支出＝7 000÷75 000×40×150＝560（万元）

借：开发成本——土地征用及拆迁补偿费　　5 600 000
　贷：开发成本——建筑安装工程费　　5 600 000

（3）预提未建回迁房建造成本时：

第二期回迁房20套因未实际发生，为反映成本的完整性，按照预算成本或第一期成本预提入账：7 000÷75 000×20×150=280（万元）

借：开发成本——土地征用及拆迁补偿费 2 800 000

贷：应付账款——预提费用 2 800 000

（4）分配一期土地成本时：

土地成本合计=5 000+560+280=5 840（万元）

第一期分配土地成本=5 840÷（6 000+4 000）×6 000=3 504（万元）

单位可售建筑面积土地成本=35 040 000÷（75 000－40×150）=507.83（元/平方米）

单位可售建筑面积建筑成本=（70 000 000－5 600 000）÷（75 000－40×150）=933.33（元/平方米）

一期建安成本=7 000－560=6 440（万元）

借：开发产品——一期 99 440 000

贷：开发成本——土地征用及拆迁补偿费 35 040 000

——建筑安装工程费 64 400 000

（5）结转收入成本时：

一期销售款=（75 000－40×150）×0.3=20 700（万元）

借：预收账款 207 000 000

贷：主营业务收入 207 000 000

借：主营业务成本 99 440 000

贷：开发产品——一期 99 440 000

（六）销售收款的核算

房地产企业的销售收款包括会员费、诚意金、销售定金、预售款等。

1. 会员费及诚意金的核算

会员费、诚意金是在签订《商品房认购协议书》之前收取的款项，最终退还给客户或转作购房款。

会员费、诚意金在“其他应付款”账户核算，房地产企业可根据实际情况设置明细账户进行辅助核算，以满足管理的需要。该账户贷方核算收到的上述款项，借方核算退还的款项或转入“预收账款”等账户的款项。

实 例

ABC房地产公司开发的项目，预计在2017年7月能够取得商品房预售许可证，并计划取得该证后马上开盘销售。该公司为了做好开盘销售前的准备，于2017年6月7日开始收取有购买意向客户的诚意金，诚意金为每套商品房4万元，当日共收取诚意金200万元。该公司根据有关原始凭证，应编制如下会计分录：

借：银行存款　　2 000 000

　贷：其他应付款——诚意金　　2 000 000

该公司于7月10日正式开盘销售，当日退还诚意金40万元，另有部分诚意金客户签订了商品房认购协议，这部分客户原交付的80万元诚意金转为商品房销售定金。该公司根据有关原始凭证，编制会计分录如下：

借：其他应付款——诚意金　　1 200 000

　贷：预收账款——销售定金　　800 000

　　银行存款　　400 000

2. 销售定金的核算

定金是在签订商品房销售（预售）合同之前收取的款项，在销售合同签订后转作购房款，如果客户在协议规定的期限内不签订购房合同，房地产企业一般情况下将不再退还客户已经交纳的定金。

房地产企业收取的定金，是在企业已取得预售房许可证并已与客户签订商品房认购协议基础上收取的款项，从实质上来说，它属于销售款的一部分。因此，定金应视同收取购房款，在“预收账款”账户核算。核算要求见下表。

销售定金的核算要求

序号	业　务	核　算　要　求
1	收取销售定金时	借：银行存款 　贷：预收账款——销售定金
2	与客户正式签订商品房预售合同时	借：预收账款——销售定金（销售定金的金额） 　贷：预收账款——销售款
3	如果客户违反认购协议的规定，未能最终签订商品房预售合同	借：预收账款——销售定金（不再退还的定金的金额） 　贷：营业外收入

实例

ABC房地产公司于2017年7月20日共收取销售定金100万元，按照双方认购协议的规定，7月30日，房地产企业与其中部分客户正式签订了商品房预售合同，这部分客户已交付的销售定金为60万元。该公司根据有关原始凭证，应编制如下会计分录：

（1）收取销售定金时：

借：银行存款　　1 000 000

　贷：预收账款——销售定金　　1 000 000

（2）签订商品房预售合同时：

借：预收账款——销售定金　　600 000

　贷：预收账款——销售款　　600 000

3. 预售款的核算

（1）什么是预售款

预售款是指房地产企业在所售房屋未竣工前收取的商品房销售款，属于预收性质的款项。销售款则是指房地产企业在所售房屋已经竣工后收取的商品房销售款。预售款和销售款均包括银行发放的按揭贷款。

（2）预售款的核算

虽然预售款和销售款收取的时间不同，但所有房屋销售款项，包括预售款和销售款，都必须先通过“预收账款”账户进行核算，以保证销售过程收入数据的完整。

“预收账款”账户核算按销售合同约定应收取的售房款，但销售过程中收取的其他款项，不管是什么性质以及税收如何处理，都不在这一账户中核算。该账户按照项目、分期、业态、楼栋、房号等设置核算项目。

“预收账款”的贷方核算实际收到的售房款、工程款抵房款转入的房款、因换房从其他房源转入的房款等，其中也包括银行发放的按揭贷款；借方核算结转的销售收入。

实例

ABC房地产公司2017年9月30日从销售定金转入预售款30万元，另外收取客房预售款800万元。该项目于2017年12月竣工，当月结转收入5 000万元。该公司根据有关原始凭证，应编制如下会计分录：

（1）销售定金转入时：

借：预收账款——销售定金　　300 000

　贷：预收账款——销售款　　300 000

（2）收取预售款时：

借：银行存款　　8 000 000

　贷：预收账款——销售款　　8 000 000

（3）竣工入住时：

借：预收账款　　50 000 000

　贷：主营业务收入　　50 000 000

4. 销售更名、销售退房、销售换房的核算

房地产企业在销售过程中，可能会存在销售更名、销售退房、销售换房等业务，这部分业务的会计处理也是房地产企业销售核算的重要内容之一。具体说明见下表。

销售更名、销售退房、销售换房的核算

序号	业务	定　义	核　算　要　求
1	销售更名	销售更名是指在商品房预售阶段，原购买人将所购买的商品房转让给新的购买人的行为	①按照规定房地产企业应收取更名费时： 借：银行存款/库存现金（收到的更名费） 　贷：营业外收入 ②发生销售更名时，应单独编制会计分录反映，按已交房款，在“预收账款”账户贷方做相反登记，直接从原客户“预收账款”账户贷方红字转入新客户“预收账款”账户贷方。摘要注明“×××更名为×××”字样
2	销售退房	销售退房和销售更名一样，是局限于商品房预售阶段的业务。商品房已经竣工并交付给购房人后发生的退房业务不属于这里所定义的销售退房	购房者在商品房预售阶段发生退房时，按购房者原交付的房款金额，登记“预收账款”账户的贷方红字，按收取的罚款等金额，贷记“营业外收入”账户，按实际退回的销售款，贷记“银行存款”“库存现金”等账户
3	销售换房	销售换房是指在商品房预售阶段发生的，购买人将其原购买的商品房更换为新的商品房，并相应结算销售差价的行为	账务处理时不走退房程序，直接从原房源“预收账款”账户贷方红字转入新房源“预收账款”账户贷方

（七）商品房销售成本的结转

商品房销售成本的核算是本着收入和成本配比的原则进行的，即房地产企业根据收入确认原则确认实现销售收入和销售面积时，应同时结转相应的开发产品销售成本。

1. 销售成本结转的账户设置

销售成本结转主要涉及两个会计账户，即“开发产品”账户和“主营业务成本”账户。

（1）“开发产品”账户。

开发产品是指建造完成后以备出售的产品。为区分不同用途的开发产品成本、实现不同开发产品的销售收入和发生的成本准确配比，应该按照开发产品的不同类别在“开发产品”账户下设置“已完工开发产品”和“出租开发产品”两个二级明细账户，在明细账户下按照项目，分期、分产品进行辅助核算。

“出租开发产品”是指根据经营需要短期内（一般不超过一个年度）作为出租用途，以后再对外销售的开发产品。此处的开发产品不计提折旧。

“已完工开发产品”核算出售开发产品。

（2）“主营业务成本”账户。

“主营业务成本”账户核算房地产企业对外转让、销售、结算开发产品等应结转的成本。与投资性房地产和固定资产有关的成本不在本账户中核算。

项目结转销售收入时，根据结转收入的房号，相应地结转成本。借记“主营业务成本”账户，贷记“开发产品”账户。期末，应将“主营业务成本”账户的余额转入“本年利润”账户，结转后“主营业务成本”账户应无余额。

2. 产成品入库的核算

开发产品竣工验收达到预定可使用状态、成本结算完成后，应编制库存产品成本明细表，详细列明每种开发产品的总成本、总面积、单位面积成本和总套数等信息。库存产品的分类要根据核算对象的划分和实际核算需要进行确定。开发产品成本明细表作为开发产品成本结转库存产品成本的依据，应附在凭证后面，借记“开发产品”的相关明细账户，贷记“开发成本”的相关明细账户。

实例

ABC房地产公司开发的项目，于2017年12月竣工交付，该商品房全部对外销售，开发过程中共发生生产成本50 000万元。商品房竣工交付时，该公司根据有关原始凭证结转库存产品成本，应编制如下会计分录：

借：开发产品　　500 000 000

　贷：开发成本　　500 000 000

3. 产成品出库的核算

会计期末根据收入确认原则分产品确认实现的销售收入和销售面积，同时根据实现的销售面积结转相应的开发产品销售成本。

结转的已实现销售开发产品成本＝实现的销售面积×该开发产品单位面积成本

其账务处理为：

借：主营业务成本

　贷：开发产品

房地产企业在结转销售成本时，编制销售产品成本明细表并附在凭证后，该表详细登记实现销售的每套房源的信息。

实例

ABC房地产公司开发的项目，于2017年12月竣工交付，该商品房全部对外销售，开发过程中共发生生产成本50 000万元。该项目总可售建筑面积为10万平方米，商品房竣工交付时，已实现销售建筑面积6万平方米，该公司根据有关原始凭证结转开发产品销售成本，其账务处理如下：

该开发产品单位面积成本＝总成本÷总可售建筑面积＝50 000÷10＝5 000（元/平方米）

结转的已实现销售开发产品成本＝实现的销售面积×该开发产品单位面积成本＝6×5 000＝30 000（万元）

借：主营业务成本　　300 000 000

　贷：开发产品　　300 000 000

4. 产成品出库后成本支出的核算

在开发产品成本结转完后又发生成本支出情况下，会造成库存开发产品成本与实际成本不符，两者的差异叫成本差。

在发生差异的开发产品已经全部销售情况下，成本差记入“销售费用——其他”账户。

在没有全部销售的情况下，发生的成本差先通过“开发成本”账户归集，然后转入“开发产品”账户，调整剩余库存商品成本，重新计算未售库存商品单位面积成本。

实例

ABC房地产公司开发的项目，于2017年12月竣工交付，并相应结转收入和成本。2018年1月该项目又发生成本4 000万元，此时的累计销售比例为80%。该公司根据有关原始凭证结转开发产品销售成本，应编制如下会计分录：

（1）归集成本差时：

借：开发成本　　40 000 000

　贷：银行存款　　40 000 000

（2）结转成本差时：

借：开发产品　　40 000 000

　贷：开发成本　　40 000 000

2018年3月，该项目又发生成本1 000万元，2018年2月底时，该项目已全部销售完毕，并结转了收入和成本。该公司应做如下会计分录：

借：销售费用——其他　　10 000 000

　贷：银行存款　　10 000 000

三、代建工程结算收入的核算

代建工程是指房地产开发企业接受其他单位委托，代为开发建设的各项工程，包括建设场地、房屋、市政工程等。代建工程也是房地产企业经营业务的一个重要组成部分。

（一）代建工程收入的确认和计量

《企业会计准则第15号——建造合同》规定，建造合同是指为建造一项或数项在设计、技术、功能、最终用途等方面密切相关的资产而订立的合同。

房地产企业的代建工程一般是房地产企业为委托方代建的房屋、建设场地或市政工程，是先签合同后建造，价值大，建造期长，具有不可取消性。总的看来代建工程符合建造合同的特点，所以房地产企业代建工程的收入核算应按照建造合同的方法来确认、计量收入和费用。具体来讲可分为同一会计年度和跨年度两种情况。

1. 建造活动在同一会计年度完工的代建工程

建造活动在同一会计年度完工的，可以采用完成合同法，即在合同完工时确认收入和费用。

2. 建造活动跨年度的代建工程

建造活动跨年度的代建工程，又分为建造结果能可靠估计的建造合同和建造结果不能可靠估计的建造合同，对于这两种情况应采用不同的方法确认收入和费用。

（1）建造结果能可靠估计的建造合同

建造结果能可靠估计的建造合同应采用完工百分比法确认收入和费用。完工百分比法是根据合同完工进度确认收入和费用的方法。完工百分比法的应用主要包括如下步骤：

①确定工程的完工进度。完工进度的确定有三种方法，见下表。

完工进度的确定方法

序号	方　法	计　算　公　式
1	累计实际发生的合同成本占合同预计总成本的比例	$合同完工进度=\frac{累计实际发生的合同成本}{合同预计总成本}\times 100\%$
2	累计已经完成的合同工作量占合同预计总工作量的比例	$合同完工进度=\frac{累计已经完成的合同工作量}{合同预计总工作量}\times 100\%$
3	实际测定的完工进度	由专业人员现场进行科学测定

②根据完工百分比确认和计量当期的收入和费用。可用以下公式计算：

当期确认的收入＝（合同总收入×完工进度）－以前年度累计确认的收入

当期确认的费用＝（合同总成本×完工进度）－以前年度累计确认的合同费用

当期确认的合同毛利＝当期确认的合同收入－当期确认的合同费用

在执行合同过程中，如果出现合同总成本大于总收入的情况，企业应预计损失，按照合同总成本超过合同总收入的差额与未完成部分比例的乘积计提资产减值损失。

（2）建造结果不能可靠估计的建造合同

建造结果不能可靠估计的建造合同，不能采用完工百分比法确认收入和费用，应区别以下两种情况处理，如下图所示：

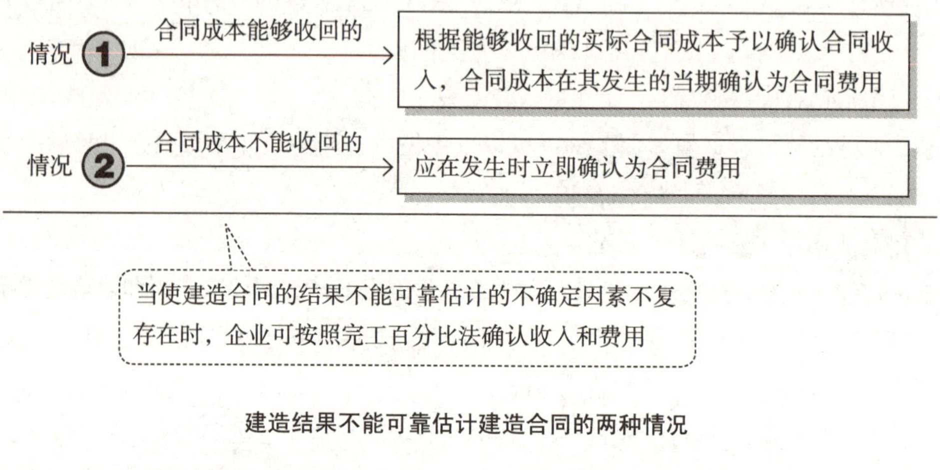

建造结果不能可靠估计建造合同的两种情况

（二）代建工程收入的账务处理

1. 账户设置

房地产企业代建工程的核算除了用到“主营业务收入”“主营业务成本”“银行存款”“原材料”等账户外，还用到两个专门账户，如下图所示。

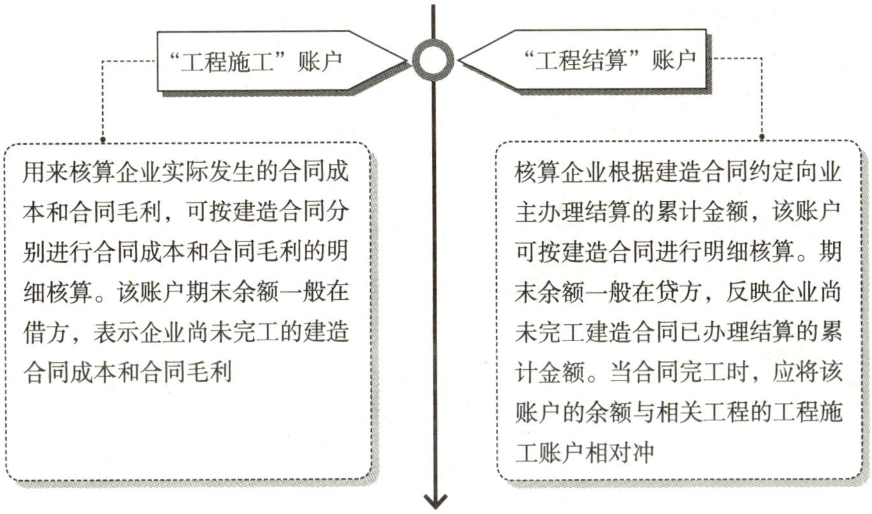

代建工程收入核算的账户

2. 账务处理

（1）同一会计年度完工的建造合同

同一会计年度完工的建造合同的账务处理，如下表所示。

同一会计年度完工的建造合同的账务处理

序号	业　务	账　务　处　理
1	在施工过程中，当企业发生支出时	借：工程施工——合同成本 　贷：原材料、应付职工薪酬等账户
2	与委托方进行结算时	借：应收账款 　贷：工程结算
3	建造合同完工时	借：主营业务成本 　　工程施工——合同毛利 　贷：主营业务收入 借：工程结算 　贷：工程施工

（2）代建工程跨年度，建造结果能可靠估计的建造合同

代建工程跨年度，建造结果能可靠估计的建造合同的账务处理见下表。

代建工程跨年度，建造结果能可靠估计的账务处理

序号	业务	账务处理
1	在施工过程中，当企业发生支出时	借：工程施工——合同成本（按照实际发生额） 　贷：原材料、应付职工薪酬等账户
2	当企业向业主办理价款结算时	借：应收账款（按照结算金额） 　贷：工程结算
3	资产负债表日，确认收入和费用时	首先计算出完工进度，再计算出当期应确认的收入、费用和毛利，会计分录如下： 借：主营业务成本 　　工程施工——合同毛利 　贷：主营业务收入
4	当合同总成本大于总收入时	借：资产减值损失（按计算的金额） 　贷：存货跌价准备
5	合同完工时	当期确认的合同收入＝合同的总收入－以前年度累计确认的收入 当期确认的合同费用＝合同的总成本－以前年度累计确认的成本 当期确认的毛利＝当期的合同收入－当期的合同费用 会计分录如下： 借：主营业务成本 　　工程施工——合同毛利 　贷：主营业务收入 借：工程结算 　贷：工程施工 把计提的预计损失转入主营业务成本： 借：存货跌价准备 　贷：主营业务成本

（3）建造结果不能可靠估计的建造合同

①在施工过程中，当企业发生支出时，按照实际发生额记入：

借：工程施工——合同成本

　贷：原材料、应付职工薪酬等账户

②当企业向业主办理价款结算时，按照结算金额记入：

借：应收账款

　贷：工程结算

③在确认收入时，其会计分录为：

借：主营业务成本（按照实际发生的支出）

　贷：主营业务收入（按实际收到或预计能收回的金额）

　　工程施工——合同毛利（两者差额）

四、土地和配套设施转让收入的核算

（一）土地转让收入的核算

房地产开发企业开发的商品性土地，可以将土地使用权进行转让。但在向其他单位转让时，必须按照法律和合同的规定，投入相当的资金，完成相应的开发。

（1）对其他单位转让的土地，应在移交转让土地，并将发票账单提交买主时，将其转让价格记入“银行存款”“应收账款”等账户的借方和“主营业务收入——土地转让收入”账户的贷方。企业应做如下会计分录入账：

借：银行存款

　贷：主营业务收入——土地转让收入

（2）月份终了，应将转让土地的实际开发成本自“开发产品——商品性土地”账户的贷方结转“主营业务成本——土地转让成本”账户的借方。企业应做如下会计分录入账：

借：主营业务成本——土地转让成本

　贷：开发产品——商品性土地

（二）配套设施转让收入的核算

开发企业在房地产开发过程中按照城市建设规划开发的大配套设施如商店、邮局、银行储蓄所等，可以进行有偿转让。

对有关单位有偿转让的配套设施，房地产企业应在办理财产交接手续，并在将配套设施工程价款账单提交有关单位时，按其转让价格记入“银行存款”“应收账款”等账户的借方和“主营业务收入——配套设施销售收入”账户的贷方，做如下会计分录入账：

借：银行存款

　　应收账款

　贷：主营业务收入——配套设施销售收入

开发企业如将开发的大配套设施如商店用于本企业从事第三产业经营用房，应视同自用“固定资产”进行处理，并将用于经营的配套设施的实际开发成本，自“开发产品——配套设施”账户的贷方转入“固定资产”账户的借方。企业应做如下会计分录入账：

借：固定资产

　贷：开发产品——配套设施

五、出租营业收入的核算

房地产开发企业开发的土地和房屋，除了销售和转让外，还可以对外进行商业性出租，获得土地和房屋租金收入。

（一）出租营业收入的确认

对于出租的土地和房屋，如果在出租合同或出租协议规定日期内收取租金，应视为经营收入的实现；如果出租合同或出租协议规定的日期已到，租用方未付租金的，仍应视为营业收入的实现。

（二）出租营业收入的核算

收入实现时，借记“银行存款”或“应收账款”账户，贷记“主营业务收入”账户。

企业用于出租营业的土地和房屋，在签订出租合同或出租协议后，应将土地和房屋的实际成本，由“开发产品”账户转入“出租开发产品”账户，出租开发产品实际成本，应按照使用期限分期平均摊入经营成本。

实例

ABC房地产公司开发建成的房屋对外出租，与承租人签订出租合同，按合同规定，出租房每月租金收入100 000元，出租房的实际开发成本为1 600 000元。

（1）根据出租合同，将出租房的实际开发成本1 600 000元转账，根据有关凭证，该公司应编制如下会计分录：

借：出租开发产品　　1 600 000

　贷：开发产品　　1 600 000

（2）该房地产公司收到本期出租房的租金40 000元，款项存入银行，根据有关凭证，应编制如下会计分录：

借：银行存款　　40 000

　贷：主营业务收入——出租产品租金收入　　40 000

（3）该房地产公司按0.3%的摊销率，摊销出租房屋的成本。

本月应摊销金额＝1 600 000×0.3%＝4 800（元）

其会计分录如下：

借：主营业务成本　　4 800

　贷：出租开发产品　　4 800

（4）该房地产公司按照出租合同日期，应向承租人收取租金40 000元，合同日期已过，承租人尚未付款，根据有关凭证，该公司应编制如下会计分录：

借：应收账款　　40 000
　贷：主营业务收入　　40 000

同时：

借：主营业务成本　　4 800
　贷：出租开发产品　　4 800

（5）该房地产公司出租房发生维修费用10 000元，以银行存款支付。根据有关凭证，该公司应做如下会计分录：

借：主营业务成本　　10 000
　贷：银行存款　　10 000

（三）免租期收入的账务处理

房地产企业在出租业务中，有时会给承租人一定额度的租金优惠，而租金优惠往往以免租期的形式体现。

免租期租金收入确认的原则为：出租人提供免租期的，租赁期间总租金在租赁期内（含免租期）按直线法分摊，按分摊金额确认免租期以及非免租期的租金收入。

实例

ABC房地产公司将一房产出租给甲客户，租赁合同从2014年10月1日至2017年12月31日，免租期为3个月（即从2014年10月1日至2014年12月31日），第一年租金为420万元，此后每年递增10%。租金分3年支付，每年于年底支付当年租金。则该公司应编制如下会计分录：

（1）计算租赁期间总租金：

总租金＝420＋420×110%＋420×110%×110%＝1 390（万元）

（2）计算每月租金收入：

每月租金收入＝1390÷（36＋3）＝35.64（万元）

（3）免租期与非免租期每月确认出租收入时：

借：预收账款　　356 400
　贷：其他业务收入　　356 400

（4）2014年年末收到租金时：

借：银行存款　　4 200 000
　贷：预收账款　　4 200 000

企业在税务处理上应注意的是：

免租期虽然确认了收入，但不需要缴纳营业税。

免租期内企业所得税的计税收入为零，企业不需要计算缴纳企业所得税。待实际取得或按合同约定企业应取得租金的年度，再按合同约定金额确认计税收入，计算缴纳企业所得税。

免租期内企业应按会计确认的租金收入计算缴纳房产税。

（四）出租地产转销售的核算

1. 出售收入的核算

房地产开发企业出租经营土地和房屋，如果中途改变用途，将其作为商品对外销售，应在销售实现时，做下图所示账务处理：

按照售价 ➡ 借：银行存款
　　应收账款
　贷：主营业务收入

按照出租产品的摊余价值 ➡ 借：主营业务成本（出租产品的摊余价值）
　　出租开发产品——出租产品摊销（出租产品累计摊销）
　贷：出租开发产品——出租产品（出租产品的原价）

出售收入的核算要点

2. 土地成本的结转

房地产开发企业开发完成用于出租的土地，应在签订出租合同、协议后，按照土地的实际成本借记“出租开发产品”账户，贷记“开发产品”账户。如果合同、协议规定出租土地的全部租金一次收回，应设置“递延出租收入”账户。“递延出租收入”账户核算已收回，但应递延到以后各期的收入，在租赁期内将其平均转作当期收入，同时结转相关成本。

房地产开发企业出租土地一次性收回租金时，应做下图所示会计分录：

收到承租人交来的租金时 ➡ 借：银行存款
　贷：递延出租收入

每期转作收入时 ➡ 借：递延出租收入
　贷：主营业务收入

在结转收入时，同时结转相关的成本 ➡ 借：主营业务成本
　贷：出租开发产品

出租土地一次性收回租金时的会计处理要点

六、其他收入的核算

（一）商品房售后服务收入的核算

1. 商品房售后服务收入的会计处理

房地产开发企业的商品房售后服务是指企业接受其他单位的委托，对已经销售出去的商品房进行管理，如房屋及其所属设备的维修、电梯看管、卫生清理、治安管理等劳务性的服务。企业提供的这种售后服务，可向用户收取服务费，形成商品房售后服务收入，企业提供售后服务所取得的收入，按照税法规定，要缴纳税金。在提供这些服务的同时，也会发生与收入相关的支出。

实例

ABC房地产公司销售商品房后，在住房小区设立了管理处，为住户提供治安保卫、卫生清洁、电梯看管和房屋维修等多项服务，并按月向用户收取管理费用。假设某月向住户收取的全部管理费用为50 000元，其有关会计处理如下：

	借方	贷方
借：银行存款	50 000	
贷：其他业务收入		50 000

2. 商品房售后服务支出的核算

房地产开发企业发生的商品房售后服务支出，应根据有关凭证，借记“其他业务成本”账户，贷记“银行存款”“原材料”“应付职工薪酬”等账户。

实例

ABC房地产公司某住房小区管理处当月发生下列支出：管理人员工资40 000元，应付福利费5 600元，以银行存款支付卫生用具费6 000元，材料支出10 000元。根据有关凭证，该公司应编制如下会计分录：

	借方	贷方
借：其他业务成本	61 600	
贷：应付职工薪酬——工资		40 000
应付职工薪酬——福利费		5 600
银行存款		6 000
原材料		10 000

（二）固定资产出租收入的核算

房地产开发企业的固定资产出租是指企业将不需用的固定资产对外出租。这里所讲的固定资产出租与企业开发的土地和房屋出租是不同的，固定资产出租是企业将其本身所拥有的劳动资料对外出租，房地产开发企业对外出租的土地和房屋，属于企业开发建设的产品，是企业拥有的存货，两者有着本质的区别。企业将不用的固定资产对外出租，取得固定资产的出租收入，相应地也会发生固定资产的折旧、修理等费用。

1. 固定资产出租收入的会计处理

房地产企业的机械设备等固定资产出租是企业将本身所拥有的劳动资料对外出租，这对房地产企业来说，属于非主营业务，其取得的租金收入应记入“其他业务收入”账户。

实例

ABC房地产公司将不需要的库房对外出租，本月取得租金收入10 000元，款项存入银行。该公司应做如下会计分录：

借：银行存款　　10 000

　贷：其他业务收入　　10 000

2. 出租固定资产折旧费的提取

房地产开发企业对外出租固定资产应提取出租固定资产的折旧费，按月提取折旧费时，借记“其他业务成本”账户，贷记“累计折旧”账户。

实例

ABC房地产公司提取出租固定资产的折旧费5 000元。该公司应编制如下会计分录：

借：其他业务成本　　5 000

　贷：累计折旧　　5 000

（三）材料销售收入的核算

房地产开发企业的材料销售是指企业将不需用的库存材料对外销售。房地产开发企业的营业周期一般比较长，一个项目开发结束后，隔一段时间才能开发下一个项目，如果企业在开发产品时的材料物资有剩余，就要进行销售处理，销售材料取得的价款，构成企业的材料销售收入，材料销售收入按规定应缴纳税金。

1. 材料销售收入的会计处理

房地产企业销售材料取得的价款，也是企业的一项其他业务收入，应记入“其他业务收入”账户。

实例

ABC房地产公司在开发项目结束后，将一批库存材料对外销售，材料成本为40 000元，售价为54 000元。材料价款收到后存入银行。该公司应做如下会计分录：

借：银行存款　　54 000

　贷：其他业务收入　　54 000

无形资产转让业务收入的核算已在有关章节介绍，这里不再多述。

2. 销售材料成本的结转

房地产开发企业对外销售材料，应结转其材料成本。结转成本时，借记“其他业务成本”账户，贷记“原材料”账户。

实例

ABC房地产公司将库存材料对外销售，材料成本为60 000元，根据有关凭证，该公司编制如下会计分录：

借：其他业务成本　　60 000

　贷：原材料　　60 000

房地产开发企业取得的各项其他业务收入，按照税法的规定应缴纳各种税金，在按规定计提各种税金时，借记“其他业务成本”账户，贷记“应交税费”账户。

第七章　房地产企业纳税业务的核算

房地产开发企业主要涉及的税种有增值税、城建税、教育费附加、土地增值税、房产税、印花税、企业所得税、个人所得税以及契税等。

一、增值税的核算

房地产业本来是缴纳营业税，但2016年5月1日全面推行“营改增”后，房地产建筑业的营业税也改征增值税。

营业税改征为增值税在会计核算方面对于房地产建筑企业的影响是比较大的。房地产企业在进行会计核算时，需要在应交税费账户中设置“应交增值税”和“未交增值税”两个二级科目：应交税费——应交增值税、应交税费——未交增值税。

在“应交税费——应交增值税”二级科目下设置“进项税额”“已交税金”“减免税额”“转出未交增值税”“销项税额”“进项税额转出”“转出多交增值税”等专栏，如下表所示。

应交增值税二级科目下的专栏

序号	专栏	说明
1	进项税额	可以抵扣的进项税额
2	已交税金	当月缴纳本月增值税额
3	减免税额	减免的增值税额
4	转出未交增值税	月终转出应缴未缴增值税（贷记：应交税费——未交增值税）
5	销项税额	销售货物或应税劳务应收取的增值税额
6	进项税额转出	购进货物、在产品、产成品等发生非正常损失以及其他原因不应从销项税额中抵扣，而应从进项税额中转出
7	转出多缴增值税	月终转出多缴增值税（借记：应交税费——未缴增值税）

“营改增”后，分为销售房产、购入货物及应税劳务两种情况，其会计核算要求如下表所示。

会计核算要求

情况	会计分录
房地产企业出售不动产	借：银行存款 　贷：主营业务收入 　　　应交税费——应交增值税——销项税额 借：主营业务成本 　贷：存货 若本期增值税销项税额大于本期增值税进项税额，则需要缴纳增值税。其会计分录为： 借：银行存款 　贷：应交税费——应交增值税 借：营业税金及附加——主营业务 　贷：应交税费——应交城市维护建设税 　　　应交税费——教育费附加 借：应交税费——应交城市维护建设税 　　应交税费——教育费附加 　贷：银行存款
房地产企业购入货物及应税劳务	借：固定资产/无形资产/存货 　　应交税费——应交增值税——进项税额 　贷：银行存款

实 例

ABC房地产公司准备开发一个居民小区，开发规划建造A居民楼10 000平方米和B居民楼15 000平方米。在此开发建设过程中，主要发生了下列有关业务：

①公司用银行存款支付土地征用及拆迁补偿费1 500万元、前期工程费111万元和基础设施费777万元。

②待土地全部开发完工后，公司按建筑面积比例计算并作结转土地的开发成本。

③将两栋居民楼的建筑安装工程发包给一家建筑公司施工，合同上标明的工程价款为2 000万元，预付款项1 200万元，现工程完工验收后用银行存款支付其余款项。已知A、B居民楼的建筑安装预算成本分别为1 100万元、1 400万元，按建筑安装预算成本分配工程款。

④所有工程全部竣工，计算并作结转完工的A、B居民楼的开发成本。

⑤出售B居民楼，出售价3 700元/平方米，收到款项存入银行。

该公司就以上业务进行如下账务处理：

支付土地征用及拆迁补偿费：

借：开发成本 15 000 000

贷：银行存款 15 000 000

支付前期工程费：

借：开发成本 1 000 000

应交税费——应交增值税（进项税额） 110 000

贷：银行存款 1 110 000

支付基础设施费：

借：开发成本 7 000 000

应交税费——应交增值税（进项税额） 70 000

贷：银行存款 7 770 000

按建筑面积计算并结转土地开发成本：

借：开发成本——房屋开发——A楼 7 927 927.91

——B楼 10 090 090.09

应交税费——应交增值税（进项税额） 1 981 982.00

贷：应付账款 20 000 000

工程完工验收后结算工程款：

借：应付账款 20 000 000

贷：预付账款 12 000 000

银行存款 8 000 000

结算完工商住楼的开发成本：

借：开发产品——商品房——A楼 17 552 000

——B楼 26 328 000

贷：开发成本——房屋开发——A楼 17 552 000

——B楼 26 328 000

出售B商住楼：

借：银行存款 55 500 000

贷：主营业务收入 50 000 000

应交税费——应交增值税（销项税额） 5 500 000

借：主营业务成本 26 328 000

贷：开发产品——商品房——B楼 26 328 000

计提城建税、教育费附加：

借：营业税金及附加　　440 000

　贷：应交税费——应交城建税　　275 000

　　　　　　——应交教育费附加　　165 000

二、土地增值税的核算

（一）土地增值税的税务处理

房地产开发公司在转让国有土地使用权、地上建筑物及其附着物（简称“房地产”）时，就其转让房地产所取得的增值额征收土地增值税。土地增值税按照转让房地产所取得的增值额和适用税率计算征收。其计算公式如下所示。

应纳税额＝∑（每级距的土地增值额×适用税率）

或：

应纳税额＝土地增值额×适用税率－扣除项目金额×速算扣除率

增值额未超过扣除项目金额50%时：

土地增值税税额＝增值额×30%

增值额超过扣除项目金额50%，未超过100%时：

土地增值税税额＝增值额×40%－扣除项目金额×5%

增值额超过扣除项目金额100%，未超过200%时：

土地增值税税额＝增值额×50%－扣除项目金额×15%

增值额超过扣除项目金额200%时：

土地增值税税额＝增值额×60%－扣除项目金额×35%

公式中的5%、15%、35%为速算扣除系数。

（二）土地增值税的账务处理

开发和销售房地产是房地产开发企业的主营业务，所以，房地产开发企业转让国有土地使用权、地上建筑物及其附着物，其收入应通过“主营业务收入”等账户进行核算。由于土地增值税是在转让房地产的流转环节缴纳，并且是为了取得当期营业收入而支付的费用，因此，土地增值税应同营业税的会计处理相同，具体如下图所示。

按销售房地产取得的增值额和规定的税率计算的土地增值税	➡	借：营业税金及附加 　贷：应交税费——应交土地增值税
实际上缴时	➡	借：应交税费——应交土地增值税 　贷：银行存款

土地增值税的账务处理要求

实例

ABC房地产公司销售房地产取得转让收入2 000 000元，扣除项目金额为1 200 000元。计算该企业应纳的土地增值税额并做会计处理。

（1）应纳税额的计算。

增值额＝2 000 000−1200 000＝800 000（元）

增值额与扣除项目金额的比率＝800 000÷1200 000≈67%

应纳税额＝800 000×40%−1200 000×5%＝26（万元）

（2）会计处理如下：

①取得房地产转让收入时：

借：银行存款　　　2 000 000

　贷：主营业务收入　　　2 000 000

②计提土地增值税时：

借：营业税金及附加　　　260 000

　贷：应交税费——应交土地增值税　　　260 000

③实际缴纳税款时：

借：应交税费——应交土地增值税　　　260 000

　贷：银行存款　　　260 000

（三）现房销售的土地增值税核算

在现货房地产销售情况下，土地增值税的核算要求如下图所示。

- 采用一次性收款、房地产移交使用、发票账单提交买主、钱货两清等方式
  - 以房地产已经移交和发票结算账单提交买主时作为销售实现 → 借：银行存款
    贷：主营业务收入
  - 同时，计算应由实现的营业收入负担的土地增值税 → 借：营业税金及附加
    贷：应交税费——应交土地增值税

- 采用赊销、分期收款方式销售房地产的，应以合同规定的收款时间作为销售实现，分次结转收入
  - 销售实现时 → 借：银行存款/应收账款
    贷：主营业务收入
  - 同时，计算应由实现的营业收入负担的土地增值税 → 借：营业税金及附加
    贷：应交税费——应交土地增值税

土地增值税的核算要求

实例

ABC房地产公司转让高级公寓一栋，获得货币收入7 500万元，获得购买方原准备盖楼的钢材2 100吨（每吨2 500元）。公司为取得土地使用权支付1 450万元，开发土地、建房及配套设施等支出2 110万元，支付开发费用480万元（其中利息支出295万元，未超过标准），支付转让房地产的有关税金47万元。应纳土地增值税为1 053.6万元。

做会计分录如下：

（1）收入实现时：

借：银行存款　　75 000 000

　贷：主营业务收入　　75 000 000

借：原材料　　5 250 000

　贷：主营业务收入　　5 250 000

（2）计提土地增值税时：

土地增值税应税收入＝7 500+525＝8 025（万元）

土地增值税扣除金额＝1 450+2 110+（1 450+2 110）×5%+295+（1 450+2 110）×20%＝4 745（万元）

增值额＝8 025−4 745＝3 280（万元）

应纳税额＝3 280×40%−4 745×5%＝1 074.75（万元）

借：营业税金及附加　　10 747 500

　贷：应交税费——应交土地增值税　　10 747 500

（四）期房销售的土地增值税核算

1. 商品房预售的条件

按照《中华人民共和国城市房地产管理法》的规定，商品房可以预售，但应符合下图所列条件：

条件一　已交付全部土地使用权出让金，取得土地使用权证书

条件二　持有建设工程规划许可证

条件三　按提供预售的商品房计算，投入开发建设的资金达到总投资的25%以上，并已经确定工程进度和竣工交付日期

条件四　向县级以上人民政府房产管理部门办理预售登记，取得商品房预售许可证明

商品房可以预售的条件

2. 期房销售的土地增值税核算

期房销售的土地增值税核算要求如下表所示。

期房销售的土地增值税核算要求

业务		会计分录
商品房交付使用前采取一次性收款或分次收款的	收到购房款时	借：银行存款 　贷：预收账款
	按规定预缴土地增值税时	借：应交税费——应交土地增值税 　贷：银行存款
待该商品房交付使用后	开出发票结算账单交给买主时，作为收入实现	借：应收账款 　贷：主营业务收入
	同时，将“预收账款”转入“应收账款”，并计算由实现的营业收入负担的土地增值税	借：营业税金及附加 　贷：应交税费——应交土地增值税

（续表）

业务		会计分录
该项目全部竣工、办理决算后进行清算	企业收到退回多缴的土地增值税时	借：银行存款 　贷：应交税费——应交土地增值税
	补缴土地增值税时	借：应交税费——应交土地增值税 　贷：银行存款

实例

ABC房地产公司2017年度进行商品房开发，在未竣工前该企业已取得收入1 800万元，土地增值税按2%的征收率实行预缴。年末，该项工程全部竣工且销售收入已实现，企业当年应缴纳土地增值税32万元。按照税法规定，税务机关对该项竣工的工程进行了清算，经清算应补缴土地增值税6万元。试对该企业缴纳的土地增值税进行账务处理。

（1）预缴土地增值税时：

预缴土地增值税＝1 800×2%＝36（万元）

借：应交税费——应交土地增值税　　360 000
　贷：银行存款　　360 000

（2）工程竣工后，计提土地增值税时：

借：营业税金及附加　　320 000
　贷：应交税费——应交土地增值税　　320 000

（3）企业多缴税款时：

企业多缴土地增值税＝36−32＝4（万元）

借：银行存款　　40 000
　贷：应交税费——应交土地增值税　　40 000

（4）经税务机关清算补缴税款时：

借：营业税金及附加　　60 000
　贷：应交税费——应交土地增值税　　60 000

借：应交税费——应交土地增值税　　60 000
　贷：银行存款　　60 000

房地产开发企业将自己作为固定资产管理使用的房屋、建筑物等对外转让，视同非房地产开发企业销售房地产业务，比照“非房地产开发企业土地增值税的核算”处理。

三、企业所得税的核算

根据税法规定，采取预售方式销售开发产品的房地产开发企业，其当期取得的预售收入先按规定的利润率计算出预计营业利润额，再并入当期应纳税所得额统一计算缴纳企业所得税，待开发产品完工时再进行结算调整。

因此，开发产品未完工阶段，虽然在会计核算上不存在销售收入和会计利润，但房地产企业还是需要预缴企业所得税。开发产品完工后，形成销售收入和会计利润时，再进行企业所得税的清算。

（一）所得税的会计处理原则

所得税的会计处理原则如下表所示。

所得税的会计处理原则

<table>
<tr><th>时间点</th><th>业务</th><th>会计分录</th></tr>
<tr><td>日常会计处理</td><td>支付预缴所得税时</td><td>借：应交税费——应交所得税
　贷：银行存款</td></tr>
<tr><td rowspan="3">期末（季末、半年末和年末）会计处理</td><td>根据会计利润与调整事项计算出应交税金</td><td>借：所得税费用
　贷：应交税费——应交所得税</td></tr>
<tr><td>计算出本期递延所得税负债增加额</td><td>借：所得税费用
　贷：递延所得税负债</td></tr>
<tr><td>计算出本期递延所得税资产增加额</td><td>借：递延所得税资产
　贷：所得税费用</td></tr>
<tr><td colspan="3">以上业务可合并会计分录为：
借：所得税费用（实际应交额+递延所得税负债本期增加额-递延所得税资产本期增加额）
　递延所得税资产（本期增加额，按可抵扣暂时性差异×税率）
　贷：递延所得税负债（本期增加额，按应纳税暂时性差异×税率）
　　应交税费——应交所得税（实际应交额）</td></tr>
</table>

（二）所得税会计处理的几种情况

对于房地产开发业务来说，所得税会计处理涉及的情况主要有下图所示三种：

① 年度亏损的所得税处理：房地产企业在开发开始年度，因未取得销售回款，所以往往出现亏损的情况

②➡ 预收房款的所得税处理 —— 房地产企业在开发过程中，会采取预售的方式收取售房款，按税法规定，应按预收房款的计税毛利计算并缴纳企业所得税。同时，房地产企业在预售时，应预缴营业税和土地增值税，按税法规定，预缴的税款可以在企业所得税前抵扣

③➡ 预提成本的所得税处理 —— 房地产企业在交付开发产品并结转收入时，工程决算往往不会马上完成，因此，要对开发成本进行预提

所得税会计处理涉及的三种情况

1. 年度亏损的所得税处理

年度亏损要经过税务机关调整，最终形成计税亏损，一般情况下，这部分亏损均可以在以后年度得到弥补，应按相应计算的可抵扣所得税，做如下会计分录入账：

借：递延所得税资产

　贷：所得税费用

特别提示

房地产企业应及时聘请税务师事务所做好纳税认定，特别是本年亏损的公司，确保此亏损金额可用以后年度盈利弥补，并作为计算递延所得税资产的依据。

实例

ABC房地产公司2017年亏损500万元，其中发生管理费用100万元，销售费用300万元，营业外收入50万元，营业外支出150万元。本年度需调整事项如下：招待费总计50万元，按规定20万元不得税前扣除。上述事项均已经税务部门或税务师事务所审核确认。

注：此种情况由于平常无预交所得税，只在期末时处理。

（1）计算应交所得税。

应纳所得额＝−500+20＝−480（万元）

应交所得税＝0（元）

（2）计算2016年度递延所得税资产及负债增加额。

注：前提是上述亏损在以后年度能够得到弥补，且有税务审计报告，则：

本期递延所得税资产增加额＝480×25%＝120（万元）

本期递延所得税负债增加额＝0（元）

（3）确认所得税费用。

所得税费用＝应交所得税+递延所得税负债本期增加额–递延所得税资产本期增加额

＝0+0–120＝–120（万元）

（4）账务处理。

借：递延所得税资产　　1 200 000

　贷：所得税费用　　1 200 000

2. 预收房款的所得税处理

预收房款时，房地产企业应按预收房款计算的计税毛利额扣除预缴的营业税和土地增值税后的净额，相应计算企业所得税金额，做如下会计分录入账：

借：递延所得税资产

　贷：所得税费用

实例

ABC房地产公司2017年亏损500万元，其中发生管理费用100万元，销售费用300万元，营业外收入50万元，营业外支出150万元。本年度累计已预缴所得税50万元。递延所得税资产期初数及递延所得税负债期初数为0。

本年度需调整事项如下：

（1）企业比税法规定多提坏账准备30万元。

（2）本年新增预收账款5 000万元（注：新增预收账款是指本期贷方累计发生额减去本期借方累计发生额，即净发生额，如为负数则前面加“–”号），按20%利润率并扣除营业税金（6.55%）合并在当期利润中预缴了所得税（缴纳的营业税金发生时，借记“应交税费”，贷记“银行存款”，待结转收入时，再转入“营业税金及附加”）。

（3）招待费总计50万元，按规定20万元不得税前扣除。

（4）期末对存货计提了60万元的存货跌价准备。

会计处理如下：

（1）平时预缴所得税。

借：应交税费——应交所得税　　500 000

　贷：银行存款　　500 000

（2）期末会计处理。

①计算2017年度应交所得税：

应纳税所得额＝−500+30+（5 000×20%−5 000×6.55%）+20+60

＝282.5（万元）

应交所得税＝282.5×25%＝70.625（万元）

②计算2017年度递延所得税资产及负债增加额：

多计提坏账准备30万元、存货跌价准备60万元均为可抵扣暂时性差异，预收账款则按照（5 000×20%−5 000×6.55%）整体作为可抵扣暂时性差异[注：也可只将1 000万元（5 000×20%）作为可抵扣暂时性差异，而把预缴的税金327.5万元（5 000×6.55%）作为应纳税暂时性差异并计算其递延所得税负债]，则：

本期递延所得税资产增加额＝可抵扣暂时性差异×25%

＝[30+60+（5 000×20%−5 000×6.55%）]×25%

＝190.625（万元）

本期递延所得税负债增加额＝0（元）

③确认所得税费用。

所得税费用＝70.625+0−190.625＝−120（万元）

④账务处理。

借：递延所得税资产　　1 906 250

　贷：应交税费——应交所得税　　706 250

　　所得税费用　　1 200 000

⑤本年补交所得税20.625万元时：

借：应交税费——应交所得税　　206 250

　贷：银行存款　　206 250

3. 预提成本的所得税处理

预提成本时，房地产企业应按预提成本计算相应的企业所得税金额，做如下会计分录入账：

借：递延所得税资产

　贷：所得税费用

实例

ABC房地产公司2017年利润500万元，其中预提成本100万元，该预提成本不能在税前扣除。该公司应调整应纳税所得额100万元，应缴纳企业所得税150万元。

（1）计算应交企业所得税时：

借：所得税费用　　1 500 000

　贷：应交税费——应交企业所得税　　1 500 000

（2）计算预提成本涉及的递延所得税资产时：

递延所得税资产＝100×25%＝25（万元）

借：递延所得税资产　　250 000

　贷：所得税费用　　250 000

四、房产税的核算

（一）房产税的税务处理

1. 征收方法

房产税依照房产原值一次减除10%～30%后的余值计算缴纳，具体减除幅度，由各省、自治区、直辖市人民政府规定，没有房产原值作为依据的，由房产所在地税务机关参考同类房产核定。依照房产余值计算缴纳房产税的，税率为1.2%。

房产出租的，以房产租金收入为房产税的计税依据，税率为12%。

2. 纳税义务发生时间

房产税的纳税义务发生时间如下图所示。

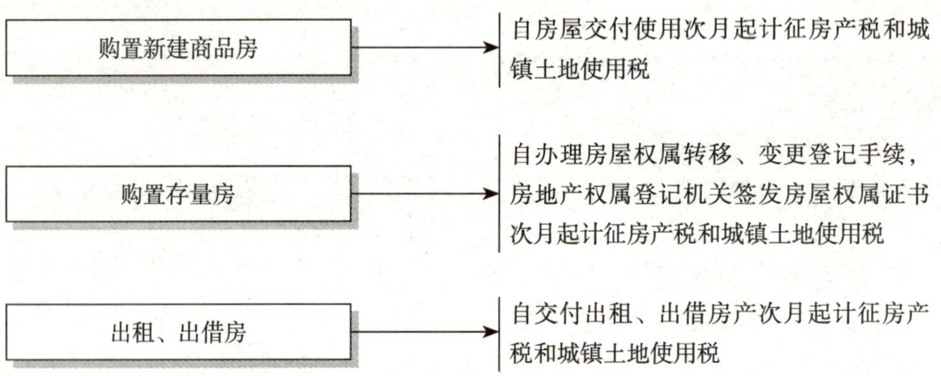

房地产开发企业自用、出租、出借本企业建造的商品房 → 自房屋使用或交付次月起计征房产税和城镇土地使用税

房产税的纳税义务发生时间

3. 缴纳时间

房产税按年征收、分期缴纳，纳税期限由各省、自治区、直辖市人民政府规定。

（二）房产税的核算

为了反映和核算企业应交、已交、多交或欠交房产税的情况，企业应设置“应交税费——应交房产税”科目进行核算。

1. 自用或自营物业房产税的核算

自用或自营物业房产税的核算要求如下表所示。

自用或自营物业房产税的核算要求

要求	业务时机	会计分录
总的要求	计算出应缴纳的自用或自营物业房产税时	借：管理费用 贷：应交税费——应交房产税
	实际上缴时	借：应交税费——应交房产税 贷：银行存款
直接在管理费用中列支的：对于企业按月缴纳或按季、半年或者一年缴纳的房产税且税款数额相对不大的，应直接计入缴纳当期的管理费用	按月计算出应缴纳的房产税时	借：管理费用 贷：应交税费——应交房产税
	实际以银行存款缴纳房产税时	借：应交税费——应交房产税 贷：银行存款
分期摊销房产税的：对于企业分季度、半年或者一年等期间缴纳的相关房产税，且金额比较大的，可以采用分期待摊的办法	按半年期限计算出应缴纳的房产税时	借：管理费用（当期应缴纳的房产税金额） 应交税费——应交房产税（预缴以后各期的房产税金额） 贷：应交税费——应交房产税（应缴纳的总金额）
	实际以银行存款缴纳房产税时	借：应交税费——应交房产税 贷：银行存款
	逐月进行分摊时	借：管理费用 贷：应交税费——应交房产税

实例

ABC房地产公司开发一个写字楼，该写字楼于2017年6月竣工并交付使用，写字楼由该房地产企业自行经营。按税法规定，2017年7月，该房地产企业缴纳下半年房产税120万元。该房地产企业根据相关原始凭证，编制会计分录如下：

（1）7月计算应缴纳下半年房产税时：

借：管理费用（本月承担金额）　　200 000

　　应交税费——应交房产税（预交金额）　　1 000 000

　贷：应交税费——应交房产税（应交总金额）　　1200 000

（2）7月实际缴纳房产税时：

借：应交税费——应交房产税　　1 200 000

　贷：银行存款　　1 200 000

（3）以后按月分摊房产税时：

每月分摊房产税＝120÷6＝20（万元）

借：管理费用　　200 000

　贷：应交税费——应交房产税　　200 000

2. 出租物业房产税的账务处理

出租物业房产税的账务处理如下图所示。

将物业对外出租，应按租金收入计算缴纳房产税 → 借：营业税金及附加
　贷：应交税费——应交房产税

实际缴纳时 → 借：应交税费——应交房产税
　贷：银行存款

出租物业房产税的账务处理要求

实例

ABC房地产公司将其开发的写字楼对外出租，2017年6月取得租金收入100万元，按税法规定，2017年6月应缴纳房产税12万元。该房地产企业根据相关原始凭证，编制会计分录如下：

（1）计算房产税时：

借：营业税金及附加　　120 000

　贷：应交税费——应交房产税　　120 000

（2）实际缴纳房产税时：

借：应交税费——应交房产税　　120 000

　贷：银行存款　　120 000

五、土地使用税的核算

（一）土地使用税的税务处理

土地使用税以纳税人实际占用的土地面积为计税依据，依照规定税额计算征收。土地使用税税率如下表所示。

土地使用税税率

级别	人口（人）	每平方米税额（元）
大城市	50万以上	1.5～30
中等城市	20万～50万	1.2～24
小城市	20万以下	0.9～18
县城、建制镇、工矿区	12万以下	0.6～12

（二）土地使用税的核算

为了反映和核算应交、已交、多交或欠交土地使用税的情况，企业应设置“应交税费——应交土地使用税”科目进行核算。

土地使用税的核算要求如下表所示。

土地使用税的核算要求

类别	业务	会计分录
自用或自营物业土地使用税	按规定计算出应缴纳的自用或自营物业土地使用税时	借：管理费用 　贷：应交税费——应交土地使用税
	实际上缴时	借：应交税费——应交土地使用税 　贷：银行存款

（续表）

类别	业务	会计分录
出租物业土地使用税	将物业对外出租，应计算缴纳土地使用税	借：营业税金及附加 　贷：应交税费——应交土地使用税
	实际缴纳时	借：应交税费——应交土地使用税 　贷：银行存款
开发建设阶段土地使用税	开发建设阶段的土地使用税	借：生产成本——土地拆迁及征用补偿费 　贷：应交税费——应交土地使用税
	实际缴纳时	借：应交税费——应交土地使用税 　贷：银行存款

实例

ABC房地产公司于2017年6月取得某地块，用于开发建设商品房，7月，该公司需缴纳下半年土地使用税120万元。该房地产企业根据相关原始凭证，编制会计分录如下：

（1）计算土地使用税时：

借：生产成本　　1 200 000

　贷：应交税费——应交土地使用税　　1 200 000

（2）实际缴纳土地使用税时：

借：应交税费——应交土地使用税　　1 200 000

　贷：银行存款　　1 200 000

第八章　房地产企业利润的核算

一、房地产开发企业利润的构成

房地产开发企业的利润总额一般由营业利润和营业外收支净额两部分组成。利润总额减所得税费用为净利润。净利润是可供企业进行分配的利润部分。利润总额和净利润可用下列公式计算求得：

利润总额＝营业利润＋营业外收入－营业外支出

净利润＝利润总额－所得税费用

（一）营业利润

营业利润是房地产开发企业利润总额中的主要部分。营业利润是房地产开发企业的营业活动（包括主营业务、其他业务、投资活动等）产生的利润。其计算公式如下：

营业利润＝营业收入－营业成本－期间费用－营业税金及附加－资产减值损失＋公允价值变动收益（－公允价值变动损失）＋投资收益（－投资损失）

营业利润计算公式中各项目的说明如下图所示。

1. 营业收入：指企业经营业务所确认的收入总额，包括主营业务收入和其他业务收入
2. 营业成本：指企业经营业务所发生的实际成本总额，包括主营业务成本和其他业务成本
3. 期间费用：指企业本期发生的、不能直接或间接归入营业成本，而是直接计入当期损益的各项费用，包括销售费用、管理费用和财务费用等
4. 营业税金及附加：指企业经营业务所发生的营业税、土地增值税、城市维护建设税、教育费附加等相关税费
5. 资产减值损失：指企业计提各项资产减值准备所形成的损失

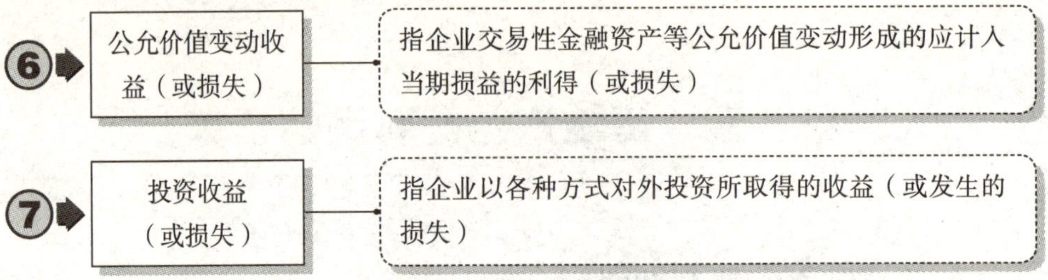

营业利润计算公式中各项目的说明

（二）利润总额

利润总额的计算公式是：利润总额＝营业利润＋营业外收入－营业外支出。

1. 营业外收入

（1）营业外收入的范围。

营业外收入是指企业发生的与日常活动无直接关系的各项利得。营业外收入不需要企业付出代价，实际上是企业经济利益的净流入。营业外收入主要包括非流动资产处置利得、盘盈利得、罚没利得、捐赠利得、确实无法支付而按规定程序经批准后转作营业外收入的应付款项等，见下图。

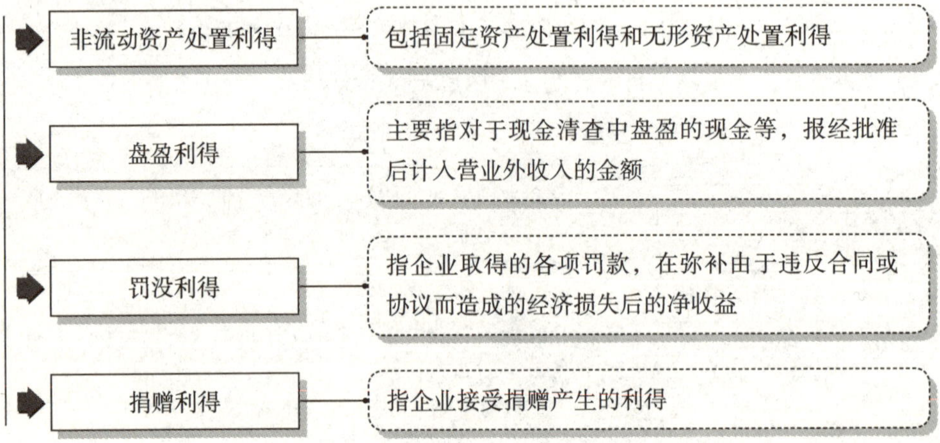

部分营业外收入项目说明

（2）营业外收入的会计处理。

为了核算企业的各项营业外收入，企业应设置“营业外收入”账户，该账户贷方登记企业发生的各项营业外收入，借方登记期末转入“本年利润”账户的营业外收入。结转后该账户应无余额。该账户应设置多栏式明细账，按照营业外收入的不同项目进行明细核算。

实例

1. ABC房地产公司将固定资产报废清理的净收益80 000元转作营业外收入，其会计分录如下：

借：固定资产清理　　80 000

　贷：营业外收入——非流动资产处置利得　　80 000

2. ABC房地产公司将本期营业外收入总额180万元期末结转到“本年利润”账户，其会计分录如下：

借：营业外收入　　1 800 000

　贷：本年利润　　1 800 000

2. 营业外支出

（1）营业外支出的内容。

营业外支出是指企业发生的与日常活动无直接关系的各项净损失，主要包括非流动资产处置损失、盘亏损失、罚款支出、公益性捐赠支出、非常损失等，见下图。

非流动资产处置损失	包括固定资产处置损失和无形资产处置损失
盘亏损失	主要指固定资产清查中盘亏的固定资产按确定的损失计入营业外支出的金额
罚款支出	指企业由于违反税法法规、经济合同等而支付的各种滞纳金和罚款
公益性捐赠支出	指企业对外进行公益性捐赠发生的支出
非常损失	指企业对于因客观因素（如自然灾害等）造成的损失，在扣除保险公司赔偿后应计入营业外支出的净损失

部分营业外支出项目说明

（2）营业外支出的会计处理。

为了核算企业发生的各种营业外支出，企业应设置“营业外支出”账户，该账户借方登记发生的各项营业外支出，贷方登记期末转入“本年利润”账户的营业外支出。结转后，本账户应无余额。该账户应设置多栏式明细账，按照营业外支出的不同项目进行明细核算。

实例

1. ABC房地产公司将发生的原材料意外灾害损失25万元转作营业外支出，其会计分录如下：

借：营业外支出——非常损失　　250 000

　贷：待处理财产损溢——待处理流动资产损溢　　250 000

2. ABC房地产公司用银行存款支付税款滞纳金30 000元，其会计分录如下：

借：营业外支出——罚没支出　　30 000

　贷：银行存款　　30 000

3. ABC房地产公司将本期营业外支出总额840万元期末结转到本年利润，其会计分录如下：

借：本年利润　　8 400 000

　贷：营业外支出　　8 400 000

（三）净利润

企业的净利润为企业利润总额扣除所得税后的净额。税法规定，企业在获取利润后，应按一定比例缴纳所得税。所得税作为企业的一种费用，可以从利润总额中扣减，从而得到净利润。其计算公式为：

净利润＝利润总额－所得税费用

所得税费用是指企业确认的应从当期利润总额中扣除的部分费用。

实例

ABC房地产公司1月共产生两项收入，一是销售商品房200套，总销售收入6 000万元，相应成本为4 000万元，二是出租房产取得租金收入1 000万元，相应的折旧等成本为500万元。两项业务共发生营业税金及附加800万元。另外，该公司当月取得投资收益300万元，1月销售费用为200万元，管理费用为500万元，财务费用为100万元。该公司1月取得政府补助款200万元，另外，又发生对外捐赠支出100万元。

其营业利润及利润总额计算如下：

营业利润＝营业收入－营业成本－营业税金及附加－销售费用－管理费用－财务费

用－资产减值损失＋公允价值变动收益＋投资收益

营业利润＝（6 000＋1 000）－（4 000＋500）－800－200－500－100＋300

＝1 200（万元）

利润总额＝营业利润＋营业外收入－营业外支出

利润总额＝1 200＋200－100＝1 300（万元）

二、利润总额的会计处理

企业实现的利润（或亏损）总额一律通过"本年利润"账户核算。期末，企业应将各损益类科目的余额转入"本年利润"账户。结转后，"本年利润"账户余额如在借方，则表示本期亏损额，余额如在贷方，即为本期净利润。

实例

ABC房地产公司1月各收入账户和费用账户的余额见下表。

部分账户余额表

单位：万元

收入账户	金额	费用账户	金额
主营业务收入	6 000	主营业务成本	4 000
其他业务收入	1 000	其他业务成本	500
投资收益	300	销售费用	200
营业外收入	200	管理费用	500
		财务费用	100
		营业税金及附加	800
		营业外支出	100
		所得税费用	

该公司应编制如下会计分录：

（1）结转各种收入。

借：主营业务收入　　60 000 000

　　其他业务收入　　10 000 000

　　投资收益　　3 000 000

　　营业外收入　　2 000 000

贷：本年利润　75 000 000

（2）结转各种费用。

借：本年利润　62 000 000

贷：主营业务成本　40 000 000

其他业务成本　5 000 000

销售费用　2 000 000

管理费用　5 000 000

财务费用　1 000 000

营业税金及附加　8 000 000

营业外支出　1 000 000

经过收入与支出的对比后，“本年利润”账户的期末贷方余额1 300万元为本年实现的净利润。

三、以前年度损益调整

以前年度损益调整是指企业对以前年度损益事项进行调整而影响本年度未分配利润的业务。

（一）以前年度损益调整的原因

产生以前年度损益调整的原因是企业在年终决算后，会计报表已经编制完成，会计账簿已经封存。如果经财政、税务或企业自查，发现有遗漏或多计、少计费用及收入等会计处理不妥的事项，并因此不能客观全面反映企业的财务状况，就需要对这些会计事项进行调整。由于这时的会计账簿已经封存，会计报表已经上报，因此企业需将以前年度的事项在本期进行调整。

（二）以前年度损益调整的方法

对于不影响损益事项的调整，调整方法与正常会计处理方法相同；对于影响损益的会计事项，不是直接计入本年度利润而是将扣除经计算应交所得税后的余额转入本年度未分配利润。

（三）以前年度损益调整的账户设置

为了反映企业以前年度损益调整业务，需要设置“以前年度损益调整”账户。

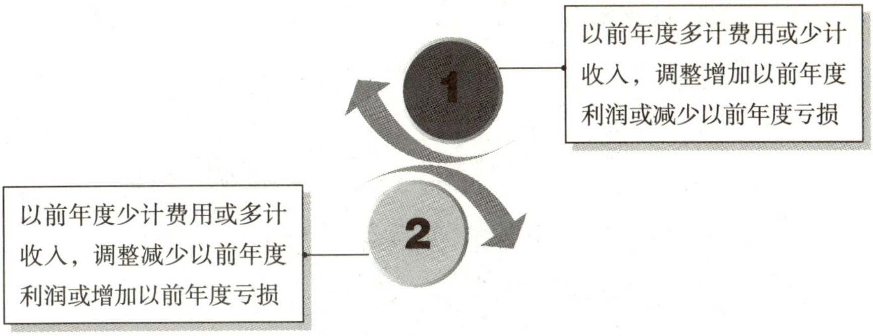

"以前年度损益调整"账户处理的业务

上述两类业务调整结束后，应同时将"以前年度损益调整"账户余额转入"利润分配——未分配利润"账户。结转后，"以前年度损益调整"账户应无余额。

（四）以前年度损益调整的会计处理

企业调整增加的以前年度利润或调整减少的以前年度亏损，应借记有关账户，贷记"以前年度损益调整"账户；企业调整减少的以前年度利润或调整增加的以前年度亏损，则应贷记有关账户，借记"以前年度损益调整"账户。

企业由于调整增加以前年度利润或减少以前年度亏损而相应增加的所得税，应借记"以前年度损益调整"账户，贷记"应交税费——应交所得税"账户；企业由于调整减少以前年度利润或增加以前年度亏损而相应减少的所得税，则应借记"应交税费——应交所得税"账户，贷记"以前年度损益调整"账户。

实例

ABC房地产公司上年度报表经审计后发现，应预提的5 000万元公共配套设施费上年度未予预提；误将应由保险公司理赔的安装设备维修支出1 200万元计入了营业外支出。以上事项应在本年度进行调整。该房地产公司由此减少相应的纳税所得3 800万元，所得税税率为25%，应减少所得税费用为950万元。

根据有关凭证，该公司应编制如下会计分录：

借：以前年度损益调整　50 000 000

　贷：应付账款——预提费用　50 000 000

借：其他应收款——保险公司　12 000 000

　贷：以前年度损益调整　12 000 000

借：应交税费——应交所得税　9 500 000

　贷：以前年度损益调整　9 500 000

（五）以前年度损益调整的转销

对以前年度的损益调整，不在“本年利润”账户中反映。企业应将“以前年度损益调整”账户的余额转入“利润分配——未分配利润”账户。

“以前年度损益调整”账户如为贷方余额，借记“以前年度损益调整”账户，贷记“利润分配——未分配利润”账户；如为借方余额，做相反的会计分录，即借记“利润分配——未分配利润”账户，贷记“以前年度损益调整”账户。“以前年度损益调整”账户结转后应无余额。

实例

续上例，该公司“以前年度损益调整”账户有借方余额285万元（500－120－95），期末将其转入“利润分配——未分配利润”账户。其会计分录为：

借：利润分配——未分配利润　　2 850 000

　贷：以前年度损益调整　　2 850 000

四、利润分配的核算

企业实现的利润总额，扣除所得税费用后，形成企业的税后利润。税后利润也称净利润。对于净利润，应按照国家的有关规定进行分配。

（一）弥补以前年度亏损

房地产开发企业，无论是用税前利润或税后利润弥补以前年度亏损，都不需要单独编制弥补亏损的会计分录，即不需要单独进行会计处理。年末进行利润结转时，将本年实现的利润从“本年利润”账户结转到“利润分配”账户及其所属明细账户“未分配利润”的贷方，这样就自然进行了弥补。

特别提示

在年末计算“应纳税所得额”时，如果用税前利润弥补亏损，需要将弥补亏损的数额从应纳税所得额中扣除。而用税后利润弥补亏损，则不能进行扣除。

（二）提取盈余公积的会计处理

企业从净利润中提取盈余公积金，应做如下会计分录：

借：利润分配——提取盈余公积

　贷：盈余公积——法定盈余公积

　　　　　　——任意盈余公积

实例

2017年12月31日，ABC房地产公司分别按可供分配的利润9 000万元的10%和5%提取法定盈余公积和任意盈余公积。根据有关原始凭证，计算盈余公积并做会计分录如下：

法定盈余公积＝9 000×10%＝900（万元）

任意盈余公积＝9 000×5%＝450（万元）

借：利润分配——提取法定盈余公积	9 000 000	
——提取任意盈余公积	4 500 000	
贷：盈余公积——法定盈余公积		9 000 000
——任意盈余公积		4 500 000

（三）向投资者分配利润的核算

1. 分配现金股利的核算

核算应分配给优先股股东和普通股股东的现金股利时，应记入“利润分配——应付现金股利或利润”账户的借方和“应付股利”账户的贷方：

借：利润分配——应付现金股利或利润

　贷：应付股利

实例

2017年12月31日，ABC房地产公司分别支付优先股股利1 000万元和普通股股利2 000万元。根据有关原始凭证，该公司编制如下会计分录：

借：利润分配——应付现金股利或利润	30 000 000	
贷：应付股利		30 000 000

2. 分配股票股利的核算

房地产企业以发放股票股利的方式实现增资。核算分配给普通股股东的股票股利时，应记入“利润分配——转作股本的普通股股利”账户的借方和“股本”账户的贷方：

借：利润分配——转作股本的普通股股利
　　贷：股本

实 例

2017年12月31日，ABC房地产公司经过股东会决议，将剩余的未分配利润2 100万元转增股本。根据有关原始凭证，其会计分录如下：

借：利润分配——转作股本的普通股股利　　21 000 000
　　贷：股本　　21 000 000

（四）本年利润年终结转的核算

为了按年度考核企业利润的实现及分配情况，每个会计年度结束应对利润和利润分配进行年终结转。利润的年终结转包括两个方面：一是将“本年利润”结转到“利润分配”账户及所属的“未分配利润”明细账户；二是将“利润分配”账户所属的其他明细账户的余额全部转入“未分配利润”明细账户。具体核算要求如下表。

本年利润年终结转的核算

序号	结转要求	会计分录
1	年度终了，将本年实现的利润总额（或亏损总额）结转到“利润分配”账户及所属的“未分配利润”明细账户	（1）如果企业当年盈利，其会计分录为： 借：本年利润 　　贷：利润分配——未分配利润 （2）如果企业当年发生亏损，其会计分录为： 借：利润分配——未分配利润 　　贷：本年利润 （3）无论是盈利还是亏损，年终结转后，“本年利润”账户不留余额
2	将“利润分配”账户所属的其他明细账户，全部转入“未分配利润”明细账户	（1）如果企业当年盈利，并进行了利润分配，那么，结转会计分录为： 借：利润分配——未分配利润 　　贷：利润分配——提取盈余公积 　　　　　　　　——应付现金股利或利润 （2）如果企业亏损，且没有进行弥补，也不存在利润分配，那么在这种情况下，将亏损额从“本年利润”账户转入“利润分配——未分配利润”账户的借方后，不需要进行其他的账务处理。如果亏损后，用企业的盈余公积金弥补了亏损，则其会计分录为：

（续表）

序号	结转要求	会　计　分　录
2	将“利润分配”账户所属的其他明细账户，全部转入“未分配利润”明细账户	①用盈余公积金弥补亏损时： 借：盈余公积——法定盈余公积 贷：利润分配——盈余公积补亏 ②结转利润分配明细账时： 借：利润分配——盈余公积补亏 贷：利润分配——未分配利润

实例

ABC房地产公司2017年全年税后利润为2 400万元，年终按10%的比例提取法定盈余公积金，按税后利润扣除法定盈余公积后余额的80%向投资者分配利润。有关会计分录如下：

（1）提取盈余公积金：

应提取的法定盈余公积金＝24 000 000×10%＝2 400 000（元）

借：利润分配——提取盈余公积　　2 400 000

　贷：盈余公积——法定盈余公积　　2 400 000

（2）向投资者分配利润：

应向投资者分配的利润＝（24 000 000－2 400 000）×80%＝17 280 000（元）

借：利润分配——应付现金股利或利润　　17 280 000

　贷：应付利润　　17 280 000

（3）年终进行利润结转：

结转本年利润：

借：本年利润　　24 000 000

　贷：利润分配——未分配利润　　24 000 000

结转利润分配各明细账户：

借：利润分配——未分配利润　　19 680 000

　贷：利润分配——提取盈余公积　　2 400 000

　　　利润分配——应付现金股利或利润　　17 280 000

假设在当年利润结转前，“利润分配——未分配利润”账户没有余额。在进行当年利润分配和利润结转以后，“利润分配——未分配利润”账户应有贷方余额，贷方余额＝24 000 000－19 680 000＝4 320 000（元）。

年终利润分配后，该公司尚有4 320 000元的未分配利润，可留待下年度进行分配。

第九章　房地产企业财务报表

财务报表是企业对外提供的对企业财务状况、经营成果和现金流量的结构性表述。企业的财务报表由会计报表和附注组成。会计报表是财务报表的主干部分，它用表格的形式简明扼要地反映企业在一定时点上的财务状况和一定期间的经营成果和现金流量，包括资产负债表、利润表、现金流量表、所有者权益（或股东权益）变动表。会计报表附注是为了帮助报表使用者理解会计报表的内容而对会计报表的编制基础、编制依据、编制原则和方法以及主要项目等所做的解释。

一、财务报表的编制要求

财务报表的编制要求如下图所示。

1. 数字真实：编制财务报表必须如实反映会计主体的财务状况，不能用估计数代替实际数，更不能弄虚作假、篡改数字、隐瞒谎报，必须做到按期结账、认真对账和财产清查，以保证财务报表的真实性

2. 内容完整：财务报表必须全面反映会计主体的财务状况、经营成果和现金流量情况。应按规定的财务报表的构成内容编报会计报表和附注，对统一财务报表中规定的各项指标都应填写完整

3. 说明清楚：对财务报表中需要加以说明的问题，应附有简要的文字说明；对财务报表中主要指标的构成和计算方法，本报告期发生的特殊情况，如经营范围的变化、经营结构的变更以及本报告期经济效益影响较大的各种因素，都必须加以说明

4. 报送及时：根据及时性原则，为了便于报表使用者及时利用会计报表资料，会计报表必须按照规定的期限和程序及时编制与报送

⑤ 手续齐备	对于报出的会计报表，应依次编定页数，加具封面，装订成册，加盖公章。封面上应注明企业名称、地址、开业年份，报表所属年度、月份、送出日期等，并由企业领导、总会计师和会计主管人员签章

财务报表的编制要求

二、财务报表编制前的准备工作

（一）清产核资工作

企业在编制年度财务报表前，应当按照下图所列规定全面清查资产，核实债务。

规定一	结算款项，包括应收款项、应付款项、应交税费等真实存在且与债务、债权单位相应的债务、债权一致
规定二	房地产企业在产品、产成品等各项存货以账面数据为依据，经财务部门、工程管理部门、销售管理部门盘点后确认，符合投资性房地产确认条件的要求，按照投资性房地产进行计量
规定三	各项投资真实存在，投资收益按照会计准则的要求进行确认和计量
规定四	房屋建筑物、机器设备、运输工具等各项固定资产的实存数量与账面数量一致
规定五	在建工程的实际发生额与账面记录一致
规定六	需要清理、核实的其他内容的账面记录与实际情况一致

全面清查资产的规定

企业通过上述清查、核实，查明财产物资的实存数量与账面数量是否一致、各项结算款项的拖欠情况及其原因、固定资产的使用情况及其完好程度等。企业应当将清查、核实的结果及其处理办法向董事会或者相应机构报告，并根据会计准则的要求进行相应的会计处理。

（二）其他准备工作

其他准备工作包括：

（1）核对各会计账簿记录与会计凭证的内容、金额等是否一致，记账方向是否相符。

（2）依照规定的结账日进行结账，结出有关账簿的余额和发生额。

（3）检查相关的会计核算是否按照会计准则的要求进行。

三、房地产开发前期准备阶段的财务报表

（一）前期准备阶段的特点

前期准备阶段的特点如下图所示。

特点一　开发的前提是取得土地，房地产企业目前主要实行招、拍、挂方式，向政府缴纳土地出让金并取得国有土地使用权证。因此，前期准备阶段最主要的支出就是地价款及相应的契税

特点二　房地产企业的开发产品在建设前须经政府审批，因此，各种政府行政事业性收费是前期准备阶段的另一个主要支出项目

特点三　按照现行的房地产预售制度，房地产企业开发的产品具备一定的形象进度后才可以进行预售，因此，前期准备阶段一般没有预售收入

特点四　我国实行项目资本金制度，房地产企业在开工前的自有资金要达到项目总投资的一定比例

特点五　房地产行业是资金密集型的行业，在前期准备阶段，房地产企业一般需要通过对外融资筹集建设资金

前期准备阶段的特点

（二）前期准备阶段的资产负债表

下表是某房地产企业前期准备阶段的资产负债表，从中可以看出前期准备阶段资产负债表的主要特点。

资产负债表

编制单位：××房地产公司　　20××年12月31日　　单位：万元

资产	期末余额	年初余额	负债和所有者权益（或股东权益）	期末余额	年初余额
流动资产：			流动负债：		
货币资金	4 000		短期借款		
交易性金融资产			交易性金融负债		
应收票据			应付票据		
应收账款			应付账款	2 000	
预付款项	6 000		预收款项		
应收利息			应付职工薪酬		
应收股利			应交税费	100	

（续表）

资产	期末余额	年初余额	负债和所有者权益（或股东权益）	期末余额	年初余额
其他应收款	200		应付利息		
存货	49 900		应付股利		
一年内到期的非流动资产			其他应付款		
其他流动资产			一年内到期的非流动负债		
流动资产合计	60 100		其他流动负债		
非流动资产：			流动负债合计	2 100	
可供出售金融资产			非流动负债：		
持有至到期投资			长期借款	20 000	
长期应收款			应付债券		
长期股权投资			长期应付款		
投资性房地产			专项应付款		
固定资产			预计负债		
在建工程	1 000		递延所得税负债		
工程物资			其他非流动负债		
固定资产清理			非流动负债合计	20 000	
生产性生物资产			负债合计	22 100	
油气资产			所有者权益（或股东权益）：		
无形资产	10 000		实收资本（或股本）	50 000	
开发支出			资本公积		
商誉			减：库存股		
长期待摊费用			盈余公积		
递延所得税资产	120		未分配利润	–880	
其他非流动资产			所有者权益（或股东权益）合计	49 120	
非流动资产合计	11 120				
资产总计	71 220		负债和所有者权益（或股东权益）总计	71 220	

房地产企业前期准备阶段，资产负债表的主要特点如下图所示。

特点一　资产类项目

主要涉及货币资金、预付账款、存货、在建工程和无形资产等。该阶段房地产企业因为自有资金的投入以及开发贷款的取得，一般会持有一定金额的货币资金；预付账款主要是在前期阶段预付给施工单位的工程款；对于存在持有物业的房地产企业，购地支出以及前期规费等支出要区分为两部分，用于销售物业的一部分计入存货项目，用于持有物业的另一部分计入在建工程和无形资产项目

特点二　负债类项目

主要涉及应付账款和长期借款项目。应付账款反映房地产企业欠付的前期规费或工程价款；长期借款反映企业从银行贷入的开发贷款的本金

特点三　所有者权益类项目

主要涉及实收资本和未分配利润。房地产企业由于项目资金以及购地的需要，一般实收资本项目金额会很大，该项目反映企业到位的自有资金数量；在前期准备阶段项目没有收入，而管理费用和销售费用计入当期损益，因此，此阶段企业会出现较大额度的亏损，未分配利润项目一般为负数

特点四　资产负债率

房地产企业一般要存入大量的项目资本金，而项目资本金按要求要达到项目总投资的35%。另外，因项目在此阶段没有进入全面施工阶段，企业的开发贷款金额较小，所以，房地产企业在前期准备阶段的资产负债率一般都会很低。从上面资产负债表的数据计算，该企业资产负债率只有31%

前期准备阶段资产负债表的主要特点

（三）前期准备阶段的利润表

下表是某房地产企业前期准备阶段简化后的利润表，从中可以看出前期准备阶段利润表的主要特点。

利 润 表

编制单位：××房地产公司　　　　20××年12月　　　　单位：万元

项目	本期金额	上期金额
一、营业收入		
减：营业成本		

（续表）

项目	本期金额	上期金额
营业税金及附加		
销售费用	210	
管理费用	800	
财务费用	10	
资产减值损失		
加：公允价值变动收益（损失以“–”号填列）		
投资收益（损失以“–”号填列）		
其中：对联营企业和合营企业的投资收益		
二、营业利润（亏损以“–”号填列）	–1 000	
加：营业外收入		
减：营业外支出		
其中：非流动资产处置损失		
三、利润总额（亏损总额以“–”号填列）	–1 000	
减：所得税费用	–120	
四、净利润（净亏损以“–”号填列）	–880	
五、每股收益：		
（一）基本每股收益		
（二）稀释每股收益		

房地产企业前期准备阶段，利润表的主要特点如下图所示。

1　利润表中的主要项目包括管理费用、销售费用和所得税费用。其中管理费用项目反映企业当期累计发生的行政经费等支出，销售费用项目反映企业为准备销售而支出的广告费等支出，所得税费用反映企业当年亏损所抵免的以后年度所得税支出金额

2　房地产企业在前期准备阶段由于没有销售收入，因此，报表中营业收入、营业成本等项目一般均无金额反映，而报表一般表现为较大额度的亏损

利润表的主要特点

（四）前期准备阶段的现金流量表

下表是某房地产企业前期准备阶段简化后的现金流量表，从中可以看出前期准备阶段现金流量表的主要特点。

现金流量表

编制单位：××房地产公司　　　　20××年度　　　　单位：万元

项目	本期金额	上期金额
一、经营活动产生的现金流量：		
销售商品、提供劳务收到的现金		
收到的税费返还		
收到的其他与经营活动有关的现金		
经营活动现金流入小计		
购买商品、接受劳务支付的现金	51 700	
支付给职工以及为职工支付的现金	100	
支付的各项税费	2 000	
支付的其他与经营活动有关的现金	1 010	
经营活动现金流出小计	54 810	
经营活动产生的现金流量净额	-54 810	
二、投资活动产生的现金流量：		
收回投资收到的现金		
取得投资收益收到的现金		
处置固定资产、无形资产和其他长期资产收回的现金净额		
处置子公司及其他营业单位收到的现金净额		
收到的其他与投资活动有关的现金		
投资活动现金流入小计		
购建固定资产、无形资产和其他长期资产支付的现金	11 000	
投资支付的现金		
取得子公司及其他营业单位支付的现金净额		
支付的其他与投资活动有关的现金		
投资活动现金流出小计	11 000	
投资活动产生的现金流量净额	-11 000	

（续表）

项目	本期金额	上期金额
三、筹资活动产生的现金流量：		
吸收投资收到的现金	50 000	
取得借款收到的现金	20 000	
收到的其他与筹资活动有关的现金	10	
筹资活动现金流入小计	70 010	
偿还债务支付的现金		
分配股利、利润或偿付利息支付的现金	200	
支付的其他与筹资活动有关的现金		
筹资活动现金流出小计	200	
筹资活动产生的现金流量净额	69 810	
四、汇率变动对现金及现金等价物的影响		
五、现金及现金等价物净增加额	4 000	
加：期初现金及现金等价物余额	0	
六、期末现金及现金等价物余额	4 000	

房地产企业前期准备阶段，现金流量表的主要特点如下图所示。

特点一　房地产企业现金主要来源于筹资活动产生的现金流，在这一阶段由于尚未达到预售条件，因此，基本没有经营活动产生的现金流入。房地产企业现金的主要流出项目属于经营活动产生的现金流出

特点二　对持有物业的企业，还存在投资活动现金流出，即企业在持有物业上的现金投入。在这一阶段不存在归还贷款的问题，因此，一般不会有筹资活动现金流出

特点三　房地产企业在筹资活动方面的现金流入很大，而项目处于前期阶段，其现金流出又比较少，因此，一般情况下，房地产企业此阶段的现金余额较大，现金流情况较好

现金流量表的主要特点

（五）前期准备阶段的所有者权益变动表

房地产企业前期准备阶段的所有者权益变动表与其他行业企业的所有者权益变动表所反映的内容基本相同。唯一不同的是，房地产企业在此阶段实收资本本年增加金额较大，原因

在于房地产项目的开发需要大量的项目资本金，这部分资本金在会计核算上要计入企业的实收资本项目。

所有者权益变动表的格式在此不再过多介绍。

四、建设阶段的财务报表

（一）建设阶段的财务特点

房地产企业在建设阶段具有下图所示的财务特点：

特点一　房地产企业在建设过程中要投入大量的建设资金，因此，建设阶段最主要的支出就是工程款支出，工程款支出中归属于持有物业的部分计入在建工程项目，归属于销售物业的部分计入存货项目

特点二　由于预售制度的存在，房地产企业一般在建设阶段采用期房销售，因此，此阶段房地产企业会取得大量的预售房款，这是房地产企业最主要的现金流入项目，而预售房款应计入预收账款项目

特点三　在建设阶段，由于开发产品尚未竣工，企业不能结转收入和成本，而大量管理费用和销售费用的支出，造成此阶段企业呈现亏损状态

特点四　随着建设阶段工程进度的加快，房地产企业取得的开发贷款在此阶段将陆续到位，企业贷款规模不断加大

建设阶段的财务特点

（二）建设阶段的资产负债表

下表是某房地产企业建设阶段简化后的资产负债表，从中可以看出建设阶段资产负债表的主要特点。

资产负债表

编制单位：××房地产公司　　　　20××年12月31日　　　　单位：万元

资产	期末余额	年初余额	负债和所有者权益（或股东权益）	期末余额	年初余额
流动资产：			流动负债：		
货币资金	2 000		短期借款		
交易性金融资产			交易性金融负债		
应收票据			应付票据		
应收账款			应付账款	7 000	

（续表）

资产	期末余额	年初余额	负债和所有者权益（或股东权益）	期末余额	年初余额
预付款项	3 000		预收款项	87 800	
应收利息			应付职工薪酬		
应收股利			应交税费	–5 000	
其他应收款	200		应付利息		
存货	70 000		应付股利		
持有待售资产			其他应付款		
一年内到期的非流动资产			持有待售负债		
其他流动资产			一年内到期的非流动负债		
流动资产合计	75 200		其他流动负债		
非流动资产：			流动负债合计	89 800	
可供出售金融资产			非流动负债：		
持有至到期投资			长期借款	30 000	
长期应收款			应付债券		
长期股权投资			长期应付款		
投资性房地产			专项应付款		
固定资产			预计负债		
在建工程	80 000		递延所得税负债		
工程物资			其他非流动负债		
固定资产清理			非流动负债合计	30 000	
生产性生物资产			负债合计	119 800	
油气资产			所有者权益（或股东权益）		
无形资产	10 000		实收资本（或股本）	50 000	
开发支出			资本公积		
商誉			减：库存股		
长期待摊费用			盈余公积		
递延所得税资产	3 600		未分配利润	–1 000	
其他非流动资产			所有者权益（或股东权益）	49 000	
非流动资产合计	93 600				
资产总计	168 800		负债和所有者权益（或股东权益）总计	168 800	

房地产企业建设阶段资产负债表的主要特点如下图所示。

特点一　**资产类项目**

主要涉及货币资金、预付账款、存货、在建工程和无形资产等。该阶段房地产企业建设支出较大，货币资金存量相比前期准备阶段有所减少，资金状况较为紧张；随着工程进度的推进，预付账款金额会相应减少，而存货和在建工程项目余额大幅增加

特点二　**负债类项目**

主要涉及应付账款、长期借款、预收账款和应交税费项目。应付账款反映房地产企业欠付的工程价款；伴随着工程进度，开发贷款陆续到位，长期借款余额将达到最高值；预收账款反映的是企业取得的预售房款，此部分金额会非常大；应交税费反映的是企业预缴的预售房收入产生的相关税费，体现为负数金额

特点三　**所有者权益类项目**

主要涉及实收资本和未分配利润。此阶段实收资本金额一般不会产生变化；在建设阶段没有收入，而管理费用和销售费用计入当期损益，因此，此阶段企业会出现较大额度的亏损，未分配利润项目会出现较大的负数

特点四　**资产负债率**

随着建设资金的不断投入，企业资产不断增加，企业取得的预售房款也使得企业负债大幅增加，而在此阶段又无法结转收入。另外，企业亏损使得净资产有所下降，所以，房地产企业在建设阶段的资产负债率较高。从上面资产负债表的数据计算，该企业资产负债率已由前期准备阶段的31%增加到了73%

建设阶段资产负债表的主要特点

（三）建设阶段的利润表

下表是某房地产企业建设阶段简化后的利润表，从中可以看出建设阶段利润表的主要特点。

利润表

编制单位：××房地产公司　　20××年12月　　单位：万元

项目	本期金额	上期金额
一、营业收入		
减：营业成本		
营业税金及附加		
销售费用	2 810	
管理费用	1 800	
财务费用	10	
资产减值损失		
加：公允价值变动收益（损失以“–”号填列）		
投资收益（损失以“–”号填列）		
其中：对联营企业和合营企业的投资收益		
二、营业利润（亏损以“–”号填列）	–4 600	
加：营业外收入		
减：营业外支出		
其中：非流动资产处置损失		
三、利润总额（亏损总额以“–”号填列）	–4 600	
减：所得税费用	–3 600	
四、净利润（净亏损以“–”号填列）	–1 000	
五、每股收益：		
（一）基本每股收益		
（二）稀释每股收益		

房地产企业建设阶段，利润表的主要特点如下图所示。

1. 利润表的主要项目包括管理费用、销售费用和所得税费用。其中，管理费用项目金额与前期准备阶段相比会有一定的增加，销售费用项目随着企业销售活动的全面展开，将出现较大幅度的增长，所得税费用反映企业当年度亏损所抵免的以后年度所得税支出金额

2. 房地产企业在建设阶段虽然取得了大量的预售房款收入，但在会计核算上不能结转销售收入，因此，本阶段报表中营业收入、营业成本等项目一般均无金额反映，而报表一般表现为较大额度的亏损

建设阶段利润表的主要特点

（四）建设阶段的现金流量表

下表是某房地产企业建设阶段简化后的现金流量表，从中可以看出建设阶段现金流量表的主要特点。

现金流量表

编制单位：××房地产公司　　　　20××年度　　　　单位：万元

项目	本期金额	上期金额
一、经营活动产生的现金流量：		
销售商品、提供劳务收到的现金	87 800	
收到的税费返还		
收到的其他与经营活动有关的现金		
经营活动现金流入小计	87 800	
购买商品、接受劳务支付的现金	12 000	
支付给职工以及为职工支付的现金	200	
支付的各项税费	5 000	
支付的其他与经营活动有关的现金	1 610	
经营活动现金流出小计	18 810	
经营活动产生的现金流量净额	68 990	
二、投资活动产生的现金流量：		
收回投资收到的现金		
取得投资收益收到的现金		
处置固定资产、无形资产和其他长期资产收回的现金净额		

（续表）

项目	本期金额	上期金额
处置子公司及其他营业单位收到的现金净额		
收到的其他与投资活动有关的现金		
投资活动现金流入小计		
购建固定资产、无形资产和其他长期资产支付的现金	79 000	
投资支付的现金		
取得子公司及其他营业单位支付的现金净额		
支付的其他与投资活动有关的现金		
投资活动现金流出小计	79 000	
投资活动产生的现金流量净额	–79 000	
三、筹资活动产生的现金流量：		
吸收投资收到的现金		
取得借款收到的现金	10 000	
收到的其他与筹资活动有关的现金	10	
筹资活动现金流入小计	10 010	
偿还债务支付的现金		
分配股利、利润或偿付利息支付的现金	2 000	
支付的其他与筹资活动有关的现金		
筹资活动现金流出小计	2 000	
筹资活动产生的现金流量净额	8 010	
四、汇率变动对现金及现金等价物的影响		
五、现金及现金等价物净增加额	–2 000	
加：期初现金及现金等价物余额	4 000	
六、期末现金及现金等价物余额	2 000	

房地产企业建设阶段，现金流量表的主要特点如下图所示。

特点一　房地产企业现金主要来源于经营活动产生的现金流，即企业取得的预售房款收入，在此阶段企业现金流流入非常大

特点二	房地产企业现金的流出金额同样非常大，流出主要体现在对开发产品的建设投入，属于经营活动产生的现金流出，对持有物业的企业，流出还体现在对持有物业的建设投入，属于投资活动现金流出。在这一阶段不存在归还贷款的问题，因此，一般不会有筹资活动现金流出
特点三	房地产企业现金流出和流入金额都很大，一般情况下，在此阶段，由于建设资金的大量投入，企业往往呈现出现金流紧张的状况，企业现金余额会有所下降

建设阶段现金流量表的主要特点

（五）建设阶段的所有者权益变动表

房地产企业建设阶段的所有者权益变动表与前期准备阶段的所有者权益变动表所反映的内容和特征基本相同，因此这里不再介绍。

五、竣工阶段的财务报表

（一）竣工阶段的特点

房地产企业开发建设的产品，除了对外进行销售转让外，还可能存在长期持有的情况。房地产企业竣工阶段的特点如下图所示。

特点一	房地产企业开发的产品竣工并交付给购房者，房地产企业开发的持有物业也将竣工并进入营业状态
特点二	房地产企业对持有的经营性物业可以存在两种经营方式，一是对外出租，取得租金收入；二是进行自营，取得自营收入
特点三	房地产企业从预售阶段进入销售阶段，预售收入也将从预收账款转为销售收入
特点四	房地产企业的营业税、土地增值税和企业所得税等税费从预缴转为清算

竣工阶段的特点

（二）竣工阶段的资产负债表

下表是某房地产企业竣工阶段简化后的资产负债表，从中可以看出竣工阶段资产负债表的主要特点。

资产负债表

编制单位：××房地产公司　　20××年12月31日　　单位：万元

资产	期末余额	年初余额	负债和所有者权益（或股东权益）	期末余额	年初余额
流动资产：			流动负债：		
货币资金	2 000		短期借款		
交易性金融资产			交易性金融负债		
应收票据			应付票据		
应收账款	1 000		应付账款	5 000	
预付款项			预收款项		
应收利息			应付职工薪酬		
应收股利			应交税费		
其他应收款			应付利息		
存货	3 000		应付股利		
持有待售资产			其他应付款		
一年内到期的非流动资产			持有待售负债		
其他流动资产			一年内到期的非流动负债		
流动资产合计	6 000		其他流动负债		
非流动资产：			流动负债合计	5 000	
可供出售金融资产			非流动负债：		
持有至到期投资			长期借款	40 000	
长期应收款			应付债券		
长期股权投资			长期应付款		
投资性房地产	90 000		专项应付款		
固定资产			预计负债		
在建工程			递延所得税负债		
工程物资			其他非流动负债		
固定资产清理			非流动负债合计	40 000	
生产性生物资产			负债合计	45 000	
油气资产			所有者权益（或股东权益）：		

（续表）

资产	期末余额	年初余额	负债和所有者权益（或股东权益）	期末余额	年初余额
无形资产			实收资本（或股本）	50 000	
开发支出			资本公积		
商誉			减：库存股		
长期待摊费用			盈余公积	1 000	
递延所得税资产			未分配利润		
其他非流动资产			所有者权益（或股东权益）合计	51 000	
非流动资产合计	90 000				
资产总计	96 000		负债和所有者权益（或股东权益）总计	96 000	

房地产企业竣工阶段资产负债表的主要特点如下图所示。

特点一　资产类项目

主要涉及货币资金、应收账款、存货、投资性房地产和固定资产等。该阶段销售物业已竣工，可能存在未收回的销售款，这部分款项计入应收账款；未实现销售的尾房成本，在存货项目中反映；在持有物业中，出租物业由在建工程转入投资性房地产，自营物业由在建工程转入固定资产

特点二　负债类项目

主要涉及应付账款、长期借款项目。应付账款反映房地产企业欠付的工程价款，在这里主要指欠付的工程质保金；房地产企业开发的持有物业竣工后，一般将开发贷款转为经营性物业抵押贷款，因此，这里长期借款反映的是经营性物业抵押贷款的贷款本金

特点三　所有者权益类项目

主要涉及实收资本和盈余公积。此阶段实收资本金额一般不会产生变化；项目竣工后，销售物业要结转收入和成本，形成利润并进行分配，因此，此阶段未分配利润一般无金额，但要按利润总额的一定比例计提盈余公积

特点四　资产负债率

随着项目的竣工，企业资产大幅减少，开发贷款陆续偿还，同时，竣工后产生的利润将使企业的净资产有所提高，所以，房地产企业在竣工阶段的资产负债率又将从建设阶段的高位回到低位。从上面资产负债表的数据计算，该企业资产负债率从建设阶段的73%回落到47%

竣工阶段资产负债表的主要特点

（三）竣工阶段的利润表

下表是某房地产企业竣工阶段简化后的利润表，从中可以看出竣工阶段利润表的主要特点。

利 润 表

编制单位：××房地产公司　　　　20××年12月　　　　单位：万元

项目	本期金额	上期金额
一、营业收入	94 800	
减：营业成本	72 000	
营业税金及附加	5 000	
销售费用	3 000	
管理费用	2 000	
财务费用	-10	
资产减值损失		
加：公允价值变动收益（损失以“-”号填列）		
投资收益（损失以“-”号填列）		
其中：对联营企业和合营企业的投资收益		
二、营业利润（亏损以“-”号填列）	12 790	
加：营业外收入		
减：营业外支出		
其中：非流动资产处置损失		
三、利润总额（亏损总额以“-”号填列）	12 790	
减：所得税费用	1 200	
四、净利润（净亏损以“-”号填列）	11 590	
五、每股收益：		

（续表）

项目	本期金额	上期金额
（一）基本每股收益		
（二）稀释每股收益		

房地产企业竣工阶段利润表的主要特点如下图所示。

1 房地产企业竣工阶段，利润表中的主要项目包括营业收入、营业成本、营业税金及附加、管理费用、销售费用和所得税费用

2 房地产企业在竣工阶段结转收入和成本，因此，本阶段报表中营业收入、营业成本、营业税金及附加等项目均体现出较大金额，而报表一般表现为较大额度的盈利

竣工阶段利润表的主要特点

（四）竣工阶段的现金流量表

下表是某房地产企业竣工阶段简化后的现金流量表，从中可以看出竣工阶段现金流量表的主要特点。

现金流量表

编制单位：××房地产公司　　20××年度　　单位：万元

项目	本期金额	上期金额
一、经营活动产生的现金流量：		
销售商品、提供劳务收到的现金	6 000	
收到的税费返还		
收到的其他与经营活动有关的现金		
经营活动现金流入小计	6 000	
购买商品、接受劳务支付的现金	1 220	
支付给职工以及为职工支付的现金	200	
支付的各项税费	1 200	
支付的其他与经营活动有关的现金	1 800	
经营活动现金流出小计	4 420	
经营活动产生的现金流量净额	1 580	

（续表）

项目	本期金额	上期金额
二、投资活动产生的现金流量：		
收回投资收到的现金		
取得投资收益收到的现金		
处置固定资产、无形资产和其他长期资产收回的现金净额		
处置子公司及其他营业单位收到的现金净额		
收到的其他与投资活动有关的现金		
投资活动现金流入小计		
购建固定资产、无形资产和其他长期资产支付的现金		
投资支付的现金		
取得子公司及其他营业单位支付的现金净额		
支付的其他与投资活动有关的现金		
投资活动现金流出小计		
投资活动产生的现金流量净额		
三、筹资活动产生的现金流量：		
吸收投资收到的现金		
取得借款收到的现金	40 000	
收到的其他与筹资活动有关的现金	10	
筹资活动现金流入小计	40 010	
偿还债务支付的现金	30 000	
分配股利、利润或偿付利息支付的现金	11 590	
支付的其他与筹资活动有关的现金		
筹资活动现金流出小计	41 590	
筹资活动产生的现金流量净额	–1580	
四、汇率变动对现金及现金等价物的影响		
五、现金及现金等价物净增加额	0	
加：期初现金及现金等价物余额	2 000	
六、期末现金及现金等价物余额	2 000	

房地产企业竣工阶段现金流量表的主要特点如下图所示。

特点一	房地产企业基本上没有经营性现金流入，在存在持有物业的情况下，有些企业会出现筹资活动产生的现金流入，即通过经营性物业抵押贷款取得现金
特点二	房地产企业现金的主要流出项目属于筹资活动产生的现金流出，即用现金归还开发贷款本金和向股东分配利润。除此之外，在这一阶段可能还会产生少量的经营活动现金流出，主要包括管理费用、销售费用以及所得税支出等
特点三	房地产企业在进行利润分配后，现金余额一般不会很大，以后主要现金业务涉及收取销售尾款和支付工程质保金等

竣工阶段现金流量表的主要特点

（五）竣工阶段的所有者权益变动表

根据企业经营模式不同，房地产企业竣工阶段的所有者权益变动表也表现出不同的特点：对于纯销售模式的企业，其所有者权益变动表中的实收资本会减少，这是因为企业股东在项目结束后要通过减资收回前期投入的资本金；而对于采取销售和持有混合经营模式的企业，其所有者权益变动表在竣工阶段与建设阶段一般不会有大的变化。

六、会计报表附注

（一）会计报表附注的概念及作用

会计报表附注是为了便于会计报表使用者更好地理解会计报表的内容，而对会计报表的编制基础、编制依据、编制原则和编制方法及其主要项目等所做的进一步解释和说明。

（二）会计报表附注的内容

会计报表附注的内容包括下图所示几个方面：

·基本会计假设	·重要资产转让及其出售的说明
·会计政策和会计估计的说明	·企业合并、分立的说明
·重要会计政策和会计估计变更的说明	·会计报表重要项目的说明
·或有事项的说明	·重大投资、融资活动
·资产负债表日后事项的说明	·有助于理解和分析会计报表需要说明的其他事项
·关联关系及其交易的说明	

会计报表附注的内容

第二部分

房地产企业成本控制

成本控制的最终目标是通过成本控制管理将成本合理揭示出来，并运用合理的控制方法与手段进行成本优化，以达到效益（利润、品牌等）最大化。房地产企业要想获得更多的经营利润，除了必须提供适销对路的项目外，还必须采取正确的控制战略，建立成本控制体系，这样才能指导企业降低开发成本。

第十章　房地产企业成本控制的总体战略

对房地产开发企业而言，成本费用主要产生于前期投资决策、规划、设计、施工、销售等过程，因此要控制成本，在满足消费者需求的情况下，必须以“市场为导向”对房地产开发实施全过程成本控制。具体来说，必须根据房地产企业成本产生的特点，以全程成本控制为指导，建立战略执行体系，并将全程的成本控制战略贯穿于投资决策、规划设计、招投标、材料采购、项目施工等关键环节中，以此实现成本控制的战略目标。

成本控制战略的实施关键是建立成本控制保障体系，为成本控制提供行为规范和组织保障，使成本控制有章可循。

一、组织和制度方面的保障体系

房地产开发企业须从组织和制度方面建立一整套卓有成效的体系，并在实践中不断地予以完善和补充，如下图所示。

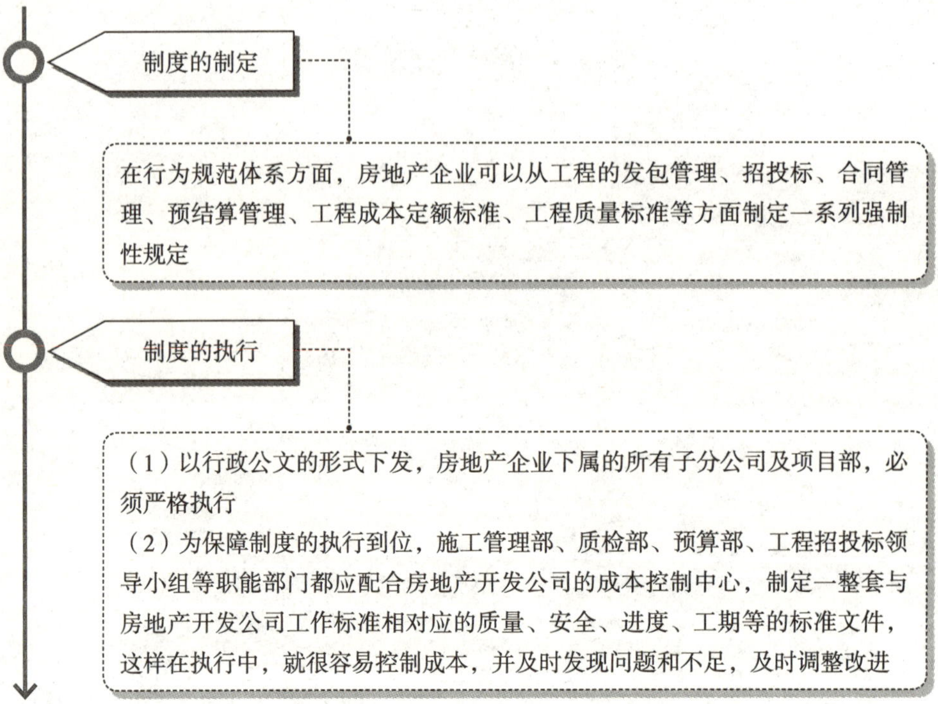

房地产企业组织和制度方面的保障体系

二、建立成本控制的组织体系

（一）房地产企业成本控制的组织体系

在组织体系方面，为了保证制度体系的执行到位，房地产企业可以专门成立二级成本控制中心（如下图所示）：房地产开发公司直属一级成本控制中心，各个子分公司及联营合作开发项目部设立二级执行与纠正中心，并在各职能部门如投资部、研发部、设计部、技术部、工程部等部门设立控制组，在工程项目施工过程中，各子分公司的施工管理部、质检部、技术部、预算部等职能部门与房地产总公司的相关部门密切配合，将各个控制标准执行到位，以保证质量、成本、工期及品质目标的实现。

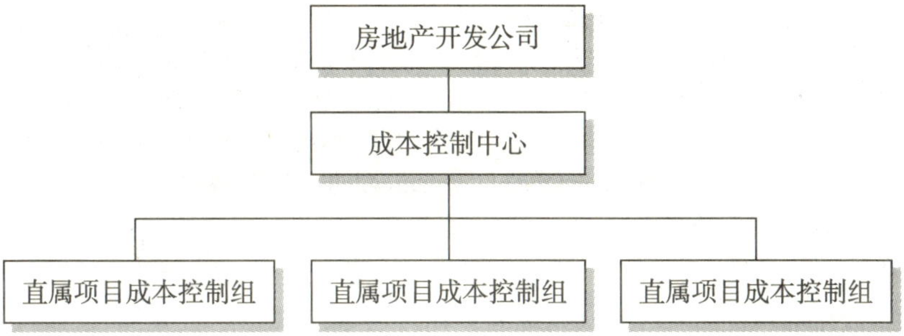

房地产企业成本控制的组织体系

（二）成本管理职责

1. 成本控制中心的成本管理职责

成本控制中心的成本管理职责如下图所示。

职责一：制定、修正成本管理制度，督促、指导建立完善本单位成本管理制度；跟踪、检查执行情况，对成本实行制度监控

职责二：进行房地产市场调研，对房地产市场走势做出分析、判断，并将其及时反馈给企业管理层做决策参考；保持对国家有关法规政策和成本管理环境的了解，协助房地产开发公司争取优惠政策，处理有关政策性问题

职责三：组织各方面专业人士对拟建项目进行实地考察、立项听证，按立项审批程序审查投资估算，把握投资决策，合理配置资源，帮助房地产开发公司做好项目前期策划中的成本控制。立项审查的重点是：

①立项资料齐全、规范

②市场定位明确、恰当

③投资成本估算经济、合理

④投资回报符合利润目标要求

⑤投资风险能有效控制

职责四	跟踪、落实各项目成本计划及其执行情况，适时了解各项目成本的实际构成，汇编成本报表；分析、总结项目成本控制情况。协助、督促各开发企业做好项目操作过程中的成本控制工作
职责五	建立成本信息监控中心，及时收集各项目成本动态资料，为管理层提供充分、有效的决策依据，并按要求将有关意见反馈给各部门
职责六	组织成本管理的信息交流，通过培训、双向交流、研修会等方式，增进全员的成本管理意识，推广内外成本管理经验。寻求降低成本的有效途径，促进成本管理水平的提高
职责七	根据管理的需要，派出审计小组对项目成本进行阶段审计和决算审计，对项目成本发生的合理性、成本管理的规范性提出审计意见，并结合项目收益情况，考核项目的成本降低率、投入产出率、投资回报率等指标
职责八	逐步执行成本管理及其信息交流电脑化，搞好成本管理的综合服务

成本控制中心的成本管理职责

2. 各项目、各职能部门的成本管理职责

各项目、各职能部门的成本管理职责如下图所示。

职责一	认真执行成本管理制度，结合实际制定本单位成本管理制度，并自觉接受监督
职责二	根据本单位业务发展规划、开发能力和市场情况，确定项目开发计划，组织立项调研、选址和前期策划，提出立项建议和开发设想，并按要求提交立项可行性报告，履行立项审批程序
职责三	规划设计阶段应按市场定位和成本估算准确把握设计方案，组织审查设计概算的经济合理性，使规划设计既符合规范，又体现成本控制的意识和要求
职责四	客观、认真地进行项目成本费用测算，编制项目成本费用计划，确定项目及每个单项工程的目标成本，分解成本费用控制指标，落实降低成本技术组织措施
职责五	遵循基本建设程序，进行项目实际操作，对房地产成本实行项目经理负责制和全员全过程控制，对可控成本、变动成本和成本异常偏差实行有效监控，保证将成本控制在目标成本范围内
职责六	正确处理成本、市场、工程质量、开发周期、资源、效益之间的关系，杜绝重大工程质量事故，努力缩短开发周期，严格控制项目的质量成本和期间费用，加速投资回报，提高投资回报率
职责七	组织项目开发成本费用核算，及时、全面、准确、动态地反映项目成本、费用情况，按规定编报成本会计报表等有关资料。坚持成本报告制度，保证成本信息交流的及时、有效

职责八	熟悉、掌握国家和当地有关法规政策及市场需求、预算定额水平等成本控制因素，用足用活各种政策、资源，提高成本控制的预见性，努力寻求降低成本费用的途径
职责九	定期或不定期分析成本结构、差异及其原因、监控措施及其效果、经验教训，每年至少一次，并将分析报告报财务部门

各项目、各职能部门的成本管理职责

三、成本控制信息系统

成本控制信息系统的组成如下图所示。

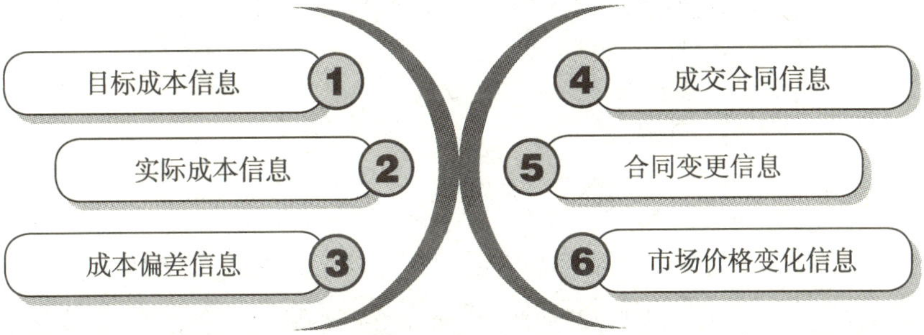

成本控制信息系统

对房地产开发公司项目运作过程而言，其中涉及的成本信息是相当多样而且复杂的，需要对其中的信息进行筛选、整理、加工并适时反馈，才能确保成本控制的有效性。需要定期编制成本报告，以比较预算和实际的差异，分析差异产生的原因和责任归属，更重要的是分析成本改进的办法。同时，需要实行例外情况报告制度，对于预算中未规定的事项和超过预算限额的事项，要保证信息的沟通效率，以便及时做出决策。

四、成本监控系统

房地产企业应根据自身的特点和管理体制，建立以管理监控为中心、以操作监控为中心的房地产成本监控系统。实行总经理领导下，项目经理负责，各职能部门具体实施的运行机制。同时，各监控中心应树立全员成本意识，对房地产成本实行全过程监控。

成本监控的要求

序号	监控点	监控要求
1	制度建设	根据管理的需要，房地产开发公司应制定和完善成本管理制度并备案，具体包括以下几个方面的内容 （1）成本管理责任制及监控程序 （2）计划管理制度（包括指标、定额、考核管理办法） （3）招、投标管理制度 （4）合同管理制度 （5）工程（质量、进度、监理、现场、工程盘点、工期验收移交）管理制度 （6）预决算（包括概算、设计变更、现场签证、结算、款项拨付）管理制度 （7）费用控制制度 （8）材料设备管理制度
2	计划管理	（1）应根据项目开发的节奏，及时编制成本计划，并跟踪、检查、考核计划的执行情况，包括 ①开发产品成本计划（按完全成本口径） ②期间费用计划 ③降低成本技术组织措施计划 （2）成本计划以设计概算、施工图预算、成本预测和决策为依据，综合考虑各种因素进行编制，做到目标明确、可行，尽量数据化、图表化 （3）应完善成本考核办法，确立成本降低率、费用节约额、项目投资回报率等成本考核指标
3	分析检查	应定期按开发阶段对房地产成本的结构、差异及其原因、控制措施及其效果进行分析，以及时总结经验教训，做好下一步成本控制工作。分析的重点是 （1）计划及其执行情况 （2）实际成本与预算成本、计划成本对比差异及其原因 （3）分析成本控制措施、效果、存在问题及改进意见、对策 （4）评价、结论与揭示
4	信息交流	（1）应上报的常规性成本资料主要包括 ①项目基本情况 ②按会计制度的规定应编报的成本核算报表 ③成本动态情况及其分析资料 ④当地政策性收费项目、内容、标准、依据及政策的适用期限、收费部门 （2）按例外管理原则，对下列成本异常偏差及其处置办法，应随时上报 ①当地有关法规政策的重大调整 ②成本超降率占单项工程成本总额10%以上、占其本身预算成本或计划成本30%以上的项目和事件（包括停工、重大设计变更、计划外增减项目、现场签证、工程质量事故等因素造成的成本增减项目和事件） ③合作条件更改 ④补交地价 （3）应建立成本信息库，方便各分公司、各项目组互相交流成本控制的经验教训

五、确定成本控制体系健康运行的标准

成本控制中心建立以后，因为涉及多重部门，关系纵横交错，容易出现运行障碍，因此，房地产企业必须及时诊断并调整体系的运行状态，保证成本控制的有效性。房地产企业成本控制体系健康运行的标准如下图所示。

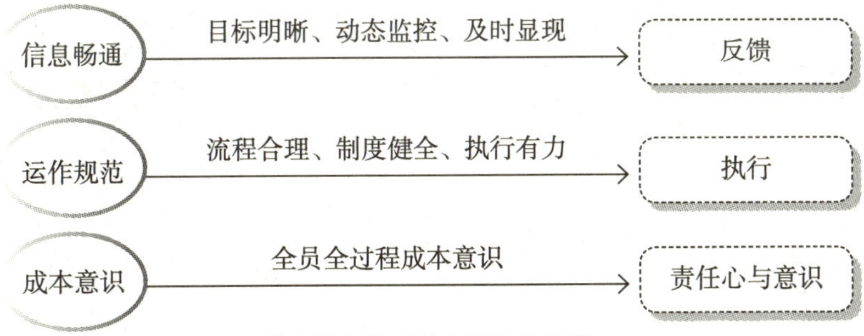

成本控制体系健康运行的标准

六、房地产开发全程成本控制方法

房地产开发全程成本控制的方法如下图所示。

方法一　**确立目标成本控制法**

目标成本控制法的基本思想是制定目标成本，将目标成本按规范的成本结构树层层分解，再通过将预算计划落到部门与行动上，把目标变成可行性的行动计划，并在执行过程中把实际结果与目标进行对比分析，找出差距，分析原因，制定改进措施，使成本控制在预算范围之内

方法二　**采用动态控制的思想**

在投资预测的基础上制定目标成本，作为项目成本控制的基线，随着项目的深入，当实际成本超出目标时，对目标成本进行调整。随着项目的推进，成本动态发生变动，当动态成本与目标成本发生较大差异时，必须分析产生的原因，并修订目标成本，防止成本失控

方法三　**采用集约管理实现成本精确控制**

集约管理控制是对投资决策、规划设计管理、招投标、工程建设、房屋销售等环节，综合集中起来进行系统控制，在各个环节尤其是关键环节，以成本价值为轴线，同时进行系统规划与控制，以克服原来顾此失彼、前后不衔接等弊端

房地产开发全程成本控制的方法

实例

某房地产公司的成本控制体系与方法

1. 建立成本控制体系

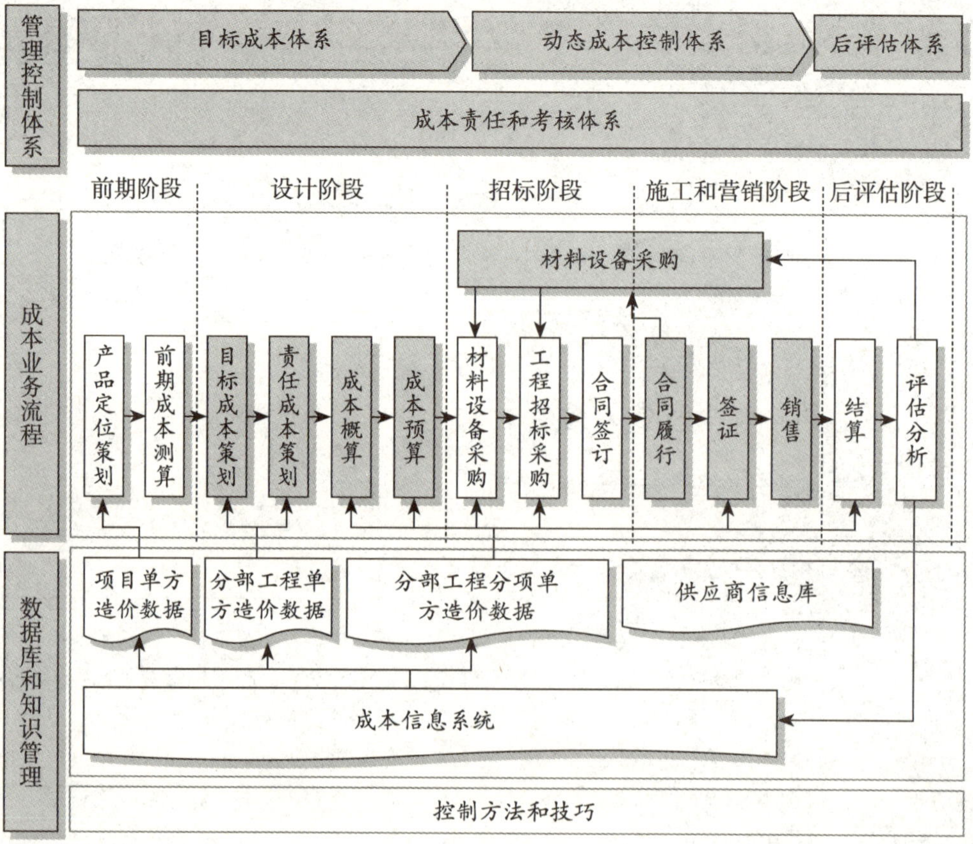

公司成本控制体系的基本方法如下图所示。

目标责任成本预算

（1）建立项目目标责任成本，确定成本控制总体目标和分解目标

（2）监控成本预算的执行和管理

成本核算

严格按照成本核算的程序对开发成本及时进行记录、归集、分摊、结转

成本控制

（1）供应链控制

（2）材料、设备管理控制

（3）工程外包结算动态控制

（4）人工费动态结算控制

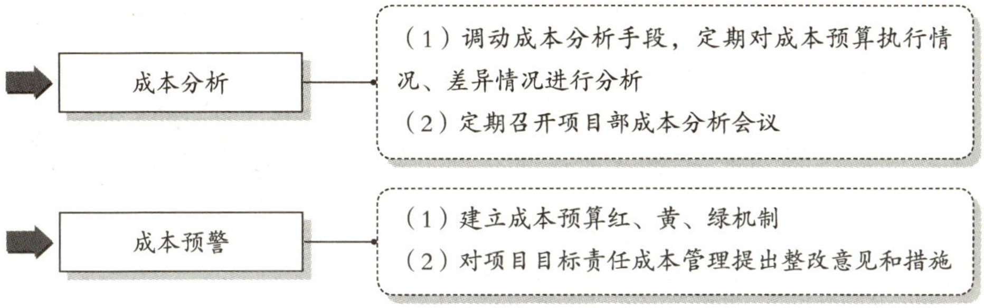

成本控制体系的基本方法

2. 从后端控制到前端控制

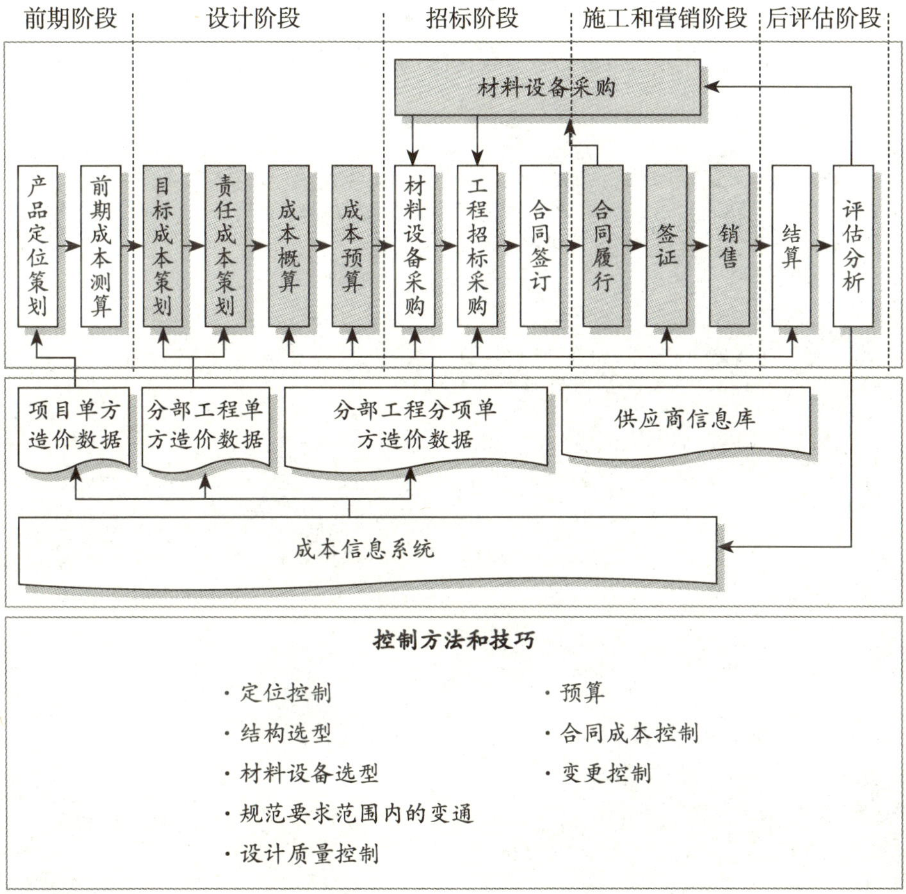

3. 刚性成本：严格控制

措施一：严格控制土地成本，采取合作开发、并购等拿地方式；

措施二：集中采购，力控成本，一是通过规模优势提高议价能力，二是与行业领先的合作伙伴深入合作；

措施三：建立成本控制平台。

4. 柔性成本：大力投入

“舍”成本投入：公司进行了两方面的大量投入，一是研发成本，公司专门成立了研发中心；二是对住宅产业化领域前期土地建设成本的投入。

“取”综合效益：公司把工业化当作一个平台，通过这样的平台实现质量的稳定和效率的提升，利用规模优势打造市场竞争优势。

（1）提升效率：工业化后建设工期缩短；

（2）保障质量：工业化后板墙建筑尺寸精确到毫米，基本解决外墙开裂、渗透等质量顽疾；

（3）提高社会效益：工业化后降低水耗，减少废钢、废木料、废砖块等的产生；

（4）释放劳动力：工业化后可以大幅度降低对人工的依赖，缓解用工紧张的局面。

第十一章　房地产企业建立目标成本管理责任制

目标成本是房地产企业基于市场状况，并结合公司的经营计划，根据预期售价和目标利润进行预先确定的，经过努力所要实现的成本指标。目标成本的建立应体现“以经济合理性最大的成本提升产品的竞争力，并形成行业成本优势”的成本管理宗旨。

一、目标成本的管理原则

目标成本的管理应遵循下图所示原则，其对于房地产企业来说，同样适用。

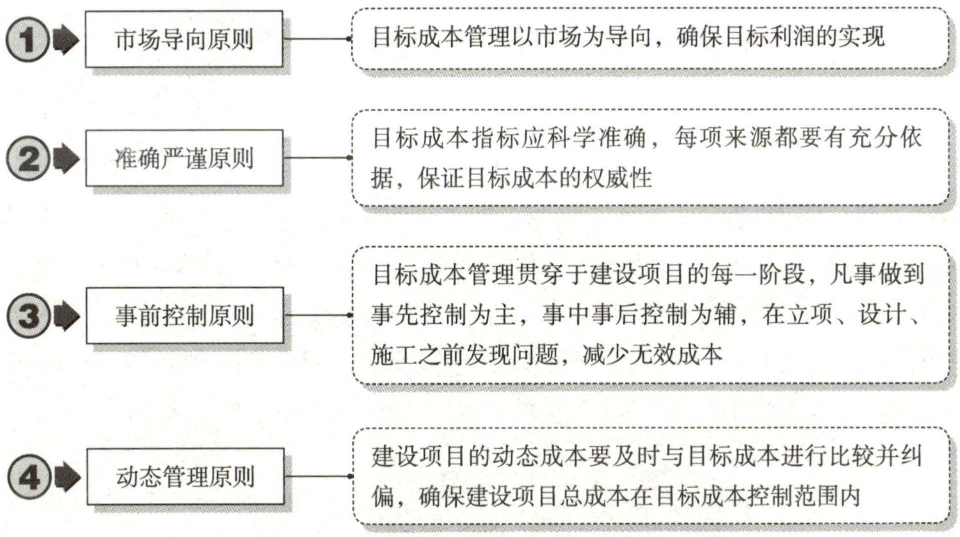

目标成本的管理原则

二、目标成本的文件

（一）目标成本文件的内容

目标成本文件分为目标成本测算表、目标成本控制责任书和动态成本月评估表三个部分，如下图所示。

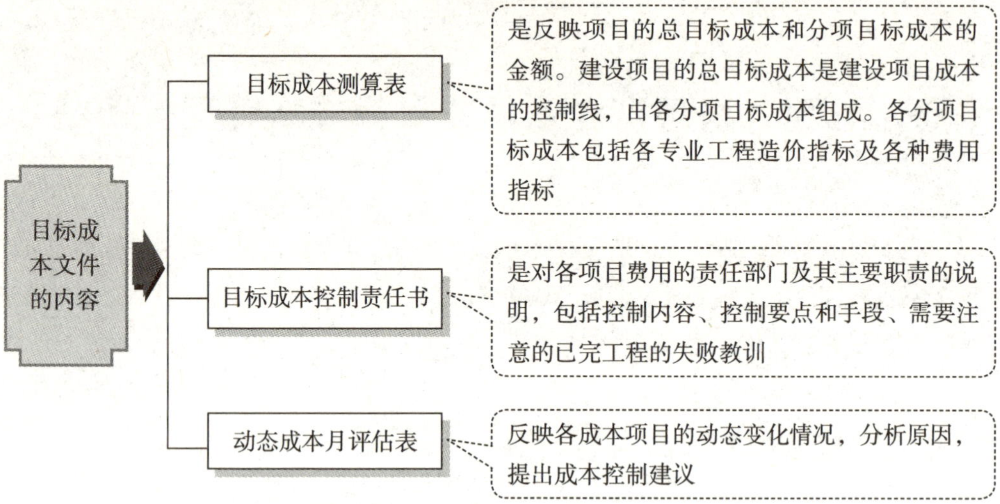

目标成本文件的内容

（二）目标成本文件制定的步骤及时间要求

1. 项目定位阶段

在投资分析和概念设计阶段，根据可行性研究报告，以及营销、设计、成本、工程、财务等相关部门互动讨论确定的项目定位，完成项目定位阶段的全成本测算。确定各项费用的计划金额，包括设计、报建、环境配套、营销费等，并向各费用的负责部门交底达成一致，作为各部门的工作目标。主体建筑安装费以设计部编制的建设项目综合经济技术指标表为依据，在5个工作日内完成，并根据测算基础，提出实施方案设计阶段的成本控制目标、措施或建议，形成《方案设计阶段的成本控制建议》，以此指导实施方案的造价控制。

2. 实施方案阶段

实施方案确定后5个工作日内，对项目成本测算表进行细化和修订。根据各相关部门的工作现状和计划，对设计、报建、营销等费用进行分析或修正。建筑安装费的控制在主要材料设备选型确定后，需增加主要材料设备的目标成本分析。结合设计院的承诺明确各产品类型的限额设计指标（如钢筋、混凝土含量等），形成《施工图设计阶段的成本控制建议》，作为《设计任务指导书》的一部分发给设计院作为施工图设计阶段造价控制的依据。

3. 施工图预算阶段

施工图完成后15个工作日内，对目标成本测算表全面进行细化和修订，作为最终的目标成本，并按已完成的经验和责任成本体系的要求，编制正式的《目标成本控制责任书》，以此指导招标、施工、采购等业务活动中的成本费用使用与管理。

（三）目标成本文件的编制

1. 目标成本测算表的编制要求

目标成本测算必须使用统一测算表格，并体现量价分离的原则。

（1）目标成本的制定以项目的规划指标、建造标准以及各部门共同确定的销售交楼标准为基础，目标成本测算表必须附详细的产品建造标准及部品标准（施工图预算阶段）说明书。

（2）目标成本测算表中各成本项目的工程量，应根据已竣工的相似工程的结算分析得出的关联系数，由项目规划的基本指标（如建筑面积、基底面积、户数、单元等）推算得出，例如按窗地比推算门窗面积，按基底面积推算屋面面积。施工图预算完成后，目标成本测算表中的工程量应是按图实际计算的结果。

（3）目标成本测算表中的单价应根据项目定位、交楼标准、图纸要求按当地工程造价计算依据、市场行情计算得出，如是参照已结算工程的单价，需注明参考数据的来源和依据。

（4）项目定位和目标成本测算是一个互动的决策过程，需要设计、营销、工程、成本等部门反复沟通，标准是满足品质要求的性价比最大化。在本过程中可使用价值功能分析法得到最优的方案。

（5）施工图预算完成后目标成本测算表中的材料设备，对其品质应有准确描述，且应与楼盘的定位相适应，以能提供品牌和图片说明为最佳。

（6）投资分析和实施方案阶段成本测算的量价分析标准不明确时，可以根据已结算工程的经验直接填写可售面积单方成本或总金额，但需注明参考依据。

（7）各阶段的成本测算应有明显的可对比性，即后阶段的测算与原则不一致的地方应有充分的依据和说明，原则是偏差不应太大。

2. 目标成本控制责任书的编制要求

目标成本控制责任书是目标成本管理的指导性文件，与设计任务管理指导书、工程管理指导书等，互相补充，共同构成项目经营指导书。

目标成本控制责任书的制定，应按照《责任成本管理体系》要求，明确成本发生各阶段的控制内容、控制原则、责任部门等。

目标成本控制责任书应包含许多内容，如下表所示。

目标成本控制责任书的内容

序号	内容项目	内容明细
1	项目概况	总规划指标、分期规划指标、工程概况、入伙时间
2	地价成本控制	目标、责任部门、控制手段和要点
3	开发前期准备费用控制	目标、责任部门、控制指标、控制手段和要点
4	主体建筑安装、社区管网、配套设施费的控制	目标、责任部门、控制指标、控制要点、应避免的已完工程的失败教训总结、材料的供应方式及供应商的选择要求

（续表）

序号	内容项目	内容明细
5	园林环境工程及样板间、卖场装修费用的控制	目标、责任部门、控制要点
6	开发间接费的控制	目标、责任部门、控制指标、控制手段和要点；包括营销费、资本化利息、物业基金等的控制
7	营销费的控制	包括开发间接费中的营销设施建造费和期间费用中的销售费用。营销设计建造费额度的确定及实施过程，均需要设计、营销部门的密切配合，兼顾效果与成本的平衡；特别是卖场和样板间装修，在总额确定后，由设计部负主要控制责任，并将样板房装修费用的销售收回率作为成本控制的考核指标之一。销售费用应结合推盘计划，于项目定位完成后制订投放时间和费用额度计划

3. 目标成本控制责任书的编制

目标成本控制责任书由成本管理部负责编写，初稿完成后应反馈到设计部、工程部、营销部、项目经理部、项目开发部、财务部等各职能部门讨论、修改，达成一致后由各部门第一负责人签字确认，总经理签发执行。

4. 动态成本月评估表的编制

在项目实施过程中，应及时反映项目成本的动态情况，由成本管理部每月出一份《项目动态成本月评估》，包括各成本项目的变化情况表，并说明原因，提出成本控制的建议。

《项目动态成本月评估》应包括变更签证统计表和项目动态成本信息表，并作为《成本信息月报》的部分内容，在完成后的3个工作日内报集团财务部成本审算中心。

成本管理部应根据合同签订情况、预算核对情况、结算编制情况及变更签证金额，每月在企业的成本管理软件中对各项目的待发生成本进行评估，在软件中生成项目动态成本信息表。

【实战范本01】

项目开发部成本控制责任书

一、主要作业目标

1. 严格按照土地出让合同约定控制付款节奏和金额。

2. 根据项目开发计划按时完成项目报批报建工作，按计划、尽早获得规划许可证、施工许可证及预售许可证。

3. 按政府规定、协议约定缴纳各种报建费用，并争取最大限度的优惠和减免。

4. 根据本部门年度费用预算计划控制管理费用。

二、作业时间目标

作业时间目标说明如下表所示：

作业时间目标表

序号	工作内容	时间	
		开始	完成
1	取得土地证		
2			
3			

三、成本目标

项目开发部除完成上述主要作业目标外，为满足公司经营管理的需要，还需完成如下成本目标：

1. 作业成本。

项目开发部为完成项目的报批报建以及地价支付而消耗的成本，是项目开发部独自控制的责任成本，其内容如下表所示：

作业成本的项目说明

项目	作业量	单位	单价	总费用	备注
总计					
一、开发前期准备费					
1. 报批报建费					
政府综合报建费		平方米			建筑面积
人防易地建设费		平方米			建筑面积
白蚁防治费		平方米			建筑面积
图纸审查费		平方米			建筑面积
消防审查费		平方米			建筑面积
教育基金		平方米			建筑面积
新墙体材料保证金		平方米			建筑面积
散装水泥保证金		平方米			建筑面积
卫生防疫审查费		平方米			建筑面积
工程招投标管理费					主体建筑安装费
招投标代理服务费					主体建筑安装费

（续表）

项目	作业量	单位	单价	总费用	备注
合同签证管理费					主体建筑安装费
项目环境影响评测费		项			
标底编制审查费					主体建筑安装费
规划执照费					概算成本
劳保统筹费					主体建筑安装费
城市生活垃圾服务费		平方米			建筑面积
污水处理费		平方米			建筑面积
其他报批报建费					
2. 增容费					
供电贴费		平方米			建筑面积
水增容费		平方米			建筑面积
煤气增容费		户数			
二、作业时间成本					从签订土地合同到获得土地证，每天的时间成本按“资本化利息总额÷总作业时间”计算
三、管理费用					
工资及福利					
行政及财务费用					
其他					

注：在作业时间成本计算中，总作业时间为从签订土地合同到竣工入伙的时间，部门作业时间成本=单位时间成本×部门作业时间。测算成本时采用计划作业时间，动态结算或结算时采用实际作业时间。

2. 牵头控制成本。

项目开发部负责组织设计部、工程部、项目经理部、成本管理部等部门以及营销管理部等相关部门进行产品实体成本的控制，其内容如下表所示：

牵头控制成本项目说明

项目	作业量	单位	单价	总费用	备注
总计					
土地获得价款					

（续表）

项目	作业量	单位	单价	总费用	备注
1. 政府地价及市政配套费					
2. 合作款项					
3. 红线外市政设施费					
4. 拆迁补偿费					

四、控制要点

1. 充分利用公司知名度和信誉，在不违反公司原则的条件下力争各项费用的减免。

2. 对大额款项争取延迟支付以降低资金成本。

3. 报批报建工作应争取与其他工作同步开展。

五、资金计划

应根据成本目标，合理安排本部门的资金（付款）计划（如下表所示），为公司的现金流管理提供支持。

资金（付款）计划表

费用名称	费用额度（万元）	资金计划				
		××××年	××××年	××××年	××××年	××××年
		×季度	×季度	×季度	×季度	×季度
土地成本						
报批报建费						
管理费用						
总计						

重要提示：

以上作业成本与牵头控制成本归属为项目开发部责任成本管理范围，基本控制在目标成本范围之内，并在保证作业目标的前提下力求降低。成本管理部参与公司各项成本决策，制定成本目标并反馈动态信息，有责任为各部门成本管理工作提供支持，请项目开发部及时向成本管理部通报成本决策信息和动态成本信息。财务管理部着重对报批报建费、管理费等非合同性成本和资金计划等进行管理，请及时反馈和沟通。

三、目标成本的执行

房地产企业目标成本的执行要点如下图所示。

要点一	在项目实施过程中，各部门应及时反映项目成本的动态情况，由成本管理部每月出一份《项目动态成本月评估》，包括各成本项目的变化情况表，并说明原因，提出成本控制的建议
要点二	《项目动态成本月评估》应包括变更签证统计表和项目动态成本信息表，并作为《成本信息月报》的部分内容，在完成后的3个工作日内报财务部成本审算中心
要点三	如在月内出现影响成本50万元以上的重大事项，变化发生的责任部门应及时向成本部提供相关资料，成本部及时计算相应成本的变化金额和原因，向公司总经理和分管领导汇报
要点四	在合同审批时，即时揭示施工合同和材料采购的合同造价与目标造价的对比概况；反映营销广告合同、园林环境合同的额度使用情况；设计变更和现场签证应做到一单一算，月结月清
要点五	项目结算完成后或者在年度成本管理工作总结时，应按照《目标成本控制责任书》对相关责任部门进行评估，并提交公司管理层作为业绩考核的依据之一
要点六	工程项目结算后，应按目标成本科目分类，总结各成本项目的造价指标和技术经济指标，并按照成本数据库的格式要求，录入数据库或整理成标准格式的Excel数据表作为新项目测算、结算初步审核的依据
要点七	项目结算完成后，应分析项目的主要材料用量，为相似工程的限额设计提供经验数据

目标成本的执行要点

四、目标成本的修订

在房地产开发企业，施工图确定后的测算稿为最终目标成本，除规划条件、政府政策、市场环境有重大改变外不得修订。一般改变作为正常的成本动态变化在《项目动态成本月评估》中反映即可。

在工程施工和销售过程中，如果售价、成本发生较大变化（对利润影响达2%）时，应对目标成本进行修订，并报公司总经理批准，同时须报给财务部成本预算中心备案。

【实战范本02】

设计部成本控制责任书

一、主要作业目标

1. 组织实施设计阶段的方案优化，使设计方案具有更大的经济合理性。

2. 在目标成本范围内实行景观限额设计。

3. 依据项目开发计划按时完成图纸设计，保证出图质量。

4. 按制度办理设计变更，设计变更造价不得超过合同造价的2%，为______万元。

5. 准确核算项目销售面积。

6. 根据本部门年度费用预算计划控制管理费用。

二、工作时间目标

工作时间目标表

序号	工作内容	时间	
		开始	完成
1	规划设计		
2	实施方案		
3	施工图设计		
4			

三、成本目标

设计部除完成上述主要作业目标外，为满足公司经营管理需要，还需完成如下成本目标：

1. 作业成本。

设计部为完成项目的方案与施工图设计而消耗的成本，是设计部独自控制的责任成本，其内容如下表所示：

作业成本项目说明

项目	作业量	单位	单价	总费用	备注
总计					
一、开发前期准备费					
1. 规划设计费					
规划设计费		平方米			设计面积
施工图设计费		平方米			设计面积

（续表）

项目	作业量	单位	单价	总费用	备注
环境设计费		平方米			设计面积
会所设计费		平方米			设计面积，含规划、施工图、周边环境、装修
样板间装修设计费		平方米			设计面积
模型制作费、晒图费					设计面积
售楼中心的设计费		平方米			设计面积
社区管网设计费		平方米			设计面积，如属政府垄断工程，归入社区管网工程费
2. 建筑研究用房					
二、作业时间成本					从获得土地证到主体施工图完成，每天的时间成本按“资本化利息总额÷总作业时间”计算
三、管理费用					
工资及福利					
行政及财务费用					
其他					

注：在作业时间成本计算中，总作业时间为从签订土地合同到竣工入伙的时间，部门作业时间成本=单位时间成本×部门作业时间。测算成本时采用计划作业时间，动态结算或结算时采用实际作业时间。

2. 牵头控制成本。

设计部负责组织工程部、项目经理部、成本管理部以及营销管理部等相关部门进行产品实体成本的控制，其内容如下表所示：

牵头成本项目说明

项目	作业量	单位	单价	总费用	备注
总计					
一、主体建筑安装工程设计变更					
二、主体建筑工程费					
1. 公共部位精装修					
大堂精装修					
楼梯间精装修					

（续表）

项目	作业量	单位	单价	总费用	备注
屋面精装修					
外立面精装修					
电梯厅精装修					
单元入口精装修					
外墙外保温					
栏杆					
2. 室内装修					
厨房装修					
卫生间装修					
厅房装修					
阳台露台地面					
三、园林环境工程费					
1. 绿化建设费					
公共绿化		平方米			绿化面积
组团绿化		平方米			绿化面积
私家花园绿化		平方米			绿化面积
2. 建筑小品					
小体量建筑					
游憩观赏设施					
指示性标志物					
雕塑					
水景					
3. 道路广场建造费					
普通车行道		平方米			建造面积
硬质铺装车行道		平方米			建造面积
广场及人行道		平方米			建造面积
4. 围墙建造费					
5. 室外照明					
6. 室外零星设施					

（续表）

项目	作业量	单位	单价	总费用	备注
四、配套设施费					
游泳池		平方米			建造面积
会所		平方米			建筑面积
幼儿园		平方米			建筑面积
学校		平方米			建筑面积
设备用房		平方米			建筑面积
球场		平方米			建造面积
车站建造费		平方米			建筑面积

四、控制要点

1. 加强前期总体方案的优化工作，充分考虑同各专业的协调。

2. 考虑设计变更量较大的因素，景观设计成本限额应控制在目标成本的一定范围内。

3. 控制不计容积率面积的比例，合理配置配套设施。

4. 在保证工程质量、效果、品质的基础上考虑装修做法及选材的经济性。

5. 施工图设计单位的选择建议采用招标方式，并将结构指标作为评价的重要指标。

6. 施工图出图时间和质量需满足工程量清单招标要求。

7. 设计变更应在施工前尽早提出，减少拆除工程的费用。

8. 准确计算销售面积并与政府部门核对。

五、资金计划

设计部应根据成本目标，合理安排本部门的资金（付款）计划，为公司的现金流管理提供支持。

资金（付款）计划表

费用名称	费用额度（万元）	资金计划 （单位：万元）				
		××××年	××××年	××××年	××××年	××××年
		×季度	×季度	×季度	×季度	×季度
规划设计费						
建筑研究用房						
管理费用						
总计						

重要提示：

以上作业成本与牵头控制成本归属为设计部责任成本管理范围，基本控制在目标成本范围之内，并在保证作业目标的前提下力求降低。成本管理部是公司整体成本管理部门，参与公司各项成本决策，制定成本目标并反馈动态信息，有责任为各部门成本管理工作提供支持，设计部应及时向成本管理部通报成本决策信息和动态成本信息。财务管理部着重对管理费用等非合同性成本和资金计划进行管理，请及时反馈和沟通。此外，设计部还应积极配合项目开发部完成规划和施工图的报批工作，配合工程部完成材料、设备的选样（型）工作，配合项目经理部完成零星工程设计工作。

【实战范本03】

工程部成本控制责任书

一、主要作业目标

1. 开展结构方案优化，控制结构指标的经济性，钢筋含量控制在______千克/平方米以内；混凝土含量控制在______千克/平方米以内。

2. 按金额统计，工程合同招标率不低于90%，总包工程量清单招标率不低于65%，其中费率招标范围为______________，清单招标范围为______________________________。

3. 确保招标工作公开、公平、公正，以获得性价比最高的材料和施工单位。

4. 发展扩大合格供应商队伍，确保招标的充分竞争。多标段同时发标时，总体中标率不高于50%。

5. 组织相关部门进行材料选样、定样，使材料成本控制在成本目标以内。

6. 根据本部门年度费用预算计划控制管理费用。

二、工作时间目标

工作时间目标

序号	工作内容	时间	
		开始	完成
1	工程量清单招标		
2			
3			

三、成本目标

工程部除完成上述主要作业目标外，为满足公司经营管理的需要，还需完成如下成本目标：

1. 作业成本。

工程部为完成部门工作而耗费的成本，是工程部独自控制的责任成本，其内容如下表所示：

作业成本项目说明

项目	作业量	单位	单价	总费用	备注
总计					
一、工程管理费					
工程质量监督费					
安全监督费					
工程保险费					
外聘专家进行图纸优化					
二、作业时间成本	—	—	—	—	—
三、管理费用					
工资及福利					
行政及财务费用					
其他					

注：在作业时间成本计算中，总作业时间为从签订土地合同到竣工入伙的时间，部门作业时间成本=单位时间成本×部门作业时间。测算成本时采用计划作业时间，动态结算或结算时采用实际作业时间。

2. 牵头控制成本。

工程部负责组织设计部、项目经理部、成本管理部以及营销管理部等相关部门进行产品实体成本的控制，其内容如下表所示：

牵头控制成本项目说明

项目	作业量	单位	单价	总费用	备注
总计					
一、结构经济指标					
1. 钢筋含量		千克/平方米			
2. 混凝土含量		千克/平方米			
二、材料采购成本					
外墙涂料		平方米			展开面积
内墙涂料		平方米			展开面积
外墙保温		平方米			保温面积
外墙面砖		平方米			展开面积

（续表）

项目	作业量	单位	单价	总费用	备注
空调百页		平方米			展开面积
屋面瓦		平方米			屋面面积
雨水管		米			长度
信报箱		户			户数
小院灯		盏			数量
公共部位地面		平方米			地面面积
小院门		樘			数量
公共部位楼梯栏杆		米			长度
阳台栏杆		米			户数
私家花园栏杆		米			底层户数
单元门		樘			单元数
入户门		樘			户数
户内门		樘			房间数
窗、阳台门		平方米			门窗面积

四、控制要点

1. 发展扩大供应商队伍，并对其进行评估和分级，确保每次招标都能实现充分的竞争。

2. 定期统计分析工程合同招标率、工程清单招标率、定标方式比率和中标率。

3. 组织设计单位等相关部门或外请专家进行各项工程的方案优化，重点关注基础类型、结构形式和结构布置，确保各项经济指标水平在集团平均以下。

4. 积极进行新材料和新工艺的发掘和应用。

五、资金计划

工程部应根据成本目标，合理安排本部门的资金（付款）计划，为公司的现金流管理提供支持。

资金（付款）计划表

费用名称	费用额度（万元）	资金计划 （单位：万元）				
		××××年	××××年	××××年	××××年	××××年
		×季度	×季度	×季度	×季度	×季度
管理费用						
总计						

重要提示：

以上作业成本与牵头控制成本归属为工程部责任成本管理范围，基本控制在目标成本范围之内，并在保证作业目标的前提下力求降低。成本管理部是公司整体成本管理部门，参与公司各项成本决策，制定成本目标并反馈动态信息，有责任为各部门成本管理工作提供支持，工程部应及时向成本管理部通报成本决策信息和动态成本信息。财务管理部着重对工程管理费、管理费用等非合同性成本和资金计划等进行管理，请及时反馈和沟通。

【实战范本04】

项目经理部成本控制责任书

一、主要作业目标

1. 按制度办理现场签证，现场签证造价不得超过合同造价的1%，为______万元。

2. 根据工程实际情况展开施工方案优化，力求成本节约。

3. 提高工程质量，入伙后1年内因工程质量不合格造成的维修、赔偿费用不得超过____元/平方米。

4. 根据本部门年度费用预算计划控制管理费用。

二、工作时间目标

工作时间目标

序号	工作内容	时间	
		开始	完成
1	基础施工		
2	主体结构		
3	竣工备案时间		
4			

三、成本目标

项目经理部除完成上述主要作业目标外，为满足公司经营管理的需要，还需完成如下成本目标：

1. 作业成本。

项目经理部为完成工程施工、确保工程质量和工期而消耗的成本，是项目经理部独自控制的责任成本，其内容如下表所示：

作业成本项目说明

项目	作业量	单位	单价	总费用	备注
总计					
一、开发前期准备费					
1. 勘查丈量费					
测绘					
文物古迹勘探					
初勘					
详勘					
施工放线					
竣工测量费					
2. “三通一平”费					
临时道路					
临时用电					
临时用水					
场地平整					
3. 临时设施费					
临时围墙					
临时办公室					
临时场地占用费					
临时围板					
二、工程管理费					
工程监理费					
施工合同外奖金					
三、作业时间成本					从工程定标到具备开盘条件开盘之日，每天的时间成本按“资本化利息总额÷总作业时间”计算
四、管理费用					
工资及福利					
行政及财务费用					
其他					

注：在作业时间成本计算中，总作业时间为从签订土地合同到竣工入伙的时间，部门作业时间成本=单位时间成本×部门作业时间。测算成本时采用计划作业时间，动态结算或结算时采用实际作业时间。

2. 牵头控制成本。

项目经理部负责组织设计部、工程部、成本管理部以及营销管理部等相关部门进行产品实体成本的控制，其内容如下表所示：

牵头控制成本项目说明

项目	作业量	单位	单价	总费用	备注
总计					
一、主体建筑安装工程现场签证					
二、社区管网工程费					
1. 室外给排水系统费					
室外给水系统		平方米			建筑面积
雨污水系统		平方米			建筑面积
2. 室外采暖系统费					
管道系统		平方米			建筑面积
热交换站		平方米			建筑面积
锅炉房		平方米			建筑面积
3. 室外燃气系统费					
管道系统		平方米			建筑面积
调压站		平方米			建筑面积
4. 室外电气及高低压设备费					
高低压配电设备及安装		平方米			建筑面积
室外强电管道及电缆敷设		平方米			建筑面积
室外弱电管道埋设		平方米			建筑面积
5. 室外智能化系统费					
停车管理系统		平方米			建筑面积
小区闭路监控系统		平方米			建筑面积
周界红外防越		平方米			建筑面积
小区门禁系统		平方米			建筑面积
电子巡更系统		平方米			建筑面积
电子公告屏		平方米			建筑面积

四、控制要点

1. 对现场的施工条件做详细调查，保证地质勘查科学准确，优化施工方案与施工做法。

2. 合理安排好主体建筑安装工程、社区管网、景观工程的施工顺序，保证合理连接，有充分的时间进行清单招标。

3. 临时实施应考率永久化或长期重复利用，避免短期内重复性建设造成成本浪费。

五、资金计划

项目经理部应根据成本目标，合理安排本部门的资金（付款）计划，为公司的现金流管理提供支持。

资金（付款）计划表

费用名称	费用额度（万元）	资金计划（单位：万元）				
		××××年	××××年	××××年	××××年	××××年
		×季度	×季度	×季度	×季度	×季度
勘查丈量费						
“三通一平”费						
临时设施费						
主体建筑工程费						
主体安装工程费						
社区管网工程费						
园林环境工程费						
配套设施费						
工程管理费						
管理费用						
总计						

重要提示：

以上作业成本与牵头控制成本归属为项目经理部责任成本管理范围，基本控制在目标成本范围之内，并在保证作业目标的前提下力求降低。成本管理部是公司整体成本管理部门，参与公司各项成本决策，制定成本目标并反馈动态信息，有责任为各部门成本管理工作提供支持，项目经理部应及时向成本管理部通报成本决策信息和动态成本信息。财务管理部着重对管理费用等非合同性成本和资金计划等进行管理，请及时反馈和沟通。此外，项目经理部还应积极配合工程部进行工程招标和供应商评估工作，配合成本管理部完成项目结算工作。

【实战范本05】

营销管理部成本控制责任书

一、主要作业目标

1. 根据营销计划按项目、年度分别编制营销费用计划，项目整体营销费用最高不得超过销售收入的3%，本期营销费用额度______万元，最高不得超过本期销售收入的____%。

2. 定期进行营销费用分析，使营销费用的支出与项目销售节奏相匹配，开盘前营销费用的使用不得超过本期营销费用额度的____%。

3. 营销设施的设计、建造、装修及部品采购必须实行招标或询价议价的方式。

4. 样板房装修工程按照不低于标准价的70%收回。样板房设计费及物品费按照不低于标准价的50%收回。

5. 提高销售回款率以加速资金周转，合同签约一个月内回款率不低于90%。

6. 根据本部门年度费用预算计划控制管理费用。

二、工作时间目标

工作时间目标

序号	工作内容	时间	
		开始	完成
1	市场定位		
2	销售展示区实施时间		
3	销售开盘时间		
4			

三、成本目标

营销管理部除完成上述主要作业目标外，为满足公司经营管理的需要，还需完成相应的作业成本目标。

营销管理部为确保项目的销售按照经营计划的要求完成而消耗的成本，是营销管理部独自控制的责任成本，其内容如下表所示：

营销部成本项目说明

项目	作业量	单位	单价	总费用	备注
总计					
一、营销设施建造费					
广告设施及发布费					

（续表）

项目	作业量	单位	单价	总费用	备注
现场包装费					
接待厅装修装饰费					
样板间费用					
销售模型费					
二、营销费用					
1. 广告费用（媒体）					
广告公司设计费用					
户外广告牌					
电视媒体拍摄发布					
现场包装					
2. 销售道具					
外卖场租用					
营销活动费					
促销活动费					
3. 销售代理费及佣金					
中介策划及咨询费					
总产权登记费					
4. 分户产权转移登记费					
5. 房屋交易费及其他					
宣传资料及礼品费					
销售人工费					
看楼交通费					
三、物业完善费					
四、作业时间成本					从具备开盘条件之日到销售回款金额达到收回成本，每天的时间成本按“资本化利息总额÷总作业时间”计算
五、管理费用					
工资及福利					
行政及财务费用					
其他					

注：在作业时间成本计算中，总作业时间为从签订土地合同到竣工入伙的时间，部门作业时间成本=单位时间成本×部门作业时间。测算成本时采用计划作业时间，动态结算或结算时采用实际作业时间。

四、控制要点

1. 营销费用计划应考虑全面、编制详细，分期（月、阶段）按计划使用，与销售进度保持协调。

2. 营销中心、样板间、广告牌、围板等营销设施应根据需要设置，以促进营销，不得盲目、重复建造。

3. 最大限度回收组合利用居家示范物品和现场销售设施。

4. 发售前，应组织设计、工程和成本人员拟订详细的销售承诺事项清单，防止因违背销售承诺增加公司投入。

五、资金计划

营销管理部应根据成本目标，合理安排本部门的资金（付款）计划（如下表所示），为公司的现金流管理提供支持。

资金（付款）计划

费用名称	费用额度（万元）	资金计划　（单位：万元）				
		××××年	××××年	××××年	××××年	××××年
		×季度	×季度	×季度	×季度	×季度
营销设施建造费						
营销费用						
物业管理完善费						
管理费用						
总计						

重要提示：

以上作业成本归属为营销管理部责任成本管理范围，请努力控制在目标成本范围之内，并在保证作业目标的前提下力求降低。成本管理部是公司整体成本管理部门，参与公司各项成本决策，制定成本目标并反馈动态信息，有责任为各部门成本管理工作提供支持，营销管理部应及时向成本管理部通报成本决策信息和动态成本信息。财务管理部着重对除营销设施建造费用以外的营销费用、物业完善费、管理费用非合同性成本和资金计划等进行管理，请及时反馈和沟通。

【实战范本06】

成本管理部成本控制责任书

一、主要作业目标

1. 提供准确合理的项目目标成本测算。

2. 按月进行动态成本评估，准确分析成本动态信息并向公司管理层和相关部门通报。

3. 根据公司经营目标、项目目标成本组织实施全方位、全过程项目成本管理，对项目成本总体控制负责，结算成本不得超过目标成本的____%（即目标成本变动率的____%）。

4. 工程合同结算准确率不低于99%。

5. 根据本部门年度费用预算计划控制管理费用。

二、工作时间目标

工作时间目标

序号	工作内容	时间	
		开始	完成
1			
2			
3			
4			

三、成本目标

成本管理部除完成上述主要作业目标外，为满足公司经营管理的需要，还需完成如下成本目标：

1. 全面负责项目的目标成本。

目标成本项目说明

序号	费用项目	成本总额（万元）	销售面积单方成本（元/平方米）
1	土地获得价款		
2	开发前期准备费		
3	主体建筑工程费		
4	主体安装工程费		
5	社区管网工程费		
6	园林环境费		

（续表）

序号	费用项目	成本总额（万元）	销售面积单方成本（元/平方米）
7	配套设施费		
8	开发间接费		
9	开发成本		
10	期间费用		
11	总成本		

2. 作业成本。

成本管理部为完成成本管理而消耗的成本，是成本管理部独自控制的责任成本，其内容如下表所示：

作业成本项目说明

项目	作业量	单位	单价	总费用	备注
总计					
一、造价咨询费用					
二、作业时间成本					从主体施工图完成到定标之日，每天的时间成本按“资本化利息总额÷总作业时间”计算
三、管理费用					
工资及福利					
行政及财务费用					
其他					

注：作业时间成本计算中，总作业时间为从签订土地合同到竣工入伙的时间，部门作业时间成本=单位时间成本×部门作业时间。测算成本时采用计划作业时间，动态结算或结算时采用实际作业时间。

3. 牵头控制成本。

成本管理部负责组织设计部、工程部、项目经理部以及营销管理部等相关部门进行产品实体成本的 控制，其内容如下表所示：

牵头控制成本项目说明

项目	作业量	单位	单价	总费用	备注
总计					
一、主体建筑工程费					

（续表）

项目	作业量	单位	单价	总费用	备注
1. 基础工程费					
土方工程		平方米			建筑面积
护壁护坡		平方米			建筑面积
桩基础		平方米			建筑面积
桩基检测费		平方米			建筑面积
降水		平方米			建筑面积
2. 结构及粗装修费					
混凝土框架		平方米			建筑面积
砌体		平方米			建筑面积
找平及抹灰		平方米			建筑面积
防水		平方米			建筑面积
其他		平方米			建筑面积
二、主体安装工程费					
1. 室内水暖气电管线设备费		平方米			建筑面积
室内给排系统费		平方米			建筑面积
室内采暖系统费		平方米			建筑面积
室内燃气系统费		平方米			建筑面积
室内电气系统费		平方米			建筑面积
2. 室内设备及其安装费					
通风空调系统及安装费		平方米			建筑面积
电梯及安装费		平方米			建筑面积
发电机及安装费		平方米			建筑面积
人防设备及安装费		平方米			建筑面积
消防系统及安装费		平方米			建筑面积
3. 弱电系统费					
居家防盗系统费		平方米			建筑面积
宽带网络费		平方米			建筑面积
有线电视费		平方米			建筑面积
三表远传费		平方米			建筑面积
对讲系统费		平方米			建筑面积
电话系统费		平方米			建筑面积

四、控制要点

1. 做好成本信息的收集工作，用好成本软件，每月分析、发布项目动态成本信息并据此控制项目成本。

2. 按《项目设计阶段成本管理工作指引》参与设计各阶段的优化工作，及时对设计方案进行估算，提供给设计部门和公司决策层作为决策的依据。

3. 坚持工程量清单招标，减轻后期结算压力。

4. 做好预结算编审交底工作，合理确定审减金额，合理确定外委咨询费用。由于造价审减金额过大导致外委咨询费用的增加，应按合同约定通过扣除对方违约金递减咨询费用。

五、资金计划

成本管理部应根据成本目标，合理安排本部门的资金（付款）计划（如下表所示），为公司的现金流管理提供支持。

资金（付款）计划

费用名称	费用额度（万元）	资金计划（单位：万元）				
		××××年	××××年	××××年	××××年	××××年
		×季度	×季度	×季度	×季度	×季度
预决算编审费						
管理费用						
总计						

重要提示：

成本管理部作为项目成本管理的业务主管部门，负责对项目成本管理的全过程、各环节进行协调，参与各项成本决策，负责造价审核和成本结算，向公司及各部门及时、准确通报相关成本信息。在成本决策过程中，成本管理部应重点配合设计部、项目经理部优化设计及施工方案，配合工程部开展工程量清单招标工作。成本管理部还应积极协助其他部门开展成本控制相关工作，提供专业支持，与财务管理部共同协作搞好成本核算工作。

第十二章　房地产项目全过程成本控制

一、房地产项目开发各环节成本的关系

房地产项目开发具有高风险、高收益、投资期限长的特点。一个项目开发过程需要经过从土地竞买、投资决策、设计、招标、施工到竣工验收、运营维护等环节，每个环节相互制约，相互作用，相互补充，构成了一个全过程的成本控制管理系统，如下图所示。

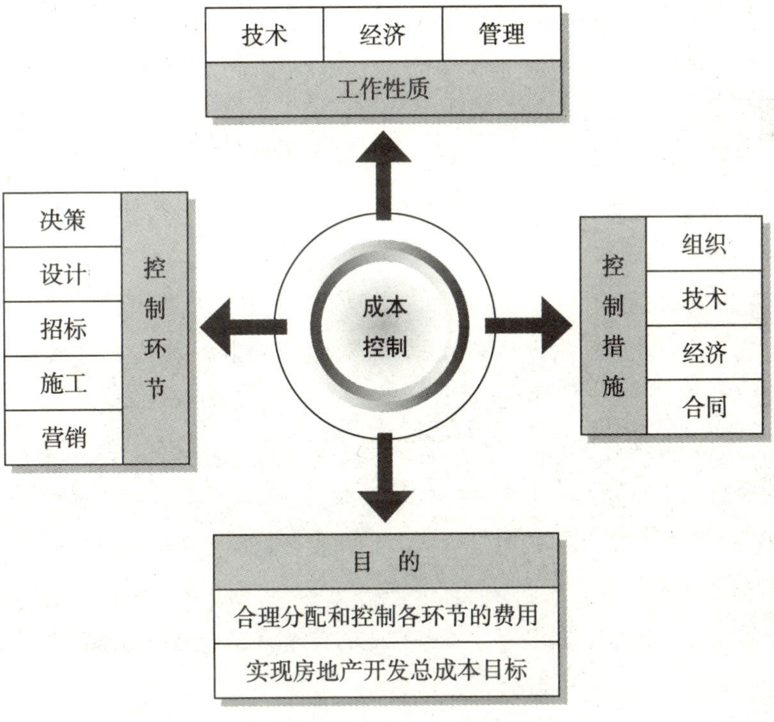

房地产项目开发成本控制系统

成本控制是一个全过程的控制。以成本控制为中心，房地产企业在土地竞买、决策、设计、招标、施工、竣工各环节，采用组织、技术、经济、合同的控制措施完成各环节成本控制目标，从而实现成本的降低，达到预定的目标。

房地产项目开发各个环节对房地产成本的影响是相互联系的，但不同的环节对成本的影响程度不一样。

投资决策环节及设计环节对成本的影响程度最大，约为70%；施工及竣工验收环节对成本的影响程度为20%；销售、运营及维护等其余环节对成本的影响程度最低，约为10%。

房地产项目开发的各个环节既相互独立，又有密切联系，构成一条相辅相成的价值链。房地产企业应从项目策划环节就开始进行项目成本控制，优化项目的设计规划，实现项目质量、成本和进度协调统一。在项目的整个生命周期中，各个环节的成本控制目标是统一的，贯穿于项目的各个环节，即通过有效的成本管理方法使项目增值。

二、房地产项目开发成本构成

（一）房地产项目开发成本构成的形式

房地产项目开发成本构成存在多种形式：

1. 直接成本和间接成本

基于经济用途，房地产项目开发成本可分为直接成本和间接成本。直接成本是构成房地产项目实体的费用，包括材料费、人工费、机械使用费、其他直接费和现场经费。间接成本是企业为组织和管理项目而发生的经营管理性费用。

2. 固定成本和变动成本

基于成本与实施所完成的工作量关系，房地产项目开发成本可分为固定成本与变动成本，其中固定成本与完成的工程量多少无关，而变动成本则随工程量的增加而增加。

3. 预算成本、实际成本和目标成本

基于成本的核算方法，房地产项目开发成本可划分为预算成本、实际成本和目标成本。预算成本是指根据施工图计算的工程和预算单价确定的工程预算成本，反映了为完成工程项目建筑安装任务所需的直接费用和间接费用。实际成本是指按成本对象和成本项目归集的生产费用支出的总和。目标成本是指按企业的施工预算确定的目标成本，这一成本是在项目经理领导下组织施工、充分挖掘潜力、采取有效的技术组织措施和加强管理经济核算的基础上，预先确定的工程项目的成本目标。

（二）房地产项目开发成本细分

结合企业财务管理制度和项目开发程序，房地产项目开发成本的划分越来越细致和科学，可操作性也越来越强。其具体可分为十个一级成本子目，如下图所示：

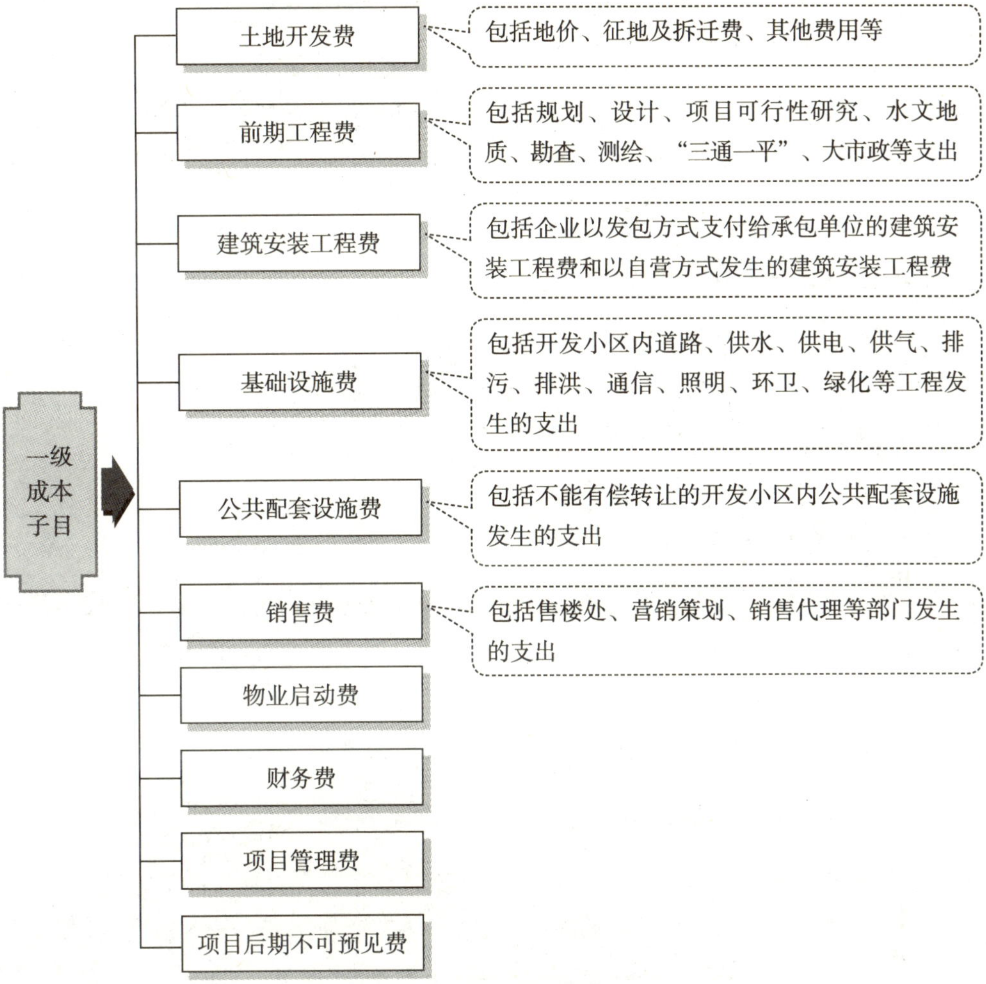

房地产项目开发成本的一级成本子目

以上十个一级子目基本能涵盖房地产项目开发全过程所发生的成本类型。每个一级子目由若干个二级子目组成，每个二级子目由若干个三级子目组成，依此类推，即组成房地产项目开发成本模板。

三、房地产项目开发全过程成本控制原则与目标

（一）全面，全员，全程

全面考虑开发项目寿命周期内各项事务的子目细化，全员参与成本控制并将责任落实到人，全程进行有机综合，形成“PDCA”（计划—实施—检查—调整）的良性循环过程。包括房地产开发项目的成本预测与决策、成本计划和实施、成本核算和偏差分析等主要环节，其中以成本计划的制订和计划的实施监控为关键环节。

（二）成本预测以及目标成本的制定是成本控制的首要环节

因地制宜，灵活运用各种方法，强调适用，避免套用。主动控制，强调事前控制和事中检查纠偏，避免“亡羊补牢”。成本预测需要预见成本的发展趋势，为目标成本决策和成本计划的编制提供依据。房地产项目目标成本是根据成本预测情况、经过认真分析而决定的。成本决策是先提出几个成本目标方案，再从中选择理想的成本目标方案的过程。

（三）运用价值工程，效益为上

价值工程的研究和应用贯穿于房地产项目的决策、实施以及运营的全寿命周期中，越是前期应用，效果越好。设计成本与使用功能结合、投资收益与社会利益结合、综合效益最大化是全寿命周期成本管理的最终目标。

四、投资决策环节的成本控制

投资决策环节的成本控制关系到项目投资的成败，项目投资决策的成败直接关系到项目将来发生的实际成本。房地产开发投资具有的综合性、投资额大、建设周期长和涉及面广等特点使房地产投资决策难免出现失误，所以，对一个房地产开发企业而言，如何建立科学的决策机制、正确规避决策中的各种风险，是成本控制的关键。

（一）投资决策环节的费用组成

投资决策环节要考虑的是整个项目从拟订建议书到建成交付使用的整个过程中所产生的全部费用，现行建设工程项目投资的构成包括两大部分，即建设投资和流动资产投资。其中，最主要的就是建设投资。投资决策环节的费用组成主要包括下图所示几项内容。

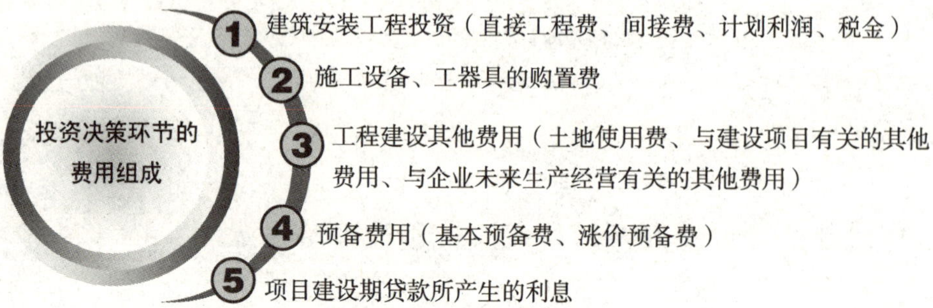

投资决策环节的费用组成

（二）投资决策环节成本控制的内容及方法

投资决策环节成本控制的内容及方法见下表。

投资决策环节成本控制的内容及方法

控制要点		控制内容	控制方法	执行部门
开发形式	规划方案	征地费用	少交或晚交，力争减免	工程部负责
		拆迁安置费用	房产确权后办理拆迁安置费用	工程部负责
		大市政费用	自建部分按照公司工程体系走，交政府部分按有关规定办理	工程部、设计部和预算部负责自建部分，工程部负责交政府部分
		规划条件	满足公司利益最大化，合理提高容积率，降低土地成本	研发部、设计部负责
	买断项目	买断内容	明确买断内容明细	工程部负责
		付款总额	为公司争取最大利益	工程部负责
		付款时间	周期长、次数多	项目部负责
		“三通一平”或“七通一平”的标准	明确验收标准明细	工程部、项目部负责
		手续风险	与项目付款时间直接挂钩	项目部负责
	合作开发	合作方式	符合总公司要求，有利于子公司	子公司负责
		分成比例	双赢原则	子公司负责
		交房时间	尽可能地延后交房	工程部负责
		交房标准	不低于合同中交房标准	工程部负责
		付款总额	尽可能延后	工程部、财务部负责

五、设计环节的成本控制

控制房地产开发企业项目的建设工程成本，首先应从设计开始，因为设计是工程项目付诸实施的龙头，是工程建设的灵魂，是控制基本建设投资规模、提高经济效益的关键。

（一）设计环节成本控制的影响因素

1. 建筑设计

建筑方案的优劣关系到其余各环节的成本控制，可以说是单体设计中成本控制的第一步。好的建筑设计需要设计人员在美观舒适与控制成本之间找到一个平衡点。从这个角度考虑，房地产企业可以从以下几个方面考虑建筑设计环节的成本控制，具体如下图所示。

考虑一　规划设计方案	在规划设计项目方案时，要根据项目的基本功能和要求，合理安排住宅建筑、公共建筑、管网、道路及绿地的布局，确定合理的人口与建筑密度、房屋间距和建筑层数；布置公共设施项目的规模和服务半径以及水、电、燃气的供应等，并划分上述各部分的投资比例
考虑二　建筑的平面布置	对于同样的建筑面积，若建筑平面形状不同，其工程量和建筑工程费用也不同。一般来说，正方形和矩形的建筑既有利于施工，又能降低工程造价。另外，在设计单元住宅时，小单元住宅以4个单元，大单元住宅以3个单元，房屋长度在60～80米较为经济，即可以相应降低工程费用
考虑三　建筑的层高和净高	建筑层高和净高对工程费用影响较大。据资料表明，在满足规范的情况下，层高每降低0.1米，就可以节约1%，并有利抗震
考虑四　建筑的层数	建筑层数的多少，直接影响着工程费用的高低。低层建筑具有降低工程费用、节约用地的优点。建筑超过6层就要设置电梯，需要较多的交通面积（过道、走廊要加宽）和补充设备（垃圾管道、供水设备和供电设备等）。特别是高层建筑，要经受较强的风力荷载，需要提高结构强度，改变结构形式，使工程费用大幅度上升。建筑层数超过18层和高度超过100米都是较大费用变化的界限，因而，合理地规划建筑层数有利于降低工程费用
考虑五　户型和住户面积	建筑户型分一室户、二室户、三室户和多室户。户室比要根据一般家庭人口组成、生产活动、工作性质等情况来决定。户型和住户面积以及配套功能房和辅助房的数量对工程造价的影响非常大。因此，房地产项目要根据项目的实际情况确定小区内多层住宅、小高层和高层住宅的配比

建筑设计成本控制的考虑点

2. 结构设计

结构是建筑的骨架和主体，其造价在土建成本中占有相当大的比重，优秀的结构设计是控制成本的重要部分。根据行内专家的建议，结构设计方面的成本控制主要从下图所示几个方面考虑。

考虑一 **选择合理的结构体系**

结构体系的选择，是结构设计中的第一要素。一般而言，钢结构贵过钢筋混凝土结构，而钢筋混凝土结构又比砖混结构造价更高。因此，应根据建筑的层数和使用功能，选择合理的结构体系

考虑二 **优选结构方案**

在确定采用何种结构体系之后，还应对结构进行多方案比较。由于现代的建筑平面越来越不规则、体型越来越复杂，加上现在科技更先进，在满足结构安全的前提下，有多种结构方案可供选择，所以应通过比较后，选取一个最佳方案。这种比较是非常有必要的，因为一个优秀的结构方案比一个差的结构方案要节省很多成本

考虑三 **严格控制计算结果**

在结构设计中，设计人员在计算与配钢筋时，常犯的错误有三种：一是计算时取荷偏大，该折减的不折减，该扣除的不扣除；二是在输入计算机时，有意识地将计算参数扩大10%～15%；三是出施工图配筋时，担心计算不准，有意识地将计算结果又扩大10%～15%，所以，其最终出图结果显然比精确计算大很多。因而，作为房地产企业的管理人员，应该与设计人员多沟通，认真审核结构计算书与设计图，及时调整

考虑四 **优化基础设计**

建筑基础的合理选型与设计是整体结构设计中一个极其重要的部分。它不但涉及建筑的使用功能与安全可靠性，还直接关系到投资额度、施工进度和对周边现有建筑物的影响。基础的经济技术指标对建筑的总造价有很大的影响，基础的工程造价在整个工程造价中所占的比例较高，尤其在地质状况比较复杂的情况下，更是如此

结构设计成本控制的考虑点

（二）规划设计环节成本控制的措施

规划设计环节成本控制的措施主要有下图所示几个方面。

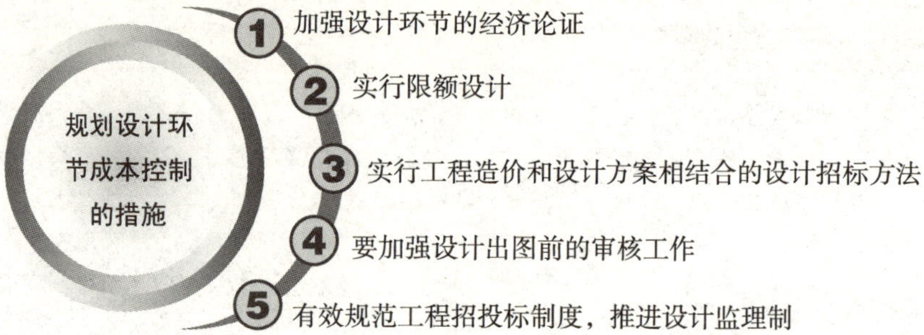

规划设计环节成本控制的措施

1. 加强设计环节的经济论证

设计环节是工程建设的重要环节，它决定整个工程项目的规模、建筑方案、结构方案，设计方案优化与否，直接影响着房产项目工程总造价，影响着工程建设的综合效益。在方案比较时，可以采用成本—效益分析方法，在满足工程结构以及使用功能的前提下，依据经济指标选择设计方案。设计单位在技术经济分析中应大力开展价值工程方法的应用。价值工程是分析产品功能和成本的关系，力求以最低的产品寿命周期成本实现产品的必要功能，以求获得最佳综合效益的一种有组织的活动和管理方法。

2. 实行限额设计

限额设计就是按照批准的设计任务书和投资估算，在满足功能要求的前提下，控制初步设计以及按照批准的初步设计总概算控制施工图设计。同时，各工程在保证达到使用功能的前提下，按分配的投资额控制设计，严格控制设计中不合理的设计变更，保证工程竣工结算不超过总投资额。

在各设计环节，尤其在限额设计目标值确定之前的可行性研究及方案设计时，房地产企业应加强价值工程活动分析，认真选择功能与工程造价相匹配的最佳设计方案。以下提供某房地产企业的限额设计参考意见供参考：

【实战范本07】

某房地产企业的限额设计参考意见

1. 项目档次界定及设计费限额。

序号	项目档次界定	售价	设计费限额（元/平方米）	备注
1	超高档	当地平均房价200%以上	多层： 中高档、高档：	超高档次项目设计费可上浮10%；中档档次项目设计费可下调10%
2	高档	当地平均房价140%以上		
3	中档	当地平均房价80%～140%		
4	低档	当地平均房价80%以下		

（续表）

序号	项目档次界定	售价	设计费限额（元/平方米）	备注
5	别墅	与当地别墅的平均房价相对比	联排：	
			独栋：	

说明：沿用成熟产品方案，其设计费总额应低于限额之下限。

2. 结构设计。

序号	限额措施
1	在设计任务书中应列入各主项指标限量，如每平方米钢筋用量、每平方米混凝土用量等，具体根据项目所在地区抗震、结构形式、层数等因素确定
2	招标之前或过程中，若发现实际材料数量超出设计限量，必须要求设计单位进一步对施工图进行优化，力争控制在指标限量以内
3	地下室结构设计，除重点控制钢筋、混凝土用量指标外，应降低地下室顶板覆土的厚度；顶板上部地面用作园林景观时，应该尽可能地安排灌木和草地，避免种植大型乔木，以免过度增加覆土厚度，一般顶板覆土以1米左右为宜。消防通道也应尽量避免经过顶板上部地面
4	屋面造型对建筑安装成本的影响十分明显，在设计上应注意简洁；16层以下建筑尽可能不采用斜屋面，或控制斜屋面面积比例

3. 外窗。

序号	限额措施
1	窗积比控制在0.30以内，以0.25～0.28为宜
2	控制开窗面积，降低外墙保温投入，减少飘窗、转角窗面积
3	如无外立面保温隔热地方性规范要求，除超高档物业以外，不宜选用断桥隔热铝型材、双层中空玻璃
4	若项目成本利润率低于15%，则门窗用料应降低一个档次
5	不同物业外窗选材参考

物业类型	档次	铝型材表面处理	玻璃	小五金	限额（地上单方，元/平方米）
非别墅	超高	可选用氟碳喷涂	双层中空，可按需要选用单面低辐射玻璃		
	高档	粉末喷涂	双层中空		
	中档	表面粉末喷涂	单层或双层玻璃		
	低档	塑钢型材	单层玻璃		

（续表）

物业类型	档次	铝型材表面处理	玻璃	小五金	限额（地上单方，元/平方米）
别墅	超高	可选用氟碳喷涂，或采用复合材料	双层中空，可按需要选用单面低辐射玻璃		
	中高档	粉末喷涂	双层中空		

4. 外立面装饰。

序号	限额措施
1	墙积比控制在1.2左右，不宜超过1.5
2	除超高档次和高档次项目以外，不宜在除造型线条以外大面积选用氟碳喷涂、高级弹性涂料或金属漆，应选用合资品牌的中等档次处理手段
3	中档及以下项目，不宜选用大比例、成规模的幕墙类饰面，如石材幕墙、玻璃幕墙、金属板类幕墙
4	若项目成本利润率低于15%，则选择用料应考虑降低一个档次
5	不同物业外立面用料及档次选材参考

物业类型	档次	石材及比例	面砖及比例	涂料及比例	限额（地上单方，元/平方米）
非别墅	超高	可选用进口石材，石材用量不宜超过六层	可选用高档合资品牌外墙砖，比例不限	无限制	≤160（不含抹灰、保温）
	高档	可选用进口石材，但进口石材占石材总量的比例不宜超过40%	可选用较高档次外墙砖，比例不限	比例不限，不宜选用高档涂料	≤160（不含抹灰、保温）
	中档	不宜使用进口石材	普通档次面砖	比例不限，不宜选用高档涂料	≤110
	低档	不宜使用进口石材	普通档次面砖，比例不宜超过50%	不宜选用高档涂料	≤80
别墅	超高	可选用进口石材，石材比例可以达到60%	可选用高档合资品牌外墙砖，比例不限	无限制	
	高档	可选用进口石材，比例不超过40%；石材总量比例不超过外墙面积的50%	可选用高档合资品牌外墙砖，比例不限	无限制	
	中档	不宜使用进口石材	宜选用较高档次面砖，比例不限	比例不限，不宜选用高档涂料	

5. 公共部位装饰。

物业类型	档次	大堂	电梯厅	消防楼梯（电梯）	限额（元/平方米）
非别墅	超高	可使用进口石材，地面和墙面可满铺石材	地面可使用进口石材，墙面可选用高档次抛光砖	不宜满铺地砖，楼梯扶手应以简单的钢质材料为主，不宜使用木质装饰性扶手	
	高档	墙面不宜选用石材，地面可以使用进口石材	地面可使用少量进口石材，墙面可使用较高档次抛光砖		
	中档	墙面不宜选用高档次大规格抛光砖，地面可使用少量国产石材	地面不宜使用进口石材，墙面不宜选用大规格高档次抛光砖		
	低档	墙面不宜使用抛光砖，地面不宜使用石材	地面不宜使用石材，墙面不宜使用抛光砖		

6. 室外园林。

序号	限额措施
1	注意软景与硬景的比例搭配；少用名贵苗木，多用本地普通苗木；水景造价高，使用管理费用更高，因而要控制水景的规模
2	限额指标参考

物业类型	档次	按空地面积单方造价限额（元／平方米）	按项目总建筑面积单方造价限额（元／平方米）
非别墅	超高		
	高档		
	中档		
	低档		
别墅	超高		
	高档		
	中档		

特别提示

当投资限额确定以后，一般来说，要留下直接费用的10%作为调整使用。为了克服投资限额的不足，可以根据具体情况适当增加调整使用比例，从而更好地解决限额设计不足的一面。

3. 实行工程造价和设计方案相结合的设计招标方法

目前，房地产项目普遍实行了招投标制度，设计的招投标制度对提高设计水平、促进良性竞争起到了很好的作用。推行工程造价和设计方案相结合的设计招标方法，可以促使设计单位和设计人员不仅在建筑造型、使用功能上动脑筋，而且在如何降低工程造价上下功夫。一个优秀的设计方案既要建筑造型美观，又要造价合理，从而保证项目的经济利益。

4. 要加强设计出图前的审核工作

加强出图前的审核工作，将工程变更尽量控制在施工之前。在设计环节对设计方案的不足或缺陷加以克服，所花费的代价最小，效果最好。在设计出图前加强对设计图纸的审核管理工作，以求提高设计质量，避免将设计的不足带到施工环节，减少浪费。

特别提示

房地产企业应成立专门的工程设计管理部门，配备经验丰富的建筑、结构、水电方面的专业人才和经济分析人员，制定详细的设计要求和下达设计任务，并对设计单位所出的设计方案和施工设计图进行审核，对工程项目的结构形式、装修标准、材料设备选型、设计的合理性和安全性等进行全面的评估和审核。

5. 有效规范工程招投标制度，推进设计监理制

要切实推行工程招投标制度，房地产企业就要建立一个健康、公平的竞争环境，严厉杜绝不规范的行为发生。只有技术先进、造型新颖、安全适用、经济合理、节约投资基础上的最优设计方案才有可能脱颖而出。为了实现这一点，建设主管部门已经做了大量工作，如严格设计行业人员的执业资格考试与注册制度、施工图的审查制度，开展ISO 9001质量管理体系贯标活动以及积极推进工程设计责任保险工作等。随着设计监理制的推进，还可以利用监理作为第三方的特殊位置，使其参与到招投标的全过程，对招投标的整体环境起到约束、监督和协调的作用。

此外，通过设计环节监理，能在一定程度上更正设计工程中出现的技术、经济方面的失误，从而提高设计质量，有效地控制工程造价。具体做法是：当确定设计单位后，建设单位应及时委托监理单位对设计单位的执业资质及参加人员的专业素质进行核定，进而对工程项目设计的全过程进行监理，协调建设单位与设计单位的异议，运用自己的专业知识对设计提出合理建议，必要的时候请技术人员对设计方案及其重要环节进行技术经济论证。

（三）设计环节成本控制内容及方法

设计环节成本控制内容及方法见下表。

设计环节成本控制内容及方法

控制要点	控制内容	控制方法	执行部门
规划方案	（1）可行性规划设计	①市场信息搜集和分析 ②市政信息分析 ③确立规划要点 ④可行性研究设计任务书 ⑤可行性设计变更	研发部、设计部负责，营销部、预算部配合
	（2）方案评审	①组成可行性规划评审委员会，对方案进行评审、确定 ②未通过的方案进入可行性设计变更环节，再重新评审	由研发、设计、工程、预算、财务、销售等各部门组成评审委员会，总经理负责
	（3）设计成果	①根据实际情况对可行性规划设计进行细节调整 ②提前确定设备选型方案	设计部负责，工程部配合
		根据提交的设计成果进行投资估算	预算部负责，设计部、研发部配合
报批设计	（1）设计方案	根据项目前期运营的情况和市场分析制定设计任务书	设计部负责，销售部配合
		方案设计招投标	设计部
		方案设计评审	招投标评审委员会
	（2）报批	①注意市政设计 ②注意相关法规，完善自身报批规范性，材料完整	工程部负责，设计部配合
扩初设计	（1）扩初设计要求	①对报批设计进一步调整设计要求 ②内部审核	设计部负责，知会各部门
	（2）成本概算	根据扩初设计招投标方案和设备选型、实体研究、环境方案等因素对总成本做出概算	设计部与工程部负责
		制定经营指导书	预算部负责
	（3）扩初设计图	①根据扩初设计要求招标 ②专家评审 ③内部评审	招投标评审委员会
		设计调整	设计部负责
桩基设计	（1）地质勘查	①搜集权威地质资料 ②专业人员勘查	设计部负责，工程部协助

（续表）

<table>
<tr><th>控制要点</th><th>控制内容</th><th>控制方法</th><th>执行部门</th></tr>
<tr><td rowspan="2">桩基设计</td><td>（2）设计方案评审</td><td>①设计2种以上桩基形式
②由专家进行桩基形式和桩基结构的评审</td><td rowspan="2">设计部负责，工程部协助</td></tr>
<tr><td>（3）桩基施工图</td><td>设计调整</td></tr>
<tr><td rowspan="4">施工图设计</td><td>（1）施工图设计要求</td><td>①根据销售包装设计、桩基设计、功能设计及配套设施等因素，在扩初图基础上确立施工图设计要求
②建安施工图中结构造价、建筑造价和环境设施费等约占总造价70%的部分属于设计方可控部分，应严格审核</td><td>设计部和工程部负责，其他部门协助</td></tr>
<tr><td>（2）报建与报施图</td><td>按政府有关政策交纳政府部门报批费</td><td>施工部</td></tr>
<tr><td>（3）审图与施工配合</td><td>互审互签，明确修改意见，设计并洽商</td><td>设计部负责，工程部协助，知会销售部</td></tr>
<tr><td>（4）面积测算</td><td>设计图纸测算与实际施工时检验相结合</td><td>设计部负责，工程部协助</td></tr>
<tr><td>销售包装设计</td><td></td><td>①结合营销费用控制
②施工招投标</td><td>销售部负责</td></tr>
<tr><td rowspan="5">装修方案设计</td><td>（1）方案设计要求</td><td>根据扩初设计图、经营指导书和实体研究的结果确定方案设计要求</td><td>设计部负责，销售部协助</td></tr>
<tr><td rowspan="2">（2）材料设备选型成本方案</td><td>①市场信息调研
②根据设计要求确定装修材料和设备</td><td rowspan="2">设计部负责</td></tr>
<tr><td>①制定装修设计目标成本计划明细表
②装饰综合价格拆分分析</td></tr>
<tr><td rowspan="2">（3）招投标</td><td>制定设计任务书</td><td>设计部负责，销售部协助</td></tr>
<tr><td>评审</td><td>招投标评审委员会</td></tr>
<tr><td rowspan="3">功能设计</td><td rowspan="2">（1）小区建筑物功能的经济评估</td><td>市场调研</td><td>销售部负责</td></tr>
<tr><td>有针对性扩充建筑物功能</td><td>设计部负责，销售部、工程部协助</td></tr>
<tr><td>（2）市政配套方案</td><td>①市政状况调研
②争取政府有利条件</td><td>项目部负责</td></tr>
</table>

（续表）

控制要点	控制内容	控制方法	执行部门
功能设计	（3）环境方案设计	根据投资估算和报批标准确立环境设计方案目标成本总额	设计部负责，项目部协助
		招投标	招投标评审委员会
	（4）智能化设计	市场现状分析、智能化必要性分析以及智能化内容控制	营销部负责
		招投标，寻找外部合作，争取双赢	招投标小组组织，总经理负责
	（5）销售承诺	保持各部门与销售部的信息畅通，保障销售承诺与实际功能的一致性	设计部负责，工程部协助
设计变更	（1）设计调整费用	严格按照设计调整流程进行	设计部负责
	（2）设计变更洽商	严格按照设计变更洽商流程进行	设计部负责，工程、营销部配合
材料设备	（1）选型	在扩初图确定前确定材料设备，使设计在图纸阶段就考虑了材料设备的安装	设计部负责，工程部协助
	（2）方案确定时间		
	（3）采购	招投标	招投标评审委员会
其他费用	物业管理完善费	限额设计	预算部

六、招投标环节的成本控制

（一）房地产开发项目推行工程招投标制的影响

房地产开发项目推行工程招投标制对降低工程造价，使工程造价得到合理的控制具有非常重要的影响。这种影响主要体现在下图所示几个方面：

影响一　推行招投标制基本上形成了由市场定价的价格确定机制，使工程造价趋于合理，有利于节约投资，提高投资效益

影响二　推行招投标制能够不断降低社会平均劳动消耗水平，使工程造价得到有效的控制，更为合理

影响三　推行招投标制有利于供求双方更好地选择，使工程造价更加符合价值基础

影响四　推行招投标制有利于规范价格行为，使公开、公正的原则得以贯彻

房地产开发项目推行工程招投标制的影响

（二）招投标环节的成本控制流程图

从下图所示的流程图可以看出，招投标环节的成本控制涉及工程、设计、预算等多个部门的实际运作，在程序上没有太多变数，但具体内容特别是成本控制相关条款的编制和标底的编制与审查则须有很强的针对性，这个环节成本控制的难点在于标书制定，重点在于评标。

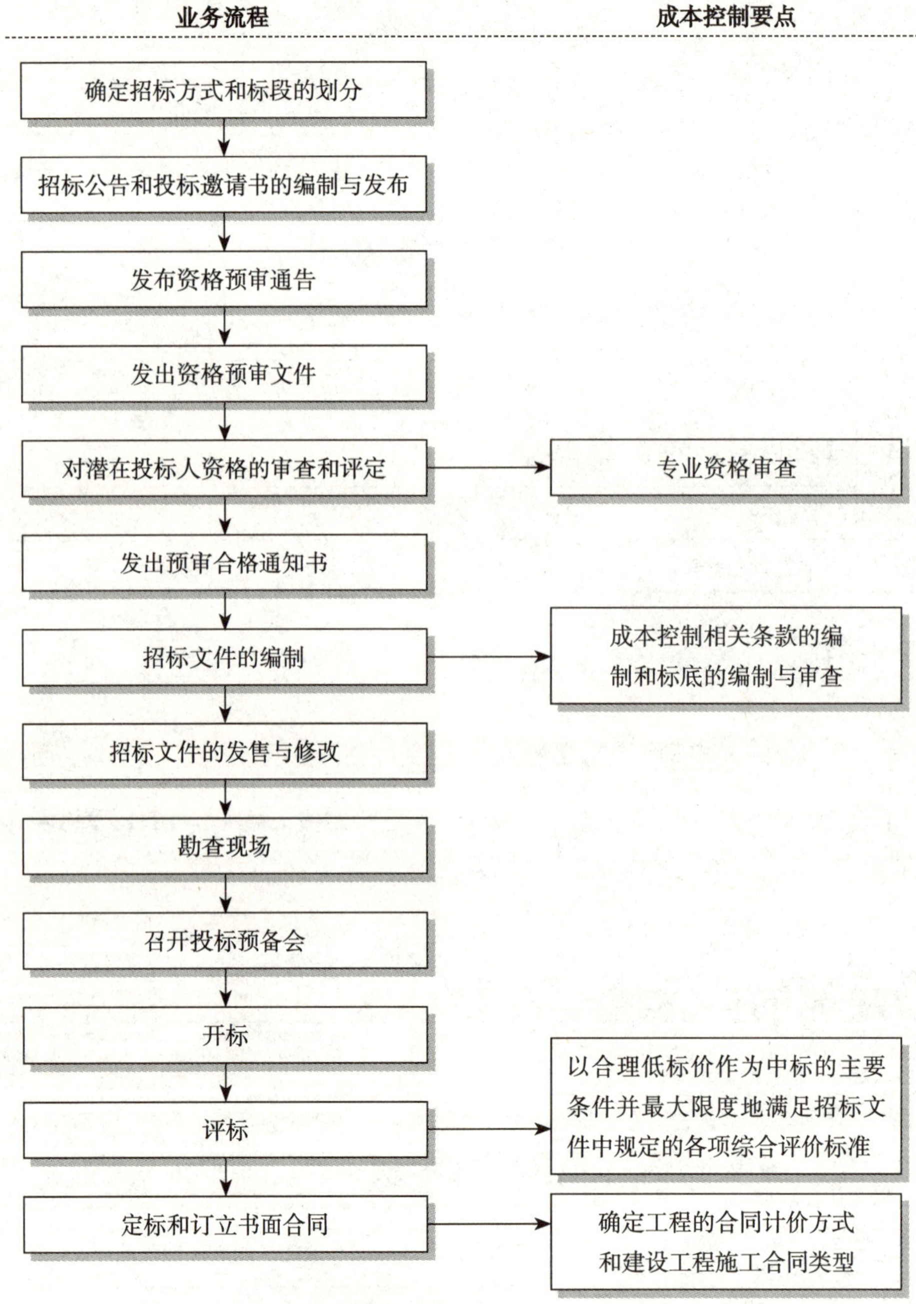

招投标环节的成本控制流程图

（三）招标过程中的成本控制措施

房地产项目工程招投标包括设备、材料采购招投标和施工招投标两个方面，通过招投标，开发商选择施工单位或材料供应商，这对项目投资乃至质量、进度的控制都有至关重要的影响。因此，在招标过程中的成本控制，应贯彻落实下图所示几个方面的措施。

措施一　招标工作应遵循公平、公开、公正、诚信的原则

招标前，应严格审查施工单位资质，必要时进行实地考察，避免“特级企业投标，一级企业转包，二级企业进场”等不正常现象，这些不正常现象对项目成本控制非常不利

措施二　做好招标文件的编制工作

造价管理人员应收集、积累、筛选、分析和总结各类有价值的数据、资料，对影响工程造价的各种因素进行鉴别、预测、分析、评价，然后编制招标文件。对招标文件中涉及费用的条款要反复推敲，尽量做到“知己知彼”，以利于日后的造价控制

措施三　合理低价者中标

目前推行的是工程量清单计价报价与合理低价中标制度，开发商应杜绝一味寻求绝对低价中标，以避免投标单位以低于成本价恶意竞争。所谓合理低价，是在保证质量、工期前提下的低价

措施四　做好合同的签订工作

应按合同内容明确协议条款，对合同中涉及费用的条款如工期、价款的结算方式、违约争议处理等，都应有明确的约定。在签订的过程中，对招标文件和设计中不明确、不具体的内容，通过谈判，争取得到有利于合理低价的合同条款。同时，正确预测在施工过程中可能引起索赔的因素，对索赔要有前瞻性，以有效避免过多索赔事件的发生。此外，应争取工程保险、工程担保等风险控制措施，使风险得到适当转移、有效分散和合理规避，提高工程造价的控制效果。工程担保和工程保险是减少工程风险损失和赔偿纠纷的有效措施

措施五　**通过招标选择监理单位**

好的监理队伍不仅可以把好工程质量关，而且可以帮助业主把好经济效益关，控制工程成本的支出。开发商在确定监理单位时应进行公开招标，选择三家以上的监理单位进行投标报价，从中选出监理费用低、技术力量强、业绩好、信誉高的监理单位来进行监理。在办理工程洽商时要有监理人员签字才能生效，监理人员对洽商内容在技术上是否可行、经济上是否合理都有发言权

招标过程中的成本控制措施

（四）编制标底时的成本控制要点

（1）标底作为业主的期望价格，应力求与市场的实际变化相吻合，要有利于竞争并保证工程质量。

（2）标底应由直接工程费、间接费、利润、税金等组成，一般应控制在批准的总概算（或修正概算）及投资包干的限额内。

（3）标底必须适应建筑材料采购渠道和市场价格的变化，考虑材料差价因素并将差价列入标底。

（4）标底价格应根据招标文件或合同条件的规定，按规定的工程发承包模式，确定相应的计价方式，考虑相应的风险费用。

（5）以定额计价法编制标底。定额计价法又可以分为单位估价法和实物量法两种，如下图所示。

方法一　**单位估价法**

根据施工图纸及技术说明，按照预算定额规定的分部分项工程子目，逐项计算出工程量，再乘以定额单价（或单位估价表）确定直接费。然后按规定的费用定额确定其他直接费、现场经费、间接费、计划利润和税金，还要加上材料调价系数和适当的不可预见费，汇总后即为标底的基础

方法二　**实物量法**

根据图纸计算各分项工程的实物工程量，分别套取预算定额中的人工、材料、机械消耗指标，并按类相加，求出单位工程所需的各种人工、材料、施工机械台班的总消耗量，然后分别乘以人工、材料、施工机械台班市场单价，求出人工费、材料费、施工机械使用费，再汇总求和。对于其他直接费、现场经费、间接费、计划利润和税金等费用的计算，则根据当时当地建筑市场的供求情况具体确定

定额计价法的两种计算方法

（五）评标时的成本控制要点

（1）经初审后，以合理低标价作为中标的主要条件，中标人的投标应当符合招标文件规定的技术要求和标准。

（2）若采用综合评价法，最大限度地满足招标文件中规定的各项综合评价标准的投标者，应当推荐其为中标候选人。

（六）招投标环节成本控制内容及方法

招投标环节成本控制内容及方法如下表所示。

招投标环节成本控制内容及方法

<table>
<tr><th>控制要点</th><th>控制内容</th><th>控制方法</th><th>控制部门</th></tr>
<tr><td rowspan="2">投标单位的选择</td><td rowspan="2">（1）资质
（2）管理水平
（3）技术力量
（4）历史记录
（5）资金实力
（6）合作经历</td><td>①建立承建商、工程监理、材料及设备供货商名册及资料库
②从公司认可名册中的承建商、供货商、监理公司中选择投标单位
③主办部门推荐5家投标单位报招投标工作组</td><td>·工程部负责工程监理招投标合同
·设计部负责设计、环境、装修招投标合同
·预算部负责材料设备招投标合同
·营销部负责营销、包装招投标合同</td></tr>
<tr><td>招投标工作小组审核、考察、评估、筛选3家以上投标单位报招投标评审委员会及主管领导</td><td>·招投标评审委员会审核
·主管领导批准</td></tr>
<tr><td rowspan="2">招投标文件</td><td rowspan="2">各类合同的招投标书内容应包含：
（1）工期
（2）工程造价或取费标准
（3）质量要求
（4）付款方式
（5）招标范围
（6）结算方式
（7）验收标准
（8）投标注意事项
（9）废标条件（投标书必须加盖投标单位法人印章）
（10）接标时间
（11）开标时间
（12）定标方法</td><td>主办部门起草、制定招投标标准文本</td><td>·工程部负责工程监理招投标合同
·设计部负责设计、环境、装修招投标合同
·预算部负责材料设备招投标合同
·营销部负责营销、包装招投标合同</td></tr>
<tr><td>招投标工作组审核</td><td>·招投标评审委员会审核
·主管领导批准</td></tr>
</table>

（续表）

控制要点	控制内容	控制方法	控制部门
招投标文件	（13）投标单位补充意见 （14）标准合同条文 （15）图纸、其他要求等		
评标和定标	（1）技术性评标和定标 （2）经济性评标和定标	优先顺序 ①技术评标 ②经济评标 ③合作经历	·技术部门负责技术评标 ·预算部负责经济标书的评标 ·财务部负责审核广告包装费
		综合审核投标单位，评定中标单位	·招投标评审委员会审核、评定 ·主管领导批准

七、采购环节的成本控制

采购环节涉及的费用主要是材料费用，材料费用一般占工程总费用的65%～75%，所以它对工程成本和利润的影响很大。

（一）制定采购预算与估计成本

采购预算是在具体实施项目采购行为之前对项目采购成本的一种估计和预测，是对整个项目资金的一种理性的规划，它不单对项目采购资金进行了合理的配置和分发，还同时建立了一个资金的使用标准，以便对采购实施行为中的资金使用进行随时的检测与控制，确保项目资金的使用在合理的范围内浮动。有了采购预算的约束，才能提高项目资金的使用效率，优化项目采购管理中资源的调配，查找资金使用过程中的一些例外情况，有效控制项目资金的流向和流量，从而达到控制项目采购成本的目的。

（二）制订采购计划

为了使材料供应与需求相适应，需要编制材料采购计划。

1. 编制材料供应计划

材料供应计划的编制要经过的步骤包括：技术部门按施工计划及施工预算，提供年、季、月工程项目、工程量、投资计划及单项工程年、季度需要主要材料明细表，同时提出三大材料节约指标及措施；工程所需的特殊材料和专用工具应由技术部门协助各承包单位按工程任务书提出计划，年初或季初交物资部门备料；物资部门根据各承包单位提出的需用材料计划，在充分利用库存物资的基础上，做好物资平衡工作，及时编报材料采、订、购计划。材料计划供应量的计算公式为：

材料计划供应量＝材料需要量+期末库存量−期初库存量

由于期初库存量是已知的，因此问题的关键是要确定计划期的材料需要量和期末库存量。

（1）计划期材料需要量的制定。

由于目前的水电建筑市场发育不完善，而工程的中标价格却是按市场的供求关系形成的，套用的又是旧的定额，尽管经过十余年不同程度的调整，但预算成本仍很难反映社会建筑业生产经营管理水平，所以根据技术组织措施计划，制订降低成本计划是十分必要的。由于材料费属于变动成本，所以在计划成本的基础上按不同工程量水平制定弹性成本也是比较容易的。

材料需要量是计划期内保证施工正常进行所必须消耗的材料数量，它的计算公式为：

$$材料需要量=计划工作量\times计划消耗$$

材料需要量确定的准确与否，直接影响材料供应计划的质量，因此必须做好各项基础工作。

（2）计划期末材料储备量的制定。

由于材料供应与需求之间存在着时空的差异，所以在客观上形成了材料储备。材料储备并不是越多就越好，而是要有一个度，即要制定材料储备额。确定材料储备额常用的方法是经济订购批量法。

经济订购批量就是项目一定期间的材料存货相关总成本达到最低的一批采购数量。与存货相关的成本，是指为形成和维持材料采购管理而引起的各项费用支出，其总额随材料数量、价格等属性的变化而增减，主要由订货成本、购买成本、储存成本和缺货成本四部分构成。

确定经济订购批量的目的，就是使与材料有关的上述四项成本总和达到最低。根据施工项目的一般情况来看，由于订货成本和储存成本相对较小，重点要考虑购买成本和缺货成本之和的最小化，最终得出一定期间的经济采购量。

2. 编制采购计划

根据材料的需用计划和经济采购量的分析结果以及将要选择的合同类型编制采购计划，说明如何对采购过程进行管理。主要内容包括：

（1）合同类型。

（2）组织采购的人员。

（3）管理潜在的供应商。

（4）编制采购文档。

（5）制定评价标准等。

采购计划一般由项目物资部门制定。根据项目需要，采购管理计划可以是正式、详细的，也可以是非正式、概括的，关键强调其正确性、及时性和可执行性。

（三）采购询价

采购询价就是从可能的卖方那里获知谁有资格、谁能以最低成本完成材料采购计划中的供应任务，确定供应商的范围，该过程的专业术语也叫供方资格确认，获取信息的渠道有招标公告、行业刊物、专业建筑网站等。

做好采购询价管理，需要充分利用计算机管理系统，借助网络优势，快速地浏览和获取需要的信息，从而保障采购询价管理，得到询价结果的高效率。

（四）供应商的选择

供应商是项目采购管理中的一个重要组成部分，项目采购时应该本着公平竞争的原则，给所有符合条件的供应商提供均等的机会，一方面体现市场经济运行的规则，另一方面也能对采购成本有所控制，提高项目实施的质量。因此，在供应商的选择方面要注意如下两方面的问题。

1. 选择供应商的数量

一般来说，供应商的数量以不超过3～4家为宜。

2. 选择供应商的方式

选择供应商的方式主要包括公开竞争性招标采购、有限竞争性招标采购、询价采购和直接签订合同采购，四种不同的采购方式按其特点来说分为招标采购和非招标采购。在项目采购中采取公开招标的方式可以利用供应商之间的竞争来压低物资价格，帮助采购方以最低价格取得符合要求的工程或货物。多种招标方式的合理组合使用，也有助于提高采购效率和质量，从而有利于控制采购成本。

（五）采购环境的利用

充分利用采购环境的一个重要内容就是熟悉市场情况、了解市场行情、掌握有关项目所需要的货物及服务的多方面市场信息。比如，结合所采购货物或服务的种类、性能参数、质量、数量、价格的要求等，了解熟悉国内、国际市场的价格及供求信息，所购物品的供求来源、外汇市场情况、国际贸易支付办法、保险合同等有关国内、国际贸易知识和商务方面的情报和信息。这就要求项目组织建立有关的市场信息机制，以达到有效利用采购环境的目的。良好的市场信息机制包括下图所示三个方面：

要求一　建立重要货物供应商信息的数据库，以便在需要时能随时找到相应的供应商，并了解到这些供应商的产品或服务的规格性能及其他方面的可靠信息

要求二　建立同一类货物的价格目录，以便采购者能进行比较和选择，充分利用竞争的办法来获得价格上的利益

要求三　对市场情况进行分析和研究，做出市场变化的预测，使采购者在制订采购计划、决定如何发包及采取何种采购方式时，能有可靠而有效的依据作为参考

良好的市场信息机制的要求

只有建立了良好的市场信息机制，才能在项目采购中做到知己知彼，并对采购环境有充分的了解和把握，使采购者处于供需双方的有利地位，获得价格上的优势，不仅取得高质量的货物或服务，也能有效控制成本。而如果缺乏了对相关信息的了解，会造成采购工作的延误，采购预算的超支，失去成本控制的优势。

（六）采购合同签订

选择供应商的主要参照条件就是在采购询价环节的评价结果，当然也要参照其他标准，如供应能力、历史信誉等。比如具体确定商品混凝土的供应商时一般都要考虑不少于两家供应商，以防供应不及时导致停工风险的发生，这里考虑到的就是混凝土浇筑连续性的要求。

采购合同就是在确定了供应商后，项目与供应商之间签订的确保双方履行约定的一份法律文件。在签订之前，需要对合同类型进行选择，因为不同的合同类型决定了风险在买方和卖方之间分配。项目的目标是把最大的实施风险放在供应商，同时维护对项目经济、高效执行的奖励。

常见的采购合同可分为以下几种：①成本加奖励费合同。主要用于长期的、硬件开发和试验要求多的合同。②固定价格加奖励费用合同。主要用于长期的高价值合同。③固定总价合同。适用于易于控制总成本的项目，其风险最小。

（七）采购环节成本控制要点、内容、方法及执行部门

材料及设备采购环节成本控制的核心要素是计划和信息，通过明确而科学的流程，就可以最大限度地减小在该环节出现损失的概率，达到成本控制的目的。具体流程如下表所示。

采购环节成本控制要点、内容、方法及执行部门

控制要点	控制内容	控制方法	控制部门
材料进场	采购招投标及订立合同时间		工程部
	生产周期	与工程进度相配合	
	运输周期	具体与采购点远近相对应	
	安装、验收周期	与工程进度相配合	
	交叉作业时间	与工序安排相联系	
	市场信息	日常搜集市场信息，建立材料市场信息库	采购部
	技术参数	材料设备的技术参数由设计部确定或封样	设计部
	招投标	必须招投标的材料设备要制订招投标计划；不需要招投标的材料设备采用3家以上厂家报价选择	工程部

（续表）

<table>
<tr><th>控制要点</th><th>控制内容</th><th>控制方法</th><th>控制部门</th></tr>
<tr><td rowspan="3">材料的性能价格比</td><td>市场信息</td><td>日常搜集市场信息，建立材料市场信息库</td><td>预算部</td></tr>
<tr><td>技术参数</td><td>材料设备的技术参数由设计部确定或封样</td><td>设计部</td></tr>
<tr><td>招投标</td><td>必须招投标的材料设备要制订招投标计划；不需招投标的材料设备采用3家以上厂家报价选择</td><td>预算部</td></tr>
<tr><td rowspan="3">材料款支付</td><td>材料款支付方式</td><td>预付款限额控制</td><td rowspan="3">经办部门（工程部或设计部）</td></tr>
<tr><td>材料款支付进度</td><td>首次验收后付款总额进度控制</td></tr>
<tr><td>保修款</td><td>保修款一般不低于合同总价的5%，依据合同中约定付款</td></tr>
<tr><td rowspan="4">材料验收</td><td>数量验收</td><td>几方共同确认现场到货数量</td><td>甲方工地代表或专业工程师负责监控验收</td></tr>
<tr><td rowspan="3">质量验收</td><td>外观质量的验收</td><td rowspan="2">工程部</td></tr>
<tr><td>安装后质量的验收</td></tr>
<tr><td>投入使用后的质量验收</td><td>采购部</td></tr>
<tr><td rowspan="2">材料保管与保修</td><td>材料保管</td><td>在合同中明确货物的卸货和保管的责任承担者</td><td rowspan="2">工程部</td></tr>
<tr><td>材料保修</td><td>用合同的方式明确保修责任和保修期</td></tr>
</table>

八、工程管理环节的成本控制

在房地产开发企业的所有成本中，建安成本所占比例最大，也是变数最多的部分。建安成本的控制对象是工程项目，它是工程项目施工过程中各种耗费的总和，它从项目中标签约开始，到施工准备、现场施工、竣工验收等，每个环节都离不开成本控制工作，其主要涉及的费用有人工费用、材料费用、其他费用（机械使用费用、辅助工程费用、临时设施费用等）。

（一）工程施工环节成本控制原则

工程施工环节成本控制应遵循下图所示原则。

原则一　全面控制原则

全面控制包括两个含义，即全员控制和全过程控制。第一，全员控制。建安成本控制涉及项目组织中所有部门、班组和员工的工作，并与每一位员工的切身利益有关，因此，应充分调动每个部门、班组和每一个员工控制成本、关心成本的积极性，真正树立起全员控制的观念，才能有效地控制成本。第二，全过程成本控制。项目建安成本的发生涉及项目的整个周期即项目成本形成的全过程，因此成本控制工作要伴随项目施工的每一环节，我们只有在项目的每一环节都做好控制工作，才能使工程建设成本处在有效控制之下

原则二　目标控制原则

目标控制原则是管理活动的基本技术和方法，它是把计划的方针、任务、目标和措施等加以逐一分解落实。在实施目标管理的过程中，目标的设定应切实可行，越具体越好，要落实到部门、班组，甚至个人；目标的责任要全面，既要有工作责任，更要有成本责任，做到责、权、利相结合，对责任部门（个人）的业绩进行检查和考评，并同其工资奖金挂钩，做到赏罚分明

原则三　动态控制原则

建安成本控制是在不断变化的环境下进行的管理活动，所以必须坚持动态控制的原则。所谓动态控制原则，就是将工、料、机投入到施工过程中，收集成本发生的实际值，将其与目标值相比较，检查有无偏离，如无偏离，则继续进行，否则要找到具体原因，采取相应措施

工程施工环节成本控制原则

（二）工程施工环节成本控制措施及方法

工程施工环节的成本控制内容有多种，一般从组织、技术、经济、合同管理等几个方面采取有效控制措施。

1. 采取组织措施控制工程成本

组织措施是项目的组织方面在施工组织的指导下采取的措施，是其他各类措施的前提和保障。采取组织措施抓好成本控制，才能使企业在市场经济中立于不败之地。

控制工程成本的组织措施如下图所示。

措施一　编制施工成本预测报告，确立项目管理成本目标

编制成本预测可以使项目经理部人员及施工人员无论在工程进行到何种进度，都能事前清楚自己的目标成本，以便采取相应手段控制成本，做到有的放矢，打有准备之仗。这是做好项目成本控制管理工作的基础与前提

措施二　优化项目成本控制体系，目标成本落实到人

工程项目的成本控制体现在各级组织管理机构下，需针对项目不同的管理岗位人员，做出成本耗费目标要求。项目各部门和各班组应加强协作，将责、权、利三者很好地结合起来，形成以市场为基础的施工方案、物资采购、劳动力配备，形成经济优化的项目成本控制体系

措施三　在项目内部实施成本责任制

施工成本管理不仅是项目经理的工作，工程、计划、财务、劳资、设备各级项目管理人员都负有成本控制责任。通过成本责任制分解责任成本，层层签订责任书。量化考核指标，把责任成本分解落实到岗位、员工身上，形成企业上下人人关心成本，人人关心效益的新局面

控制工程成本的组织措施

以下提供的是落实到部门的施工环节成本控制责任。

施工环节成本控制责任

控制要点	控制什么	怎么控制	谁来控制
设计变更环节	变更评估	（1）项目前期规划、定位要全面、准确，尽量避免施工中的重大设计调整 （2）加强施工前的审核工作。全面考虑工程造价，对可能发生变更的地方要有预见性，并予以事先约定 （3）各部门全面评估变更带来的各种变化，为审批提供参考依据	（1）预算部负责计算变更费用（含可能引起的索赔） （2）甲方项目代表执行修改的工期评估 （3）预算部成本管理员负责计算变更后的成本现状
	变更的审核签认	（1）根据变更原因将设计变更分成四类，不同类别按相应的审核签认流程进行	工程部，营销部，审计部
		（2）设计变更通知单	发生变更项目的负责人

（续表）

控制要点	控制什么	怎么控制	谁来控制
设计变更环节	变更的审核签认	（3）变更必须有设计单位、设计部、工程部、监理单位和施工单位共同签字后，才能生效	经办部门
	变更的审批	主管总经理审批后方可进行变更	主管总经理
施工现场签证	签证的必要性	现场签证的确认应严格按照合同中所约定的条款执行	经办部门（设计部或工程部）
	签证的时限	现场签证确需发生，应坚持“当时发生，当时签证”的原则	
	签证的工程量	认真核对签证的工程量。签证的内容、原因、工程量应清楚准确、无涂改，签证编号准、全，并有监理工程师的签字确认	经办部门（设计部或工程部）
	签证的审批	（1）施工洽商通知单	发生变更项目的负责人
		（2）必须遵循“先洽后干”的原则。在确认签证前，应按相应审批程序报审，通过后方可正式签证	主管总经理
	签证的反馈	对工程变更应定期进行分类汇总统计分析，并根据统计资料对控制工程变更提出改进意见	资料工程师
审图	（1）扩初图会审 （2）施工图会审 （3）分项、分部图会审 （4）各专业技术图纸会审	（1）图纸多层次会审会签及审批制度	甲方技术负责人
		（2）各专业互审互签制度	
		（3）力争在开工前把图纸中的问题修改完	
总分包配合费	（1）分包方式 （2）分包内容 （3）分包的责任界定	（1）通过投标确定配合费	甲方代表
		（2）应避免在施工过程中修改分包方式、分包内容、范围而增加工程成本	
材料供应	（1）选型 （2）材料供应方式 （3）材料计划 （4）预留时间	（1）施工所用的各项材料的选型应在材料招标前确定	设计部
		（2）先确定材料供应方式，通过招标确定相关费用	预算部组织，工程部参加

（续表）

控制要点	控制什么	怎么控制	谁来控制
材料供应		（3）限时编制材料计划	甲方代表
		（4）材料计划签认	
		（5）要考虑可能出现的问题，留出相应的时间	经办部门
工程款的支付	（1）付款进度 （2）工程进度	（1）按合同约定执行付款	（1）甲方代表与监理工程师审核完成形象部位 （2）预算人员审核工程价值量
		（2）按进度付款	
		（3）多层次多角度审核工程进度	
	付款的审批	根据情况由不同级别人员最终审批	主管副总经理或总经理

2. 采取技术措施控制工程成本

控制工程成本的技术措施如下图所示。

措施一　优化施工组织方案

项目管理者根据工程特点和工程建设的不同环节，制定先进可行、经济合理的施工方案，优化施工组织设计，以达到缩短工期、提高质量、降低成本的目的。施工组织设计是工程施工的技术纲领，它的先进性、适用性将直接关系到工程质量、安全、工期，最终将影响到工程项目的成本，正确选择施工方案是降低成本的关键所在

措施二　合理确定施工工期

施工工期是一种有限的时间资源，施工项目管理中的时间管理非常重要。当施工工期变化时，会引起工程劳动量（人工与机械）的变化。同一工程项目，工期不同，工程成本就不同。因此，合理的施工进度安排，最大限度地缩短工期，将减少工程费用，使施工单位获得较好的经济效益

措施三　确保工程施工质量

因质量原因造成的返工，不仅会造成经济上的直接损失，而且可能会影响工程的施工进度，如果因此影响了工程的如期竣工，就可能会引起业主的索赔。因此，施工技术人员必须严把质量关，杜绝返工现象，缩短验收时间，节省费用开支

措施四　积极推广运用新工艺、新技术、新材料

在施工过程中，加大科技进步与提高工程质量的结合力度，努力提高技术装备水平，积极推广运用各种降低消耗、提高功效的新技术、新工艺、新材料、新设备，提高施工生产的技术含量，最大限度地节约建设成本，提高经济效益

控制工程成本的技术措施

3. 采取经济措施控制工程成本

经济措施是最易为人所接受和采用的措施，管理人员应以主动控制为出发点，及时控制好工程中的各种费用，尤其是直接费用。

经济措施主要包括对人工费用、材料费用、机械费用等的控制。

（1）人工费用的控制管理。

人工费用占全部工程费用的比重较大，一般在10%左右，所以要严格控制人工费用。要从用工数量方面控制，有针对性地缩短某些工序的工日消耗量，从而达到降低工日消耗的目的，控制工程成本。

措施一　改善劳动组织，减少窝工浪费，加强技术教育和培训工作，加强劳动纪律，压缩非生产用工和辅助用工，严格控制非生产人员比例

措施二　实行合理的奖惩制度，完善内部成本激励机制。将岗位责任、工作目标、成本内容与工程项目部每个人的工资奖金挂钩，上下浮动，促使全体员工在实现各自成本责任目标的同时，实现整个企业的成本利润目标

人工费用的控制措施

（2）材料费用的控制管理。

材料费用一般占全部工程费用的65%～75%，直接影响工程成本和经济效益，一般的做法是按量价分离的原则，做好下表所示几个方面的工作：

材料费用的控制管理措施

序号	措施	说明
1	材料用量的控制	首先是坚持按定额确定材料的消耗量，实行限额领料制度；其次是改进施工技术，推广使用降低料耗的各种新技术、新工艺、新材料；再就是对工程进行功能分析，对材料进行性能分析，力求用低价材料代替高价材料，加强周转料管理，延长周转次数等

（续表）

序号	措施	说明
2	材料价格的控制	价格主要由采购部门在采购中加以控制，首先对市场行情进行调查，在保质保量的前提下，货比三家，择优购料；其次是合理组织运输，就近购料，选用最经济的运输方式，以降低运输成本；再就是考虑资金的时间价值，减少资金占用，合理确定进货批量与批次，尽可能减少材料储备
3	减少损耗	改进材料采购、运输、收发、保管等方面的工作，减少各环节的损耗，节约采购费用；合理堆置现场材料，避免或减少二次搬运
4	加强监督，减少浪费	实行施工过程监督，项目负责人要保证材料的使用严格按施工工艺要求进行，违章操作会造成不必要的材料浪费
5	加强物资核算管理	项目部每月末应进行物资盘点，依据工程数量、施工配合比等计算主要材料节超情况，针对发现的问题及时查找原因，制定纠偏措施，堵塞漏洞

（3）机械费用的控制管理。

机械费用的控制措施主要从下图所示几个方面来开展。

措施一　正确选配和合理利用机械设备，搞好机械设备的保养修理，提高机械的完好率、利用率和使用率，从而加快施工进度，增加产量，降低机械使用费

措施二　尽量减少施工中消耗的机械台班量，通过合理的施工组织和机械调配，提高机械设备的利用率和完好率，同时加强现场设备的维修、保养工作，降低大修、经常修理等各项费用的开支，避免不当使用造成机械设备的闲置

措施三　实行机械操作人员收入与产量及设备保管好坏挂钩，调动机械操作人员积极性

措施四　制定合理的定额管理制度，实行单机核算、单项考核、责任到人、奖惩分明的考核办法，如此才能收到控制机械作业成本的实效

措施五　加强租赁设备计划管理，充分利用社会闲置机械资源，从不同角度降低机械台班价格

机械费用的控制措施

4. 加强质量管理，控制返工率

在施工过程中要严格把好工程质量关，始终贯彻“至诚、至精、更优、更新”的质量方针，各级质量自检人员定点、定岗、定责，加强施工工序的质量自检和管理工作，将其真正贯彻到整个过程中，采取防范措施，消除质量通病，做到工程一次性成型，一次性合格，杜绝返工现象发生，避免造成人、财、物的浪费。

5. 加强合同管理，控制工程成本

合同管理是工期企业管理的重要内容，也是降低工程成本、提高经济效益的有效途径。项目施工合同管理的时间范围应从合同谈判开始，至保修日结束止，尤其要加强施工过程中的合同管理，抓好合同的攻与守。攻意味着合同执行期间密切注意我方履行合同的进展情况，以防止被对方索赔。合同管理者的任务是熟知合同字里行间的每一层意思，及时避免每一层的不当或延误而造成成本增加的情形。

（三）工程施工薄弱环节的成本控制

在目前的工程管理过程中，质量监督、进度控制机制已经比较完善，但招投标、工序安排、工程变更和材料价格等的成本控制工作恰恰是施工管理中的薄弱环节。由于成本控制工作做得不到位，工程虽能按期保质完成，但未能达到预期的收益，这是房地产开发企业存在的非常普遍的一个问题。

工程施工薄弱环节的成本需要通过下图所示措施来加以控制：

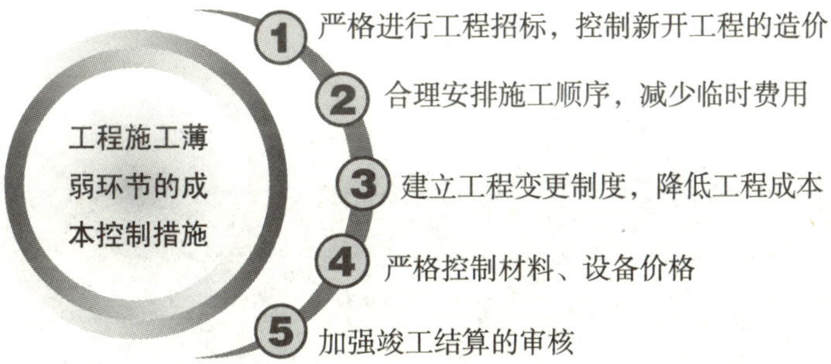

工程施工薄弱环节的成本控制措施

1. 严格进行工程招标，控制新开工程的造价

通过招投标制度选择信誉高、工期短、技术力量强、施工质量好、造价适中的施工队伍。建设单位签订承包合同是关键，要把主要内容在合同中予以明确。要根据建筑市场行情、建筑业的一般惯例和有关规范，就施工中可能产生的职责不清、互相扯皮、影响造价、延误工期等因素进行事先约定，经法律形式确定下来，确保双方按约履行。

2. 合理安排施工顺序，减少临时费用

在组织住宅小区的施工、安排开工计划时，要考虑到附属配套及大、小市政工程能否与住宅工程同步进行，尽量不发生临时供水、供电、供热的费用，并减少二次施工造成的人力、物力、财力的浪费。在建设小区道路前，即可进行各类管道的铺设，减少二次开挖，避免施工企业因现场施工的原因向开发企业索赔，从而降低成本。

3. 建立工程变更制度，降低工程成本

工程变更是编制预算增减账的依据，是施工企业在中标后提高造价、增加收入的主要手

段，作为监理工程师，加强工程洽商的管理，防止不正当的索赔，建立规范的变更制度是非常必要的。变更管理制度的内容要确定工程、规划、预算合同等有关部门在签办工程洽商时的责任，分工必须明确，权力不宜过分集中。签办变更要注意以下事项。

事项一	施工前应严格审图，尽量少改动，少办洽商，减少造价增加的幅度
事项二	结算时要特别注意减账洽商，防止施工企业漏报
事项三	变更应先办洽商手续，有了手续后再施工。在工程施工中，工程人员往往考虑工程进度，先按变更的情况施工，然后再补洽商手续。这样做的弊病是无法核实已完成的隐蔽工程，从而导致在工作中出现被动情况。如果工程进度要求紧，也要变更和施工同步进行，增、减账及时审，避免无法核实的情况发生，引起双方不必要的争议
事项四	变更内容既要满足工程施工及使用功能的需要，又要考虑经济合理和投资节约。凡是因施工企业出于施工方便签办的变更增账，原则上不予补偿，并应在洽商中予以注明

签办变更要注意的事项

4. 严格控制材料、设备价格

做好市场价格的管理工作，掌握价格的变动趋势，特别是大宗材料设备订货，应货比三家，在满足施工的前提下，把握好订货的时机。

要树立成本意识，形成成本控制机制。材料设备费在工程的建安造价中约占70%，甚至更高，因此，材料设备费应是建安成本控制中的重点。凡施工企业自行采购的材料，重点是对指导价的材料控制，可以采取限价的手段进行。材料限价的原则如下图所示。

原则一	明确加工订货的责任者是施工单位，业主与监理工程师适当参与，参与的目的是控制材料的采购价格，但不能包办代替
原则二	可以推荐厂家但不指定厂家
原则三	监督材料的质量
原则四	在保证质量的前提下合理限价

材料限价的原则

这种材料限价的做法，体现了风险共担的原则，适应当今建材市场的状况。

5. 加强竣工结算的审核

凡结算工程必须按设计图纸及合同规定全部完成，要有竣工验收单，如有甩项应在验收单中注明，结算中予以扣除。应做好工程洽商签证及预算增减账的清理，重点做好材料价差及竣工调价的审定工作，审核时应与原招标文件对照，凡系标底内已含项目不能重复出现。要严格按合同及有关协议的规定，合理确定技措费、提前工期奖、优质奖等相关费用。认真实行结算复审制度及工程尾款会签制度，确保结算质量。

第十三章 房地产企业项目成本分析

房地产企业项目成本分析是指在成本形成过程中，对地产项目成本进行的对比评价和分析总结工作，它贯穿于项目成本管理的全过程。施工项目成本分析主要利用施工项目的成本核算资料，与目标成本（计划成本）、预算成本以及类似的施工项目的实际成本等进行比较，了解成本变化情况，同时也要分析主要技术经济指标对成本的影响，系统地研究成本变动的因素，检查成本计划的合理性，并通过成本分析，深入揭示成本变动的规律，寻找降低项目成本的有效途径。

一、成本分析与成本核算的区别

作为企业经济活动重要分析内容之一的成本分析，主要是为内部管理决策服务的。成本核算是企业会计核算的内容之一，其主要目的在于反映和监督企业各项生产费用支出情况，反映和监督成本开支范围规定的执行情况。成本分析与成本核算有着本质区别，二者的差别主要表现在下图所示几个方面。

区别一　依据的会计规则不同

成本核算必须依据国家通行的会计规则，按统一的分类科目进行成本汇集，按标准的统计指标进行分析。成本分析可根据企业自身管理与分析的特殊需要自行设计成本科目进行统计分析

区别二　分析的用途不同

成本核算是为政府机构进行财务核查、审计和征税服务以及为企业财务决算服务的。成本分析则是单纯为企业内部管理服务的，它可以在企业内部进行经营方案决策时和经济效益分析以及在企业经济活动过程中进行控制与管理时，为企业提供重要的分析资料。当然，成本核算还可为成本分析提供信息资料

区别三　采用的方法不同

成本核算必须采用国家统一规定的规范化方法，计算标准的统计指标。而成本分析可根据企业自身管理上的需要，采用多种灵活的计算分析方法，没有什么特殊的限制

成本分析与成本核算的区别

二、地产项目成本分析的方式与方法

地产项目成本分析有其特有的方式和方法。

（一）比较法

比较法，又称指标对比分析法。就是通过技术经济指标的对比，检查计划的完成情况，分析差异产生的原因，进而挖掘内部潜力的方法。这种方法，具有通俗易懂、简单易行、便于掌握的特点，因而得到了广泛的应用，但在应用时必须注意各技术经济指标的可比性。

比较法的应用，通常有下图所示形式：

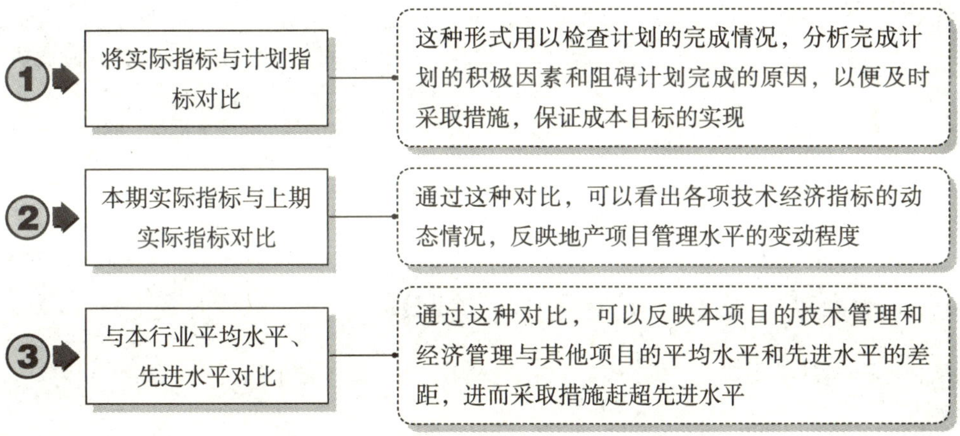

比较法的应用形式

（二）因素分析法

因素分析法，又称连锁置换法或连环替代法。这种方法，可用来分析各种因素对成本形成的影响程度。在进行分析时，首先要假定众多因素中单个因素发生了变化，而其他因素则不变，然后逐个替换，并分别比较其计算结果，以确定各个因素的变化对成本的影响程度。

（三）差额计算法

差额计算法是因素分析法的一种简化形式，它利用各个因素的计划与实际的差额来计算其对成本的影响程度。

（四）比率法

比率法是指用两个以上的指标的比例进行分析的方法。它的基本特点是先把对比分析的数值变成相对数，再观察其相互之间的关系。常用的比率法有下图所示几种：

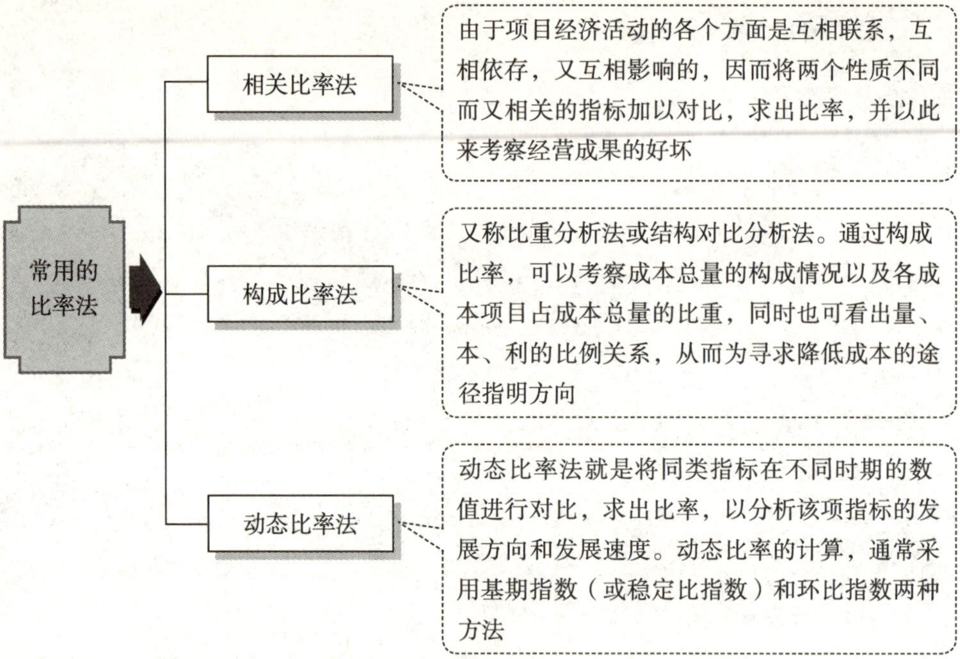

常用的比率法

三、地产项目成本分析中应注意的问题

从成本分析的效果出发，地产项目成本分析应该注意下图所示几个问题：

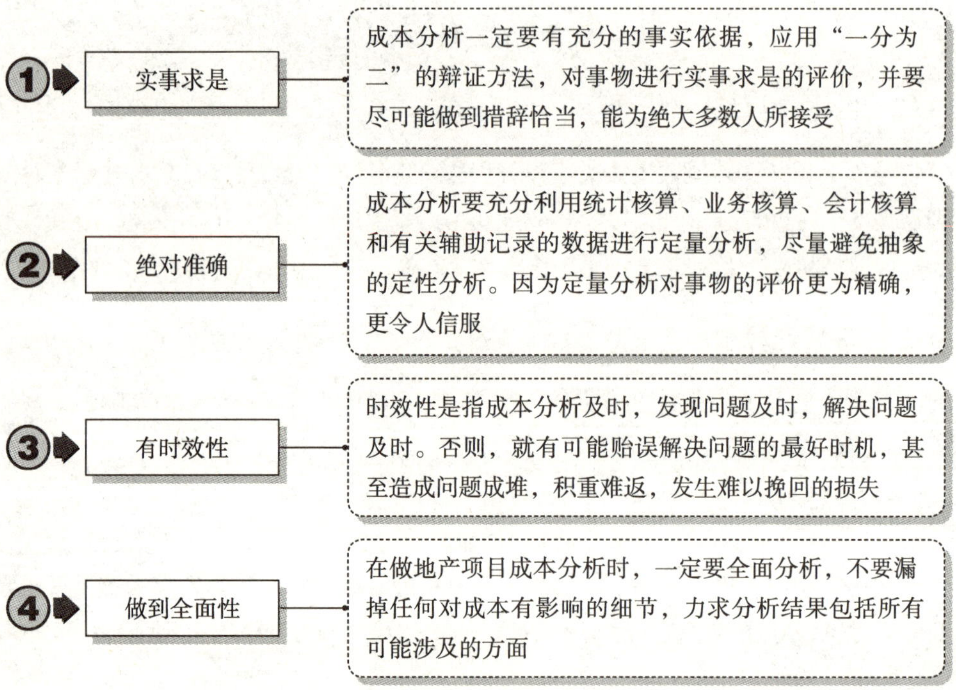

⑤ 为经营服务 —— 成本分析不仅要揭露矛盾，而且要分析矛盾产生的原因，并为解决矛盾献计献策，提出积极的、有效的合理化建议。这样的成本分析，必然会深得人心，使地产项目的成本分析更健康地开展下去

地产项目成本分析的注意事项

参 考 文 献

[1] 余源鹏. 房地产公司财务管理宝典——财务预算、会计核算、资金、资产与内部审计管理工作指南. 北京：化学工业出版社，2016.

[2] 孙宝良，尹佳杰，杨家敏. 房地产企业财务管控全方案. 北京：化学工业出版社，2014.

[3] 北京中经阳光税收筹划事务所. 标杆房地产企业财税管理模式与财务分析技巧. 北京：中国市场出版社，2014.

[4] 余源鹏. 房地产开发企业财务管理与成本控制：管理实务. 北京：机械工业出版社，2011 .

[5] 智董网专家委员会. 房地产企业财务管理. 广州：广东经济出版社，2010.

[6] 代义国. 房地产开发企业会计报表编制实战步步通. 广州：广东经济出版社，2011.

[7] 李曙亮，等. 房地产开发企业会计与纳税实务：第2版. 大连：大连出版社，2017.

[8] 平准. 房地产开发企业会计核算与纳税实务：升级版. 北京：人民邮电出版社，2017.

[9] 陈梅桂. 房地产开发企业会计从入门到精通：实战案例版. 北京：人民邮电出版社，2017.

[10] 贾莉莉. 房地产企业会计真账实操全图解. 北京：中国铁道出版社，2017.

[11] 贺志东. 小企业会计准则下房地产企业会计. 北京：电子工业出版社，2017.

[12] 张天河. 实例解析房地产开发企业会计实务. 广州：广东经济出版社，2013.

[13] 徐琴. 房地产会计全流程真账实操. 北京：北京理工大学出版社，2016.

[14] 余源鹏. 房地产公司成本管理控制宝典. 北京：化学工业出版社，2016.

[15] 侯龙文. 房地产·建筑设计成本优化管理. 北京：中国建材工业出版社，2016.

[16] 克而瑞（中国）信息技术有限公司. 房地产成本控制方法. 北京：中国财富出版社，2012.

[17] 明源地产研究院. 成本制胜：微利时代再造房企核心竞争力：第2版. 北京：中信出版社，2016.

[18] 决策资源房地产研究中心. 房地产成本控制方法精选实战指南. 大连：大连理工大学出版社，2007.

[19] 王婷. 房地产企业开发项目前期成本控制研究. 重庆：西南师范大学出版社，2009.

推荐阅读

一册在手，房地产营销不再愁！

书名：房地产营销模式与活动策划
作者：王禹 主编
书号：ISBN 978-7-5454-4273-1
定价：42元
出版日期：2015年12月
出版社：广东经济出版社

一本书把合伙制那些事儿说清楚！

书名：合伙制：重新定义企业的组织形式
作者：解银坤 著
书号：ISBN 978-7-5454-5402-4
定价：45元
出版日期：2017年6月
出版社：广东经济出版社

一本书把股权激励那些事儿说清楚！

书名：股权激励：
融资、融人、融智的零成本秘诀
作者：陈丰 著
书号：ISBN 978-7-5454-5403-1
定价：45元
出版日期：2017年6月
出版社：广东经济出版社

比小说更精彩、比教材更易学的创业合伙读本！

书名：这才叫创业合伙人：
从携程、如家到汉庭的启示
作者：高慕 著
书号：ISBN 978-7-5454-4761-3
定价：45元
出版日期：2016年10月
出版社：广东经济出版社

让80、90后自动自发工作的秘密！

书名：咨询式管理：突破80、90后管理困境
作者：张瑞阳 著
书号：ISBN 978-7-5454-4592-3
定价：42元
出版日期：2016年6月
出版社：广东经济出版社

实战派培训师手把手教会你当众演讲！

书名：演讲是个技术活：15招搞定当众演讲
作者：陈权 著
书号：ISBN 978-7-5454-4446-9
定价：38元
出版日期：2016年4月
出版社：广东经济出版社

解读马云叱咤商界的11个人生哲学！

书名：马云：我的11个生存哲学
作者：申草泥 著
书号：ISBN 978-7-5454-4936-5
定价：45元
出版日期：2017年1月
出版社：广东经济出版社

完整系统解读董明珠和格力之谜的实力之作！

书名：霸气女皇董明珠：
　　全球最大空调企业格力成长内幕
作者：魏昕 刘云菲 著
书号：ISBN 978-7-5454-4588-6
定价：48元
出版日期：2017年10月
出版社：广东经济出版社